中华人民共和国行政诉讼法

注释本

周永龙　主编

法律出版社
LAW PRESS CHINA
·北　京·

图书在版编目(CIP)数据

中华人民共和国行政诉讼法注释本 / 周永龙主编
. -- 4 版. -- 北京 : 法律出版社, 2023(2025.11 重印)
(法律单行本注释本系列)
ISBN 978-7-5197-8150-7

Ⅰ. ①中… Ⅱ. ①周… Ⅲ. ①行政诉讼法-法律解释-中国 Ⅳ. ①D925.305

中国国家版本馆 CIP 数据核字(2023)第 136811 号

中华人民共和国行政诉讼法注释本
ZHONGHUA RENMIN GONGHEGUO XINGZHENG SUSONGFA ZHUSHIBEN

周永龙 主编

责任编辑 李 群 陈 熙
装帧设计 李 瞻

出版发行 法律出版社
编辑统筹 法规出版分社
责任校对 王晓萍 王语童
责任印制 耿润瑜
经　　销 新华书店

开本 850 毫米×1168 毫米 1/32
印张 9 **字数** 250 千
版本 2023 年 11 月第 4 版
印次 2025 年 11 月第 3 次印刷
印刷 北京中科印刷有限公司

地址:北京市丰台区莲花池西里 7 号(100073)
网址:www.lawpress.com.cn
投稿邮箱:info@lawpress.com.cn
举报盗版邮箱:jbwq@lawpress.com.cn

销售电话:010-83938349
客服电话:010-83938350
咨询电话:010-63939796

书号:ISBN 978-7-5197-8150-7　**定价**:28.00 元
凡购买本社图书,如有印装错误,我社负责退换。电话:010-83938349

编　委　会

主　　编　周永龙

副主编　许　卉　衡　红

编委会成员　郭振华　程　林　罗年新　胡　静
冯　悦　孙小月　吴菲菲　李彤彤

编辑出版说明

现代社会是法治社会，社会发展离不开法治护航，百姓福祉少不了法律保障。遇到问题依法解决，已经成为人们处理矛盾、解决纠纷的不二之选。然而，面对纷繁复杂的法律问题，如何精准、高效地找到法律依据，如何完整、准确地理解和运用法律，日益成为人们“学法、用法”的关键所在。

为了帮助读者快速准确地掌握“学法、用法”的本领，我社开创性地推出了“法律单行本注释本系列”丛书，至今已十余年。本丛书历经多次修订完善，现已出版近百个品种，涵盖了社会生活的重要领域，已经成为广大读者学习法律、应用法律之必选图书。

本书具有以下特点：

1. 出版机构权威。成立于1954年的法律出版社，是全国首家法律专业出版机构，始终秉承“为人民传播法律”的宗旨，完整记录了中国法治建设发展的全过程，享有“社会科学类全国一级出版社”，入选“全国百佳图书出版单位”等荣誉称号。

2. 编写人员专业。本书由相关法律领域内的专业人士编写，确保图书内容始终紧跟法治进程，反映最新立法动态，体现条文本义内涵。

3. 法律文本标准。作为专业的法律出版机构，多年来，我社始终使用全国人民代表大会常务委员会公报刊登的法律文本，积淀了丰富的标准法律文本资源，并根据立法进度及时更新相关内容。

4. 条文注释规范。本书对每个条文提炼条文主旨，并对每个条文进行注释，使读者能精准掌握立法意图，轻松理解条文内容。

5. 适用要点详细。本书特设“适用要点”栏目，对实务运用中应该注意的事项、常见的处理方法、关键字句的理解、需要注意的细节或陷阱等，作详细而有条理的阐释。

6. 关联法规全面。本书收录常用法律法规、部门规章等，方便读者快速找到相关联的法规，使全书更为实用。

7. 案例指引精准。本书收录法院裁判典型案例，提炼出相关裁判要旨，读者可扫描相应的“有章”二维码查看案例原文。

8. 配套附录实用。书末“附录”部分收录的均为重要的相关法律、法规和司法解释性质文件，使读者在使用中更为便捷，使全书更为实用。

需要说明的是，本书中“适用提要”“条文主旨”“条文注释”等内容皆是编者为方便读者阅读、理解而编写，不同于国家正式通过、颁布的法律文本，不具有法律效力。本书不足之处，恳请读者批评指正。

我们用心打磨本书，以期为法律相关专业的人士释法解疑，致力于为每个公民的合法权益撑起法律的保护伞。

法律出版社法规中心

2023 年 11 月

目　　录

附　录

《中华人民共和国行政诉讼法》适用提要

一、2014 年修改

《行政诉讼法》[①]已由中华人民共和国第七届全国人民代表大会第二次会议于 1989 年 4 月 4 日通过，自 1990 年 10 月 1 日起施行。《行政诉讼法》在我国的法制建设史上具有里程碑意义，其所确立的“民告官”制度、行政纠纷司法解决机制和行政诉讼基本程序制度，对我国民主法治建设产生了巨大的影响，法律实施以来，在解决行政争议，推进依法行政，保护公民、法人和其他组织的合法权益等方面，发挥了重要作用。同时，随着社会主义民主法治建设的深入推进，行政诉讼制度与社会经济发展不协调、不适应的问题也日益突出。人民群众对行政诉讼中存在的“立案难、审理难、执行难”等突出问题反映强烈。为解决这些突出问题，适应依法治国、依法行政，推进法治国家、法治政府、法治社会建设的新要求，有必要对《行政诉讼法》予以修改完善。

按照党的十八届三中全会、四中全会精神和各方面的意见，修改工作着重把握以下几点：一是维护行政诉讼制度的权威性，针对现实中的突出问题，强调依法保障公民、法人和其他组织的诉讼权利；二是坚持我国行政诉讼制度的基本原则，保障人民法院依法独

---

① 为方便阅读，本书法律名称均使用简称。

立行使审判权,畅通公民、法人和其他组织寻求司法救济的渠道,通过有效化解行政争议来维护他们的合法权益;三是坚持从实际出发,循序渐进,逐步完善;四是总结行政审判实践的经验,把经实践证明的有益经验上升为法律。全国人大常委会法工委经与最高人民法院、国务院法制办公室等单位沟通协商、反复研究,在充分论证并取得基本共识的基础上,提出了《行政诉讼法修正案》(草案),于2013年12月提请十二届全国人大常委会第六次会议进行初审,而后分别于2014年8月、10月经十二届全国人大常委会第十次、第十一次会议进行二审和三审,于2014年11月1日最终获得审议通过。此次修改,立足于解决"立案难、审理难、执行难"等实践中存在的突出问题,从保障当事人诉讼权利以及完善管辖、诉讼参与人、诉讼程序等方面进一步优化了行政诉讼制度。更好地发挥行政诉讼在解决行政争议,保护公民、法人和其他组织的合法权益,监督行政机关依法行使职权等方面的作用。推进依法行政和公正司法,加快建设社会主义法治国家,对全面落实依法治国基本方略具有重要的意义。

此次修改后,应着重注意以下新内容:

(一)保障当事人的诉讼权利

2014年《行政诉讼法》从五个方面完善对当事人的诉权保护:(1)明确人民法院应当保障公民、法人和其他组织的起诉权利。(2014年《行政诉讼法》第3条)(2)扩大受案范围。将行政机关侵犯公民、法人或者其他组织依法享有的土地、矿藏、水流、森林、山岭、草原、荒地、滩涂、海域等自然资源的所有权或者使用权,行政机关侵犯公民、法人或者其他组织农村土地承包经营权,行政机关违法集资、摊派费用,行政机关没有依法支付抚恤金、最低生活保障待遇或者社会保险待遇等纳入受案范围。(2014年《行政诉讼法》第12条)(3)明确原告书写起诉状确有困难的,可以口头起诉,方便其行使诉权。(2014年《行政诉讼法》第50条)(4)强化受理程序约束。作出以下规定：一是强调人民法院在接到起诉状时对符合《行政诉讼法》规定的起诉条件的，应当登记立案。二是对当场不能判定是否符合《行政诉讼法》规定的起诉条件的，应当接收起诉状，出具注明收到日期的书面凭证，并在7日内决定是否立案。三是不符合起诉条件的，作出不予立案的裁定，裁定书应当载明不予立案的理由。原告对裁定不服的，可以提起上诉。四是人民法院既不立案，又不作出不予立案裁定的，当事人可以向上一级人民法院起诉。上一级人民法院认为符合起诉条件的，应当立案、审理，也可以指定其他下级人民法院立案、审理。（2014年《行政诉讼法》第51、52条）（5）明确人民法院的相应责任。对于不接收起诉状、接收起诉状后不出具书面凭证，以及不一次性告知当事人需要补正的起诉状内容的，当事人可以向上级人民法院投诉，上级人民法院应当责令改正，并对直接负责的主管人员和其他直接责任人员依法给予处分。（2014年《行政诉讼法》第51条）

（二）完善管辖制度

为了解决行政案件审理难的问题，减少地方政府对行政审判的干预，在总结现行做法的基础上，根据党的十八届三中全会关于探索建立与行政区划适当分离的司法管辖制度的精神，2014年《行政诉讼法》增加规定：（1）对国务院部门或者县级以上地方人民政府所作的行政行为提起诉讼的第一审行政案件，由中级人民法院管辖。（2）经最高人民法院批准，高级人民法院可以根据审判工作的实际情况，确定若干人民法院跨行政区域管辖行政案件。（2014年《行政诉讼法》第15、18条）

（三）完善诉讼参加人制度

（1）明确原告资格。2014年《行政诉讼法》明确规定：行政行为的相对人以及其他与行政行为有利害关系的公民、法人或者其他组织，有权提起诉讼。（2014年《行政诉讼法》第25条）

（2）进一步明确被告资格。根据实践需要，2014年《行政诉讼法》增加规定：一是经复议的案件，复议机关决定维持原行政行为的，作出原行政行为的行政机关和复议机关是共同被告。二是复议机关在法定期限内未作出复议决定，公民、法人或者其他组织起诉原行政行为的，作出原行政行为的行政机关是被告；起诉复议机关不作为的，复议机关是被告。三是行政机关被撤销或者职权变更的，继续行使其职权的行政机关是被告。（2014 年《行政诉讼法》第 26 条）

（3）增加诉讼代表人制度。1989 年《行政诉讼法》规定了共同诉讼，但未规定诉讼代表人制度。为了提高司法效率，参照《民事诉讼法》，2014 年《行政诉讼法》增加规定：当事人一方人数众多的共同诉讼，可以由当事人推选代表人进行诉讼。代表人的诉讼行为对其所代表的当事人发生效力，但代表人变更、放弃诉讼请求或者承认对方当事人的诉讼请求，应当经被代表的当事人同意。（2014 年《行政诉讼法》第 28 条）

（4）细化第三人制度。2014 年《行政诉讼法》增加规定：公民、法人或者其他组织同被诉行政行为有利害关系但没有提起诉讼，或者同案件处理结果有利害关系的，可以作为第三人申请参加诉讼，或者由人民法院通知参加诉讼。人民法院判决第三人承担义务或者减损第三人权益的，第三人有权依法提起上诉。（2014 年《行政诉讼法》第 29 条）

（四）完善证据制度

（1）明确被告逾期不举证的后果。针对被告不举证或者拖延举证的情况，2014 年《行政诉讼法》增加规定：被告不提供或者无正当理由逾期提供证据，视为没有相应证据。但是，被诉行政行为涉及第三人合法权益，第三人提供证据的除外。（2014 年《行政诉讼法》第 34 条）

（2）完善被告的举证制度。为了查明事实，2014 年《行政诉讼法》增加规定：被告在作出行政行为时已经收集了证据，但因不可抗力等正当事由不能提供的，经人民法院准许，可以延期提供。原告或者第三人提出了其在行政处理程序中没有提出的理由或者证据的，经人民法院准许，被告可以补充证据。（2014 年《行政诉讼法》第 36 条）

（3）明确原告的举证责任。1989 年《行政诉讼法》没有规定原告的举证责任。但在有些情况下，如果原告不举证，人民法院就难以查清事实，作出正确的裁判。因此，需要原告承担一定的举证责任，2014 年《行政诉讼法》增加规定：在起诉被告不履行法定职责的案件中，原告应当提供其向被告提出申请的证据。在行政赔偿、补偿的案件中，原告应当对行政行为造成的损害提供证据。因被告的原因导致原告无法举证的，由被告承担举证责任。（2014 年《行政诉讼法》第 38 条）

（4）完善人民法院调取证据制度。为了规范人民法院依申请调取证据行为，2014 年《行政诉讼法》增加规定：与本案有关的下列证据，原告或者第三人不能自行收集的，可以申请人民法院调取：一是由国家机关保存而须由人民法院调取的证据；二是涉及国家秘密、商业秘密和个人隐私的证据；三是确因客观原因不能自行收集的其他证据。（2014 年《行政诉讼法》第 41 条）

（5）明确证据的适用规则。为了规范证据使用，增强判决的公正性和说服力，2014 年《行政诉讼法》增加规定：证据应当在法庭上出示，并由当事人互相质证。对涉及国家秘密、商业秘密和个人隐私的证据，不得在公开开庭时出示。人民法院应当按照法定程序，全面、客观地审查核实证据。对未采纳的证据应当在裁判文书中说明理由。以非法手段取得的证据，不得作为认定案件事实的根据。（2014 年《行政诉讼法》第 43 条）

（五）完善民事争议和行政争议的交叉处理机制

有些行政行为引起的争议，往往伴随着相关的民事争议。这两类争议依照《行政诉讼法》和《民事诉讼法》分别立案、分别审理，浪费了司法资源，有的还导致循环诉讼，影响司法效率，不利于保护当事人的合法权益。根据实践中行政争议与相关民事争议一并审理的做法，2014年《行政诉讼法》增加规定：一是在涉及行政许可、登记、征收、征用和行政机关对民事争议所作的裁决的行政诉讼中，当事人申请一并解决相关民事争议的，人民法院可以一并审理。二是在行政诉讼中，人民法院认为行政案件的审理需以民事诉讼的裁判为依据的，可以裁定中止行政诉讼。（2014年《行政诉讼法》第61条）

（六）完善判决形式

1989年《行政诉讼法》规定了维持判决、撤销判决、履行判决和变更判决等四类判决形式。这些判决形式已不能完全适应审判的实际需要，2014年《行政诉讼法》已作如下修改完善：

（1）以判决驳回原告诉讼请求代替维持判决。根据审判实际需要，2014年《行政诉讼法》增加规定：行政行为证据确凿，适用法律、法规正确，符合法定程序的，或者原告申请被告履行法定职责或者给付义务理由不成立的，人民法院判决驳回原告的诉讼请求。（2014年《行政诉讼法》第69条）

（2）增加给付判决。根据审判实际需要，2014年《行政诉讼法》增加规定：人民法院经过审理，查明被告依法负有给付义务的，判决被告履行给付义务。（2014年《行政诉讼法》第73条）

（3）增加确认违法或者无效判决。根据审判实际需要，2014年《行政诉讼法》规定在五种情形下，人民法院判决确认行政行为违法：一是行政行为依法应当撤销，但撤销会给国家利益、社会公共利益造成重大损害的；二是行政行为程序轻微违法，但对原告权利不产生实际影响的；三是行政行为违法，但不具有可撤销内容的；四是被告改变原违法行政行为，原告仍要求确认原行政行为违法的；五是被告不履行或者拖延履行法定职责，判决履行没有意义的。行政行为有实施主体不具有行政主体资格或者没有依据等重大且明显违法情形，原告申请确认行政行为无效的，人民法院判决确认无效。2014 年《行政诉讼法》同时规定：人民法院判决确认违法或者无效的，可以同时判决责令被告采取补救措施；给原告造成损失的，依法判决被告承担赔偿责任。（2014 年《行政诉讼法》第 74、75、76 条）

（4）扩大变更判决范围。根据审判实际需要，2014 年《行政诉讼法》增加规定：行政处罚明显不当，或者其他行政行为涉及对款额的确定、认定确有错误的，人民法院可以判决变更。人民法院判决变更，不得加重原告的义务或者减损原告的权益。但利害关系人同为原告，且诉讼请求相反的除外。（2014 年《行政诉讼法》第 77 条）

（七）增加简易程序

1989 年《行政诉讼法》未规定简易程序。增加简易程序，有利于提高审判效率，降低诉讼成本。总结现行做法，2014 年《行政诉讼法》增加规定：人民法院审理下列第一审行政案件，认为事实清楚、权利义务关系明确、争议不大的，可以适用简易程序：一是被诉行政行为是依法当场作出的；二是案件涉及款额 2000 元以下的；三是属于政府信息公开案件的。除这些规定以外的第一审行政案件，当事人各方同意适用简易程序的，可以适用简易程序。发回重审、按照审判监督程序再审的案件不适用简易程序。2014 年《行政诉讼法》同时规定，适用简易程序审理的行政案件，由审判员一人独任审理，并应当在立案之日起 45 日内审结。（2014 年《行政诉讼法》第 82、83 条）

（八）进一步明确行政机关不执行法院判决的责任

在 2014 年时，行政机关不执行法院判决的问题仍较为突出。为增强法律规定的可执行性，2014 年《行政诉讼法》增加规定：一是将行政机关拒绝履行判决、裁定、调解书的情况予以公告。二是拒不履行判决、裁定、调解书，社会影响恶劣的，可以对该行政机关

直接负责的主管人员和其他直接责任人员予以拘留。（2014 年《行政诉讼法》第 96 条）

二、2015 年《行政诉讼法》的司法解释

为正确适用 2014 年修改后的《行政诉讼法》，最高人民法院结合行政审判的工作实际，于 2015 年 4 月 22 日公布了《最高人民法院关于适用〈中华人民共和国行政诉讼法〉若干问题的解释》，对 2014 年修改的《行政诉讼法》为解决“立案难、审理难、执行难”等突出问题而增设的新制度、新规定作出了细化规定。

三、2017 年《行政诉讼法》的修改

2017 年 6 月 27 日，第十二届全国人民代表大会常务委员会第二十八次会议对本法作出修改，主要是在第 25 条增加第 4 款内容，具体规定：人民检察院在履行职责中发现生态环境和资源保护、食品药品安全、国有财产保护、国有土地使用权出让等领域负有监督管理职责的行政机关违法行使职权或者不作为，致使国家利益或者社会公共利益受到侵害的，应当向行政机关提出检察建议，督促其依法履行职责。行政机关不依法履行职责的，人民检察院依法向人民法院提起诉讼。

中华人民共和国行政诉讼法

（1989年4月4日第七届全国人民代表大会第二次会议通过　根据2014年11月1日第十二届全国人民代表大会常务委员会第十一次会议《关于修改〈中华人民共和国行政诉讼法〉的决定》第一次修正　根据2017年6月27日第十二届全国人民代表大会常务委员会第二十八次会议《关于修改〈中华人民共和国民事诉讼法〉和〈中华人民共和国行政诉讼法〉的决定》第二次修正）

第一章　总　　则

第一条　【立法目的】[①]为保证人民法院公正、及时审理行政案件，解决行政争议，保护公民、法人和其他组织的合法权益，监督行政机关依法行使职权，根据宪法，制定本法。

条文注释

本条是关于《行政诉讼法》的立法目的和立法依据的规定。

一、“删维保监”：面对行政职权行使的理念转换

2014年修改《行政诉讼法》时，首先在第1条的立法目的中删除“维护”行政机关依法行使职权，仅强调“监督”行政机关依法行使职

① 条文主旨为编者所加，仅供参考，下同。

权,这样的改动在一定意义上而言具有宣示效力,体现了建设法治政府的决心和魄力。行政机关的行政行为一经作出就具有公定力、确定力和拘束力,在《行政诉讼法》立法目的中"删维保监"具有理论和实践层面的双重意义。

二、"由对向公":立足公平正义价值的标准取舍

现行《行政诉讼法》第1条规定的立法目的中,摆在首位的是"保证人民法院公正、及时处理行政案件",然而1989年《行政诉讼法》此处的表述是"保证人民法院正确、及时处理行政案件"。"正确"和"公正"的取舍,在立法理念上存在一定的差异,显然,这是在行政诉讼审判实践中经验的积累和对我国行政诉讼功能认识的进一步深化。行政机关作出行政行为,依据法定程序和实体判断标准必然有正确和错误之分,但如果一味地生硬套用法律而不进行综合的利益衡量,在个案中很可能有损实质正义的实现。事实上,行政行为是否正确仅仅是法院审理行政案件的一个重要考量因素,只有做到公正,才能真正保障行政相对人合法权益;只有做到公正,才能真正实质性化解行政争议、解决行政纠纷。"公正",是指人民法院在查明事实的基础上,正确适用法律、法规,作出正确的判决、裁定。此处的"正确适用法律法规",既包括正确适用《行政诉讼法》规定的诉讼制度,也包括正确适用其他有关法律、法规的规定。一个公正的行政审判制度,应当有助于在全社会实现公平正义,有助于增强人民对国家和社会的信赖,使社会和谐,使国家安定。

三、"定分止争":锚定行政争议解决的立法目的

诉讼以解决争议为要旨,无争议即无诉讼。解决争议的方式有很多,诉讼只是其中一种。《行政诉讼法》将"解决行政争议"上升到立法目的的高度正是回应了实践中规避浅表化、套路化处理行政争议的现象,有助于切实解决纠纷,实现法律效果与社会效果相统一。

适用要点

立法目的具有明显的价值倾向,无法直接被法官适用,但是,立法目的条款在不同的个案中仍具有司法适用的可能性和必要性,如

作为法律条文解释的依据和补充法律规定漏洞等。适当引用立法目的条款也能增强裁判文书的说理性,从而使个案的判决更加具有说服力。

案例指引

魏某某诉沈阳市和平区人民政府强制拆除并行政赔偿案①

裁判要旨:为实现实质化解行政争议的立法目的,确保当事人获得及时、公平、公正的救济,行政机关违法强制拆除当事人房屋,在难以对房屋及其他损失进行鉴定的情况下,人民法院可以根据原告提出的行政赔偿诉讼请求,结合案件具体情况,在确保当事人获得公平、合理赔偿的前提下,参照征收补偿方案确定的征收补偿标准,全面、充分考虑当事人的各项损失,确定损失数额,直接判决行政机关对房屋及其他人身、财产损失一并予以行政赔偿,无须将房屋损失视为另一法律关系,判决当事人另行通过征收补偿程序解决。

第二条　【诉权】公民、法人或者其他组织认为行政机关和行政机关工作人员的行政行为侵犯其合法权益,有权依照本法向人民法院提起诉讼。

前款所称行政行为,包括法律、法规、规章授权的组织作出的行政行为。

条文注释

本条是关于公民、法人或者其他组织的诉权的规定。

一、行政诉讼主体

行政诉讼中的原告应该是认为自己合法权益受到行政机关和

① 参见最高人民法院(2015)行监字第614号案例。

行政机关工作人员的行政行为侵犯的公民、法人或者其他组织。而被告则是行政机关，不包括司法机关、立法机关、军事机关和执政党的机关。行政诉讼是“民告官”的制度，不允许“官告民”或“官告官”。行政相对人在提起行政诉讼时应具备的身份要件被称为行政诉讼原告资格，只有具备行政诉讼原告资格，同时满足其他法律要件，才能启动行政诉讼。因此它解决的是行政机关在行政管理过程中侵犯公民合法权益的问题，是为公民合法权益提供司法救济的制度，这是行政诉讼制度的本质特征。

二、行政行为

受案范围是行政诉讼制度的一个重要支点。但1989年《行政诉讼法》将行政诉讼的受案范围圈定在具体行政行为的框架之内，这种规定将行政管理实践中大量的行政事实行为排除在行政诉讼的大门之外，将本可以通过诉讼解决的行政争议引向上访等非司法解决渠道之中。

当时立法中用“具体行政行为”的概念，主要是考虑限定可诉范围。但实际上什么可诉、什么不可诉，是由《行政诉讼法》的其他条款规定的。

由于具体行政行为的内涵和外延不清晰，实践中有的法院还为“具体行政行为”设定标准，对应当受理的行政案件不予受理，客观上造成“立案难”，导致在诸多案件中，行政相对人的合法权益得不到有效的法律救济，使法律问题越来越多甚至影响社会稳定。因此将“具体行政行为”修改为“行政行为”，扩大了行政诉讼受案范围并畅通了救济渠道，根本上有利于解决实践中“立案难”的问题。

三、被授权组织的行政主体地位

本条第2款明确了授权组织的行政主体地位，也即这些主体所做出的行政行为也被纳入行政诉讼法调整范围从而可诉。从立法和行政管理实践看，我国有些事业单位、社会团体也承担一定的行政管理任务，而且随着政府职能转变的深化，这些事业单位、社会团体以外的社会组织也承担越来越多的公共管理和服务职能。因此，将法律、法规和规章授权的组织作出的行政行为也归属于可提起行政诉讼的行政行为的范畴可以最大限度地保护公民、法人和其他组织的合法权益。

适用要点

凡是认为自己合法权益被行政机关和行政机关工作人员的行政行为，以及法律、法规、规章授权的组织作出的行政行为所侵犯的公民、法人和其他组织，都享有提起行政诉讼的权利。此处的“认为”是主观的标准，说明公民只要认为其权益受到侵犯即可提起诉讼，并不要求侵权的确然存在。

第三条　【行政机关负责人出庭应诉】人民法院应当保障公民、法人和其他组织的起诉权利，对应当受理的行政案件依法受理。

行政机关及其工作人员不得干预、阻碍人民法院受理行政案件。

被诉行政机关负责人应当出庭应诉。不能出庭的，应当委托行政机关相应的工作人员出庭。

条文注释

本条是关于诉权保障、行政审判的独立以及行政机关负责人应当出庭应诉的三项原则性规定。

一、行政诉权保障

起诉权利，是公民、法人和其他组织对侵害其合法权益的行为，有权诉诸人民法院，通过诉讼的渠道寻求司法保护和救济的权利。起诉权利是一种请求权，也是行政管理关系中行政相对人的一项基本权利。人民法院应当采取必要措施和手段保障公民、法人和其他组织的起诉权利，《行政诉讼法》规定了相应的制度以强化对人民法院案件受理程序的约束。

二、不得干预、阻碍行政案件的受理

人民法院依法独立行使审判权是一项重要的宪法原则，任何组织和个人都不得违反，这要求各级地方政府转换权力本位思想，摒弃种种牵强的所谓“地方发展中心大局”等理由，杜绝对行政案件的受理施加压力。《行政诉讼法》强调“行政机关及其工作人员不得干预、阻碍人民法院受理行政案件”，同时强化了对行政机关应诉过程中违法行为的法律责任和相应惩处。

三、行政机关负责人应当出庭应诉

行政诉讼是“民告官”的制度，但在过去很多的审判实践中，遇到的大多数情况是法院庭审中，坐在被告席上的人并非行政机关的负责人，而是相关部门委托其他下级部门中的人员，有的虽然是相关部门负责人出庭应诉，可是庭审中却是一问三不知，或是只由其代理人代说情况。这种告官不见官，相关部门负责人不应诉、应诉不出声的“权力傲慢”并不符合行政诉讼制度的初衷。因此确立行政机关负责人出庭应诉制度极有必要。

适用要点

关于本条的适用需要把握以下三点：第一，人民法院应当保障公民、法人和其他组织的起诉权利，依法受理应当受理的行政案件。第二，行政机关及其工作人员不得干预、阻碍人民法院受理行政案件。第三，被诉行政机关负责人应当出庭应诉。因特殊原因不能出庭的，应当委托行政机关相应的工作人员出庭。

关联法规

《国务院办公厅关于加强和改进行政应诉工作的意见》；《最高人民法院关于行政诉讼应诉若干问题的通知》

案例指引

郑某某诉河南省人民政府行政复议案①

裁判要旨：行政机关负责人出庭应诉，有利于维护司法权威，营造和谐的官民关系，促进行政争议的顺利解决。《行政诉讼法》第3条第3款虽然确立了“被诉行政机关负责人应当出庭应诉”的原则，但同时允许有“不能

① 参见最高人民法院(2018)最高法行申1577号案例。

出庭”的例外。据此可知，法律并非要求每一起案件都要由行政机关负责人出庭应诉。根据《最高人民法院关于适用〈中华人民共和国行政诉讼法〉的解释》第129条第1款的规定，“涉及重大公共利益、社会高度关注或者可能引发群体性事件等案件以及人民法院书面建议行政机关负责人出庭的案件，被诉行政机关负责人应当出庭”。除上列情形之外，行政机关负责人未出庭应诉的，不构成违反法定程序。

第四条 【独立行使审判权】人民法院依法对行政案件独立行使审判权，不受行政机关、社会团体和个人的干涉。

人民法院设行政审判庭，审理行政案件。

条文注释

本条规定了人民法院依法独立行使行政审判权的原则。

一、人民法院依法对行政案件独立行使审判权

我国《宪法》明确规定，人民法院依照法律规定独立行使审判权。《刑事诉讼法》《民事诉讼法》也都规定了人民法院依法独立审判的原则。本条原则的确立，是为人民法院公正审判案件提供诉讼制度上的保障，在适用上需要把握以下四点：

（一）行政案件的审判权由人民法院统一行使

首先，外国人、无国籍人、外国组织在中华人民共和国领域内进行行政诉讼，必须由我国人民法院统一审理，任何国家都无权干涉我们国家的主权。其次，根据国家机关职权分工的原则，行政案件只能由各级人民法院审理，其他任何机关或者组织都无权审理。

（二）人民法院独立行使审判权要坚持党的领导

坚持人民法院依法独立行使审判权的原则，需要正确处理独立行使审判权与坚持党的领导之间的关系。坚持党的领导和审判机关依法独立行使审判权都是我国宪法规定的原则。审判权的独立

行使不能离开党的领导。党的领导应主要体现为政治、思想和组织上的领导，要把坚持党的领导与审判机关依法独立行使审判权统一起来，在审判活动中贯彻党的路线、方针和政策，同时保证依法独立公正地行使审判权。

（三）任何行政机关、社会团体和个人不得干涉人民法院依法独立行使审判权

任何行政机关、社会团体和个人不得利用职权地位或者采取非正当的手段，干扰和影响人民法院的审判活动。但人民法院依法独立行使审判权，并不意味着法院的审判活动不受任何监督。根据我国宪法的规定，各级人民代表大会及其常务委员会是国家的权力机关，各级人民法院由其产生并受其监督，所以人民法院的审判活动必须接受人民代表大会及其常务委员会的监督。此外，人民检察院作为国家的法律监督机关，也有权对人民法院的审判活动进行监督。

（四）人民法院独立行使审判权，是指由人民法院作为一个整体独立行使审判权，而不是指审判员、合议庭独立行使审判权

人民法院独立审判行政案件，是指人民法院作为一个整体在行使审判权时是独立的，而不是由某个审判人员独立行使审判权。

法院审理案件实行的是合议制，合议庭评议案件，每个合议庭成员都有平等的表决权，评议结果实行少数服从多数的原则。重大案件、合议庭成员有重大分歧的案件，由院长提交审判委员会集体讨论决定。审判委员会的决定，审判员、合议庭必须执行。

二、人民法院设行政审判庭审理行政案件

人民法院设行政审判庭审理行政案件，可以更有效、更专业地解决实践中发生的各类行政争议。

为了从法院的组织结构上保障行政案件的审理，《行政诉讼法》明确规定人民法院设立行政审判庭，审理行政案件。目前，我国各级人民法院均已设立了行政审判庭。这也是从人民法院开展行政审判工作的实际需要作出的规定。

适用要点

行政案件审判权由人民法院依法独立行使，任何行政机关、社会团体和个人不得干涉人民法院依法独立行使审判权。人民法院设置专门的行政审判庭来审理行政案件。独立行使审判权的适用还需要注意媒体报道对审判的介入。媒体从业者对于行政案件的报道可能会影响案件细节的定性，公众情绪也可能会对审判结果产生一定的导向作用，这都是信息时代所不能避免的。但是，人民法院独立行使行政审判权的原则要求法院审理案件需要排除不当的纷扰，依据事实和法律做出公正的判决。

案例指引

杨某诉东台市东盛房地产开发有限公司商品房销售合同纠纷案①

裁判要旨：人民法院依法独立行使审判权，在审理案件中以事实为根据，以法律为准绳。人民法院据以定案的事实根据，是指经依法审理查明的客观事实。建设行政主管部门的审批文件以及建筑工程勘察、设计、施工、工程监理等单位分别签署的质量合格文件，在关于房屋建筑工程质量的诉讼中仅属诉讼证据，对人民法院认定事实不具有当然的确定力和拘束力，如果存在房屋裂缝、渗漏等客观事实，并且该客观事实确系建筑施工所致，则人民法院应当依法认定房屋存在质量缺陷。除有特别约定外，房屋出卖人应当保证房屋质量符合工程建设强制性标准以及合同的约定，房屋买受人以房屋存在质量缺陷为由向出卖人主张修复等民事责任的，人民法院应予以支持。

① 参见《最高人民法院公报》2010年第11期（总第169期）。

第五条 【以事实为根据,以法律为准绳原则】人民法院审理行政案件,以事实为根据,以法律为准绳。

条文注释

本条是关于审理行政案件的原则,即人民法院审理各类行政案件,都应该以事实为根据,以法律为准绳。应当依照法定程序调查、认定客观存在的事实,切忌主观、片面。

以事实为根据,以法律为准绳这一基本原则,是我国《刑事诉讼法》《民事诉讼法》《行政诉讼法》都明确规定的一个基本原则,而且在三大诉讼法的各项基本原则中处于核心地位,是司法审判中必须坚持和秉持的一大原则。

一、人民法院审理行政案件必须以事实为根据

以事实为根据,是指人民法院在案件的处理中要以客观存在的事实为基础,要忠于事实真相,一切从具体的案件情况出发。这就要求人民法院在审判活动中必须重证据、重调查研究,查清案件的事实真相。

二、人民法院审理行政案件必须以法律为准绳

人民法院以事实为根据,查明行政行为适用法律是否正确,从而判断行政行为是否合法,并作出正确的裁判。以法律为准绳,就是只有法律才是人民法院在认定事实的基础上,衡量具体行政行为是否合法的客观尺度。

三、以事实为根据、以法律为准绳是互相联系、不可分割的统一整体

以事实为根据,以法律为准绳相互联系,事实是裁判的依据,法律是裁判的保证。事实是正确运用法律的前提,依法判决是查清事实的目的。只有把两者正确结合起来,才能保证案件得到公正的审判。

适用要点

本条中的“法律”是指与案件相关的法律、法规。如涉及海关执法的行政案件,法院需要以《海关法》及其配套的法规作为判案依

据;涉及出境入境管理方面的行政案件,法院要以《出境入境管理法》及其配套的法规作为判案依据。《行政诉讼法》规定人民法院审理行政案件,以法律和行政法规、地方性法规为依据。地方性法规适用于本行政区域内发生的行政案件。人民法院审理民族自治地方的行政案件,并以该民族自治地方的自治条例和单行条例为依据。人民法院审理行政案件,参照规章。根据这一规定,可以作为行政诉讼判案依据的,包括法律、行政法规、地方性法规、自治条例和单行条例,国务院部委规章和地方政府规章可以作为法院判案的参考。

第六条 【合法性审查原则】人民法院审理行政案件,对行政行为是否合法进行审查。

条文注释

本条是关于行政诉讼合法性审查原则的规定。

人民法院审理行政案件,对行政行为是否合法进行审查,是为《行政诉讼法》的特有原则。

一、合法性审查原则的制度架构背景

合法性审查原则为行政诉讼制度所特有,这是由司法权和行政权的关系所决定的。司法机关与行政机关有各自的职能分工,二者皆由权力机关选举产生,并受其监督。虽然人民法院有权依法对相应的行政行为进行司法监督,解决行政争议,纠正违法的行政行为,维护公民、法人和其他组织的合法权益,但是,这样的司法监督的范围和程度应限制在合法性审查的范围之内。概言之,司法权可以监督行政权,但绝不能干预行政权,从而影响行政权的正常运行。

二、合法性审查原则的内容

(一)人民法院只对已经受理的行政案件进行审查,而不得审查其他行政行为

行政诉讼是保障公民、法人和其他组织合法权益的一种司法救济措施,采取"不告不理"的原则。人民法院不具有主动检查行政主体行政行为合法性的权力,审查行政行为的合法性只限于原告诉至

法院,法院应当受理且已受理的行政案件。

(二)人民法院审理行政案件,原则上只能审查行政行为的合法性

在具体的行政诉讼实践中,人民法院一方面可以通过依法行使行政审判权撤销违法行政行为,另一方面也要对行政机关在法定权限内行使行政权的行为予以尊重,从而保证行政机关有效履职不受干扰。

适用要点

一、行政行为合法性的标准

(一)实体合法

指行政机关所作出的行政行为,是否有法律依据,是否在其法定职权范围内作出,适用的法律、法规是否正确等。如行政机关作出一个治安管理处罚决定,法院在审查时,要看该处罚行为是否有《治安管理处罚法》的依据,该行政机关是否为具有处罚权的执法主体,被处罚的当事人是否存在《治安管理处罚法》规定的违法行为,处罚决定所适用的法律条款是否正确等。

(二)程序合法

程序合法是实体合法的保障,是依法行政的重要组成部分。如果一个行政行为在程序方面出现违法,即使其实体方面没有问题,该行政行为依然是违法的。如对于责令停产停业、吊销许可证或者数额较大的罚款等较重的行政处罚,根据《行政处罚法》的规定,行政机关作出行政处罚决定之前,应当告知当事人有要求听证的权利,当事人要求听证的,行政机关应当组织听证。如果行政机关没有遵守这一程序性规定即作出处罚决定,则属于程序违法,应予依法撤销。

二、人民法院审查行政行为的合法性的角度

(一)职权范围审查

行政机关是否具有作出该行政行为的职权。主要是看行政主体有没有这项职能,是否超越了法定的职权,是否滥用职权等。

(二)主要证据审查

行政机关作出行政行为的主要证据是否充分、确凿,认定事实

的主要证据是否不足。

(三)法律适用审查

行政机关作出行政行为所依据的实体法律规范是否得当,有无误用、错用或滥用法律、法规、规章现象,所适用的规章有无和法律、法规相抵触的情况等。

(四)程序规范审查

行政机关作出行政行为是否遵照法律、法规规定的实施该行政行为的程序规定等。

(五)不作为的审查

行政机关是否依法应当作为而不作为。

第七条　【合议、回避、公开审判和两审终审原则】人民法院审理行政案件,依法实行合议、回避、公开审判和两审终审制度。

条文注释

本条是关于行政审判实行合议、回避、公开审判和两审终审原则的规定。

一、合议制度:行政诉讼原则上实行合议审判,依靠集体智慧,保证案件得到正确审理

合议制度是人民法院的审判组织形式,即由3名以上的法官或法官与陪审员组成合议庭,共同进行审判工作并对承办的案件负责的审判制度。《行政诉讼法》规定,人民法院审理行政案件,由审判员组成合议庭,或者由审判员、陪审员组成合议庭。

二、回避制度:审判人员遇有法定情形,必须回避,不参与案件审理

回避制度,是指审判人员或其他有关人员遇有法律规定不宜参加案件审理的情形时,退出对该案件审理活动的制度,分为当事人申请回避和审判人员申请回避两种。如果当事人认为审判人员、书记员、翻译人员、鉴定人或勘验人等与本案有利害关系或其他关系可能影响案件的公正、公平审理的,有权要求其回避。审判人员认为

自己与本案有利害关系或其他关系的,应该主动申请回避。

三、公开审判制度:行政审判活动依法向社会公开

公开审判制度,是指人民法院审理行政案件,除法律规定的不公开情况外,审理过程应当公开,而且判决宣告原则上一律公开。公开审判是相对于秘密审判而言的。公开审判取代封建专制社会时的秘密审判是诉讼制度文明进步的表现。公开审判制度目前已经成为现代各国普遍奉行的一项重要诉讼制度。公开审判包括三项内容:一是开庭前公告当事人姓名、案由和开庭的时间。二是除合议庭评议案件以外,要对群众公开,对社会公开,开庭时允许群众旁听和允许新闻记者采访报道,涉及国家秘密、个人隐私以及法律另有规定的除外;涉及商业秘密的案件,当事人申请不公开审理的,可以不公开审理。三是公开宣告判决,但涉及国家秘密、商业秘密和个人隐私的内容除外。

四、两审终审制度:人民法院审理行政案件的审级制度

两审终审制度,是指一个行政案件经过第一审、第二审两级人民法院审判后即告终结的制度。

我国行政诉讼中大多数行政案件都实行两审终审制,对地方各级人民法院的第一审判决及特定的裁定,当事人可以向上一级人民法院提起上诉。第二审法院对上诉案件所作的判决、裁定是终审判决、裁定,当事人不得再提起上诉。当事人如果在法定上诉期间不提起上诉,那么第一审法院的判决、裁定在上诉期满后即发生法律效力。最高人民法院作为第一审法院审理的行政案件实行一审终审,最高人民法院的第一审判决和裁定是终审判决、裁定,当事人不得对此提出上诉。

适用要点

首先,行政诉讼原则上实行合议制度,这是民主集中制在审判工作中的具体运用。其次,为保证公正、公平地审理行政案件,行政诉讼应当坚持回避原则,从而维护诉讼程序的公正,有利于行政审判活动得到当事人和社会公众的普遍尊重。再次,人民法院审理行政案件,除涉及国家秘密、个人隐私和法律另有规定的情况之外,一

律应该公开进行。此外,涉及商业秘密的案件,当事人申请不公开审理的,可以不公开审理。公开审判既可以保障当事人的诉讼权利,还有利于增强公众的法律意识。最后,人民法院审理行政案件实行两审终审制,一个案件经过两级人民法院审理即告终结,这种两审终审制度的实行有利于上级人民法院对下级人民法院的审判工作进行监督,及时纠正错误的判决或裁定,维护当事人的合法权益。

关联法规

《最高人民法院关于严格执行公开审判制度的若干规定》

案例指引

李某诉浙江省教育厅、教育部教育其他行政行为及行政复议案①

裁判要旨:行政机关作出行政行为,存在未依法举行听证,未遵守回避原则,作出不利行政行为时未听取利害关系人的陈述、申辩等违反正当程序原则的情形,应属程序严重违法,若撤销该行政行为不会给国家利益、社会公共利益造成重大损害的,法院应依照《行政诉讼法》第70条的规定判决撤销并责令行政机关重新作出行政行为。

第八条　【法律地位平等原则】当事人在行政诉讼中的法律地位平等。

条文注释

本条是关于当事人在行政诉讼中的法律地位平等原则的规定。

当事人在行政诉讼中的法律地位平等,是"中华人民共和国公民在法律面前一律平等"这一宪法原则在行政诉讼中的具体体现。

---

① 参见浙江省高级人民法院(2018)浙行终539号案例。

适用要点

行政机关在日常的行政管理活动中代表国家行使行政权力，处于管理者的地位，而公民、法人或者其他组织处于被管理者的地位，从实质上观察二者的地位并不平等，一方处于强势地位。因此，《行政诉讼法》构建了一种机制，即行政争议双方一旦进入行政诉讼程序，二者的诉讼法律地位完全平等，没有高低之分，亦无贵贱之别，没有领导与服从的关系，而是处于相同的法律地位，共同受人民法院裁判的约束。在此过程中，作为被告的行政机关不能因为自己在行政管理中所处的优势地位而在行政诉讼中享有任何特权，进而体现了行政诉讼法有别于民事诉讼法的实质平等观念，具体表现在行政诉讼的双方当事人的诉讼权利与义务不完全对等。如行政机关只能当被告而不能提起行政诉讼，也不能提起反诉，还有举证责任上的差异（被告负主要举证责任）都体现了《行政诉讼法》对行政相对人一方予以倾斜性保护的特点，这种在差异的基础上进行区别对待的倾斜保护是必要的、合理的。

第九条　【本民族语言文字原则】各民族公民都有用本民族语言、文字进行行政诉讼的权利。

在少数民族聚居或者多民族共同居住的地区，人民法院应当用当地民族通用的语言、文字进行审理和发布法律文书。

人民法院应当对不通晓当地民族通用的语言、文字的诉讼参与人提供翻译。

条文注释

本条是关于使用民族语言文字进行诉讼原则的规定。

使用本民族语言、文字进行行政诉讼，这是各民族公民法定的权利。人民法院在少数民族聚居地或者是多民族共同居住地审理行政案件和发布法律文书时，应当以当地民族通用的语言、文字进行审理，并用通用文字发布判决、裁定等法律文书。对不通晓当地民族通用的语言、文字的诉讼参与人,人民法院有义务为他们提供翻译以保护他们的诉讼权利。《宪法》第139条也明确规定,各民族公民都有用本民族语言文字进行诉讼的权利。人民法院对于不通晓当地通用的语言文字的诉讼参与人,应当为他们翻译。在少数民族聚居或者多民族共同居住的地区,应当用当地通用的语言进行审理,起诉书、判决书、布告和其他文书应当根据实际需要使用当地通用的一种或者几种文字。

少数民族的诉讼语言文字权根源于我国《宪法》的规定,语言平等亦是民族平等的重要内容。除了《行政诉讼法》第9条的规定外,《刑事诉讼法》第9条和《民事诉讼法》第11条也都在宪法精神的指引下对少数民族的诉讼语言文字权作出了明确规定。

适用要点

实践中需注意到法律对于少数民族的诉讼语言文字权的规定过于原则化,在法院审理此类案件的过程中存在当事人选择诉讼语言文字较为随意,法院文书文字混乱,诉讼语言与民族语言翻译不一致等情况,这都不利于行政诉讼工作的进行。少数民族语言的翻译工作同样会影响到庭审的质量和效率,因此,保证准确地传达诉讼信息需要确保少数民族语言翻译的工作质量,不能流于形式。

第十条 【辩论原则】当事人在行政诉讼中有权进行辩论。

条文注释

本条是关于行政诉讼辩论原则的规定。

在行政诉讼中,当事人有权在人民法院主持下针对案件事实的有无、证据的真伪、法律适用等问题进行相互辩论。辩论原则体现了当事人在行政诉讼中的平等法律地位,是世界各国普遍遵循的诉讼制度。

一、辩论权是当事人一项重要的诉讼权利

辩论权是当事人对诉讼请求有陈述事实和理由的权利。可以针对对方当事人的陈述和诉讼请求进行反驳和答辩，当事人借此维护自己的合法权益。

二、辩论原则贯穿行政诉讼的全过程

在行政诉讼的第一审程序、第二审程序和审判监督程序中都要保障当事人对辩论权的充分行使。辩论原则并不完全等同于法庭辩论，法庭辩论只是实行辩论原则的集中表现。起诉、答辩、陈述和反陈述，都是实行辩论原则的具体表现。

三、辩论的表现形式

辩论可以是口头形式，也可以是书面形式。口头辩论又称“言辞辩论”，是最集中、最全面的辩论，也是辩论原则最重要的体现。在法庭辩论阶段，通常是采用口头形式进行辩论；在其他阶段，一般采用书面形式辩论。

四、辩论的内容

辩论的内容涉及的范围是广泛的，在行政诉讼中双方当事人既可以就案件的事实等实体方面进行辩论，也可以就程序性的问题进行辩论，但是凡与案件的事实和适用法律无关的问题均不属于辩论的内容，或者虽与案件的事实和适用法律有关，但双方没有争议的问题，也不属于辩论的内容。

五、辩论原则的实践意义

保障当事人在行政诉讼中充分行使辩论权具有重要的意义，具体而言可以归纳为两点：

（一）推动案件公正审理

当事人充分行使辩论权有利于案件公正审理。行政诉讼双方当事人就行政争议，相互进行辩驳，通过充分表达各方观点更准确地揭示案件真实情况，从而使法官作出公正的审判。

（二）有效解决行政争议

当事人充分行使辩论权更有利于判决结果被当事人接受，真正解决行政争议。如果当事人行使辩论权受到阻碍，即使案件事实认定和法律适用没有问题，当事人也很难接受，并不会真正有效化解争议和矛盾，进而浪费司法资源。

适用要点

人民法院在诉讼过程中应当保障当事人充分行使辩论权，辩论原则的适用需要把握以下几点：

首先，辩论必须在人民法院的主持下进行。在行政案件审判过程中，人民法院应引导当事人正确行使辩论权，使当事人的辩论能够对案件的审判真正发挥作用。

其次，辩论权不能流于形式"走过场"，人民法院对案件事实真相的判断必须充分考虑当事人辩论所形成的结果。

再次，人民法院的判决必须形成于法庭辩论之后，不能主观臆断、先入为主，不能对当事人辩论的结果置之不理。

最后，人民法院对当事人在辩论权行使过程中的一些不当言行，应当及时予以提醒和制止。对于当事人行使辩论权中出现的违法行为，如侮辱、诽谤、哄闹法庭等行为依法予以惩诫。

第十一条 【法律监督原则】人民检察院有权对行政诉讼实行法律监督。

条文注释

本条是关于人民检察院对行政诉讼实行法律监督原则的规定。

一、人民检察院对行政诉讼实行法律监督的方式

(一)提出抗诉

抗诉，是指人民检察院对人民法院作出的已经生效的判决、裁定，认为确有错误时，依法向人民法院提出重新审理要求的诉讼活动。抗诉是法律授予人民检察院代表国家行使的一项法律监督权，抗诉功能的发挥有赖于审判监督意识的强化，对确有错误的案件主动作为、敢于监督、坚决纠正，为公平正义"把关"。

(二)提出检察建议

2012 年修改后的《民事诉讼法》增加规定了"检察建议"这一监督方式，《行政诉讼法》也在 2014 年修改时对应地规定了相应的内容。行政诉讼中的检察建议是检察机关对人民法院在行政诉讼活

动中存在的一般的程序性错误或者应当予以改进的问题,提出纠正或改进建议的一种监督方式,包括再审检察建议和对审判人员违法行为的检察建议。

(三)行政诉讼立案监督

为了加强对立案环节的监督,《行政诉讼法》明确规定对人民法院不予受理的裁定确有错误的,人民检察院应当依法提出抗诉或者提出检察建议。

(四)调解监督

行政诉讼原则上不适用调解,但对涉及行政赔偿、补偿以及行政机关行使法律、法规规定的自由裁量权的案件,人民法院在审理时可以依法适用调解。为了加强对调解的监督,人民检察院发现人民法院所作的调解书损害国家利益或社会公共利益的,应当依法提出抗诉或提出检察建议。

(五)监督行政诉讼判决、裁定的执行

人民检察院有权对行政案件的执行实行法律监督。例如,2021年4月8日最高人民检察院第十三届检察委员会第六十五次会议通过的《人民检察院行政诉讼监督规则》第110条规定:"人民检察院发现人民法院在执行活动中违反规定采取调查、查封、扣押、冻结、评估、拍卖、变卖、保管、发还财产,以及信用惩戒等执行实施措施的,应当向同级人民法院提出检察建议。"

(六)追究贪污受贿、徇私舞弊、枉法裁判的审判人员的刑事责任

检察机关作为法律监督机关的重要职责之一,就是侦查国家公职人员的职务犯罪行为,并依法提起公诉。检察机关在对行政诉讼活动进行法律监督的过程中发现审判人员涉嫌贪污受贿、徇私舞弊、枉法裁判的,应及时立案、侦查乃至提起公诉,这是加强司法监督、遏制司法腐败的一个重要方面。

二、行政检察监督的意义

行政检察监督作为检察机关的重要职能,将检察机关的法律监督范围从诉讼领域向诉讼领域外拓展,丰富了检察权的内容,在推

进法治国家建设中具有重要作用。检察权介入对行政行为的监督，符合当下依法治国以及推进国家治理体系现代化建设的需要。

适用要点

《人民检察院行政诉讼监督规则》规定了检察院依法履行行政诉讼监督职责的具体要求，该规则第12条规定，检察人员办理行政诉讼监督案件，应当秉持客观公正的立场，自觉接受监督。检察人员不得违反规定与当事人、律师、特殊关系人、中介组织接触、交往。检察人员有收受贿赂、徇私枉法等行为的，应当追究纪律责任和法律责任。检察人员对过问或者干预、插手行政诉讼监督案件办理等重大事项的行为，应当依照有关规定全面、如实、及时记录、报告。

关联法规

《人民检察院行政诉讼监督规则》

案例指引

侯某某诉四川某市人力资源和社会保障局工伤认定检察监督案①

裁判要旨：人民检察院办理工伤认定行政诉讼监督案件，对于当事人诉求具有正当性，但通过法律途径难以解决的，应当以实质性化解行政争议为目标，综合施策，促使问题解决。对因案致贫的当事人，检察机关在依法启动司法救助程序的同时，可以协调相关单位合力解决当事人的实际困难。

① 参见2021年《最高人民检察院工伤认定和工伤保险类行政检察监督典型案例》之五。

第二章　受案范围

第十二条　【行政诉讼受案范围】人民法院受理公民、法人或者其他组织提起的下列诉讼：

（一）对行政拘留、暂扣或者吊销许可证和执照、责令停产停业、没收违法所得、没收非法财物、罚款、警告等行政处罚不服的；

（二）对限制人身自由或者对财产的查封、扣押、冻结等行政强制措施和行政强制执行不服的；

（三）申请行政许可，行政机关拒绝或者在法定期限内不予答复，或者对行政机关作出的有关行政许可的其他决定不服的；

（四）对行政机关作出的关于确认土地、矿藏、水流、森林、山岭、草原、荒地、滩涂、海域等自然资源的所有权或者使用权的决定不服的；

（五）对征收、征用决定及其补偿决定不服的；

（六）申请行政机关履行保护人身权、财产权等合法权益的法定职责，行政机关拒绝履行或者不予答复的；

（七）认为行政机关侵犯其经营自主权或者农村土地承包经营权、农村土地经营权的；

（八）认为行政机关滥用行政权力排除或者限制竞争的；

（九）认为行政机关违法集资、摊派费用或者违法要求履行其他义务的；

（十）认为行政机关没有依法支付抚恤金、最低生活保障待遇或者社会保险待遇的；

（十一）认为行政机关不依法履行、未按照约定履行或者违法变更、解除政府特许经营协议、土地房屋征收补偿协议等协议的；

（十二）认为行政机关侵犯其他人身权、财产权等合法权益的。

除前款规定外，人民法院受理法律、法规规定可以提起诉讼的其他行政案件。

条文注释

本条是关于行政诉讼受案范围的规定。

行政诉讼受案范围决定了哪些行为可诉。在行政审判实践中，有相当一部分的案件都是因原告的诉讼请求不属于行政诉讼的受案范围而不予立案或被驳回起诉，因此针对行政诉讼受案范围的研究就显得极为重要。

（一）对行政处罚不服

行政处罚是行政行为的重要类型之一，指行政机关依法对违反行政管理秩序的公民、法人或其他组织，以减损权益或增加负担的方式予以惩戒的行为。《行政处罚法》第9条对行政处罚的种类作出了具体规定。本条第1款第1项列举了行政处罚法中的处罚种类，但行政处罚的范围不仅限于此，行政相对人认为行政机关违反行政处罚的实体或程序规定的，都可以向人民法院起诉。

（二）对行政强制措施和行政强制执行不服

行政强制措施是指行政机关在行政管理过程中，为制止违法行为、防止证据损毁、避免危害发生、控制危险扩大等情形，依法对公民的人身自由实施暂时性限制，或者对公民、法人、其他组织的财物实施暂时性控制的行为。行政强制执行是指行政机关或者行政机关申请人民法院，对不履行行政决定的公民、法人或者其他组织，依法强制履行义务的行为。行政强制措施和行政强制执行的种类分别规定在《行政强制法》第9条和第12条中。由于行政强制执行是一种独立的行政行为，有着独立的实体和程序要求，在其实施过程中也可能会侵犯行政相对人的合法权益，因而将其纳入行政诉讼受案范围确有必要。

（三）对行政许可不服

行政许可是指行政机关根据公民、法人或者其他组织的申请，经依法审查，准予其从事特定活动的行为。行政许可虽在性质上属于授益性行政行为，但行政机关违法实施行政许可则可能侵犯公民、法人或者其他组织的合法权益，具体而言有两种情况：一是对于申请人提出的申请，行政机关拒绝或者在法定期限内不予答复；二是行政机关作出的变更、延续、撤回、撤销、注销行政许可决定违法。

（四）对确认自然资源的所有权或者使用权的决定不服

根据我国《土地管理法》《矿产资源法》《水法》《森林法》《草原法》《渔业法》《海域使用管理法》等法律的规定，县级以上各级人民政府有权对部分自然资源的所有权或者使用权予以确认和核发相关证书。此类自然资源"确权"行为，包括行政机关颁发确认所有权或者使用权证书，也包括由行政机关对所有权或者使用权发生的争议进行裁决。需要注意的是，上述案件应当遵循行政复议法的复议前置等规定。

（五）对征收、征用决定及其补偿决定不服

本项规定与我国《宪法》第 13 条第 3 款"国家为了公共利益的需要，可以依照法律规定对公民的私有财产实行征收或者征用并给予补偿"存在密切关系。行政征收，是行政机关为了公共利益的需要，依法将公民、法人或者其他组织的财物收归国有的行政行为。如为了公共设施、基础设施建设需要，人民政府征收农村集体土地和城乡居民房屋。行政征用，是行政机关为了公共利益的需要，依法强制使用公民、法人或者其他组织财物或者劳务的行政行为。根据法律规定，无论是征收还是征用，都应当依法给予权利人相应的补偿。公民、法人和其他组织对征收、征用决定不服，或者对补偿决定不服，除法律规定复议终局的外，都可以提起诉讼。

（六）对不履行法定职责不服

国家尊重和保障人权是我国宪法的明确规定，当公民的人身权、财产权等合法权益受到侵害时，如果行政机关不依法履行保护职责即属于行政不作为，公民就可以向法院提起诉讼，要求行政机关履行职责。此处的适用需要注意以下几点：第一，行政机关被申请保护的标的为合法权益，非法利益不受保护；第二，该项规定中的“等”字表明“合法权益”的范围不限于人身权和财产权；第三，除行政机关需依职权主动实施的情况，公民、法人和其他组织应明确向行政机关提出保护其合法权益的申请，否则行政机关在不知悉的情况下没有保护的义务；第四，申请保护的合法权益属于行政机关的法定职责范围。

（七）认为侵犯经营自主权或者农村土地承包经营权、农村土地经营权

经营自主权是自主管理经营的权利。我国《宪法》第 16 条第 1 款规定：“国有企业在法律规定的范围内有权自主经营。”第 17 条第 1 款规定：“集体经济组织在遵守有关法律的前提下，有独立进行经济活动的自主权。”虽然不同的经济主体根据我国法律的规定享有不同程度的经营自主权，但在社会主义市场经济体制之下，国有企业、集体企业、私营企业、“三资”企业、个体工商户的自主经营权都不应受到行政机关的不当侵犯。

（八）认为行政机关滥用行政权力排除或者限制竞争

公平竞争权是市场主体依法享有的在公平的环境中竞争，以实现其经济利益的权利。

素有“经济宪法”之称的《反垄断法》对遏制地方保护主义有明确的规定。该法第 39 条明确规定：“行政机关和法律、法规授权的具有管理公共事务职能的组织不得滥用行政权力，限定或者变相限定单位或者个人经营、购买、使用其指定的经营者提供的商品。”同时，该法第 41 条又对妨碍商品在地区间自由流通的具体行为表现进行了列举，第 42 条对滥用行政权力进行排斥或限制的行为进行了禁止性规定。

（九）认为行政机关违法要求履行义务

该项规定主要针对行政管理实践中行政机关擅自设立名目向企业、个人乱集资、乱摊派、乱收费的“三乱”现象制定。“三乱”干扰

了国家正常的财政税收制度，加重了企业和群众负担，损害了政府权威，败坏了社会风气。因此，需要通过行政诉讼途径整治乱象，保护行政相对人的合法权益。

（十）认为行政机关没有支付抚恤金、最低生活保障待遇或者社会保险待遇

该项规定对标的是公民物质帮助权的保障，物质帮助权是公民在特定情况下，不能以自己的劳动获得物质生活资料，或获得的劳动报酬不能完全满足自己的生活需要时，享有由国家和社会给予金钱和实物帮助的权利。《宪法》第45条规定，中华人民共和国公民在年老、疾病或者丧失劳动能力的情况下，有从国家和社会获得物质帮助的权利。抚恤金是公民因公、因病致残或死亡时，由本人或其家属依法领取的生活费用，包括遗属抚恤金和伤残抚恤金；最低生活保障金是向城镇居民发放的维持其基本生活需要的社会救济金，各地根据本地区的经济状况和生活水平确定一个最低生活保障线的标准，达不到最低生活保障线的，可以向有关行政机关申请发放最低生活保障金；社会保险金是公民在失业、年老、疾病、生育、工伤等情况发生时，向社会保障机构申请发放的社会救济金；无论是抚恤金、社会保险金，还是最低生活保障费，都是公民维护生活所必需的社会保障，行政机关没有依法发放的，都可以提起行政诉讼。

（十一）认为行政机关不依法履行、未按照约定履行或者违法变更、解除政府特许经营协议、土地房屋征收补偿协议等协议

政府特许经营协议、土地房屋征收补偿协议均属于行政协议，将行政协议纳入行政诉讼受案范围，是行政诉讼制度的重要突破。行政协议作为行政行为的一种类型，其签订和履行、变更、解除均涉及行政权的行使，带有明显的公共性和行政性，仅通过民事法律制度难以应对因行政协议产生的行政争议。在适用中应当注意的是，只有行政机关一方不履行协议的情况下可以提起行政诉讼，行政相对人一方不履行并不属于受案范围，因为行政机关可以依凭其行政管理职权促使当事人履行协议，如对特许经营者不按照协议约定提供公共服务的，行政机关可以取消特许经营，根本无须通

过行政诉讼。

（十二）认为行政机关侵犯其他人身权、财产权等合法权益

本条第1款第12项是兜底规定，说明公民、法人和其他组织能够通过行政诉讼寻求救济的权益还包括未被列举的人身权和财产权以外的其他合法权益，如政治权、劳动权、社会保障权、受教育权、文化权等权利类型。

案例指引

谢某某等诉湖南省城步苗族自治县人民政府养老保险待遇案①

裁判要旨：最高人民法院相关司法解释规定，驳回当事人对行政行为提起申诉的重复处理行为，不属于行政诉讼的受案范围。(2005)行立他字第4号文件第2条规定，对信访事项有权处理的行政机关，依据《信访条例》(2022年已经修改为《信访工作条例》)作出的处理意见、复查意见、复核意见和不再受理决定，信访人不服提起行政诉讼的，人民法院不予受理。也就是说，当事人对信访事项不服，提起行政诉讼，只要该信访事项的行政行为未对当事人的权利义务产生实际影响，就不属于行政诉讼的受案范围。当事人为了规避有关信访事项处理的行政行为不属于行政诉讼受案范围的规定，将对信访事项处理结果不服，转变为请求行政机关履行法定职责案件提起诉讼，其实质仍然是对信访事项的处理结果不服提起的诉讼，人民法院应当按照其实质诉求，依法作出处理。

① 参见最高人民法院(2017)最高法行申6506号案例。

第十三条 【受案范围的排除】人民法院不受理公民、法人或者其他组织对下列事项提起的诉讼：

（一）国防、外交等国家行为；

（二）行政法规、规章或者行政机关制定、发布的具有普遍约束力的决定、命令；

（三）行政机关对行政机关工作人员的奖惩、任免等决定；

（四）法律规定由行政机关最终裁决的行政行为。

条文注释

本条是关于行政诉讼受案范围排除事项的列举。

（一）国防、外交等国家行为

国家行为是基于国家主权并且以国家名义实施的行为。国家行为带有高度的政治性，不同于一般的行政行为，不适宜由法院来监督。各国法院对这类行为都没有司法审查权。根据《最高人民法院关于适用〈中华人民共和国行政诉讼法〉的解释》的规定，国家行为，是指国务院、中央军事委员会、国防部、外交部等根据宪法和法律的授权，以国家的名义实施的有关国防和外交事务的行为，以及经宪法和法律授权的国家机关宣布紧急状态等行为。国防行为，是指国家为了防备和抵抗侵略，制止武装颠覆和分裂，保卫国家主权、统一、领土完整、安全和发展利益所进行的军事活动，以及与军事有关的政治、经济、外交、科技、教育等方面的活动。外交行为，是指国家之间或者国家与国际组织之间的交往行为，如对外国国家和政府的承认、建交、断交，缔结条约、公约和协定等。上述行为主要是由全国人大及其常委会决定的，国务院作为执行机关，在行使国防、外交方面的职权时，只能由全国人大及其常委会监督，法院没有监督权。

（二）抽象行政行为

制定行政法规、规章是《立法法》规定的广义上的立法行为，由全国人大及其常委会和地方同级人大及其常委会或者国务院监督，不由法院监督。行政机关制定、发布的具有普遍约束力的决定命令，即学理上所称的“抽象行政行为”，本法也称为“规范性文件”，明确法院可以对规范性文件进行附带性审查，第 53 条规定，公民、法人或者其他组织认为行政行为所依据的国务院部门和地方人民政府及其部门制定的规范性文件不合法，在对行政行为提起诉讼时，可以一并请求对该规范性文件进行审查，但前述规定的规范性文件不含规章。同时，第 64 条规定，人民法院在审理行政案件时，经审查认为该法第 53 条规定的规范性文件不合法的，不作为认定行政行为合法的依据，并应当向制定机关提出处理建议。法院经审查，认为规范性文件不合法，不能自己撤销，可以通过司法建议的形式，建议制定机关修改或者废止。

（三）行政机关内部行政行为

行政机关对行政机关工作人员的奖惩、任免，属于行政机关内部的人事管理行为，学理上称为“内部行政行为”，不同于针对行政相对人的外部行政行为，不能提起行政诉讼，但是可以在行政机关内部进行救济。根据《公务员法》的规定，公务员对处分，辞退或者取消录用，降职，免职，定期考核定为不称职，申请辞职或者提前退休未予批准，未按规定确定或者扣减工资、福利、保险待遇等不服的，可以向原处理机关申请复核：对复核结果不服的可以向同级公务员主管部门或者作出该人事处理的机关的上一级机关提出申诉；也可以不经复核，直接提出申诉；对省级以下机关作出的申诉处理决定不服的，可以向作出处理决定的上一级机关提出再申诉。

（四）法律规定由行政机关最终裁决的行政行为

对于特定的行政争议由行政机关通过行政复议程序或其他类似程序加以裁决之后，便产生了终局的效力，不能提起行政诉讼。具体而言，以下三种行为属于行政终局裁决行为，不属于《行政诉讼法》受案范围：出入境行政处罚、国务院对省部级行政机关就自身行政行为作出的复议决定作出的再裁决、省级人民政府根据特定依据对自然资源权利归属作出的复议决定。

适用要点

具体行政行为可受案的反面排除可以归纳为以下几点：无行政

性、无特定性、无外部性和法定最终裁决行为。

案例指引

金某、张某某诉北京市海淀区政府履行法定职责案①

裁判要旨：第一，在撤销之诉中，“行政行为”的概念仍然应当理解为原来意义上的“具体行政行为”。其确切的含义应当是指：行政机关针对具体事件、单方面作出的、具有外部效果的、行政法上的处理行为。那些决定作出之前的准备行为和阶段行为、那些不具有外部效果的纯内部行为、那些不是针对具体事件的普遍的调整行为，仍然属于不可诉的行为。第二，取消“具体行政行为”的概念，也不意味着抽象行政行为就此纳入了行政诉讼的受案范围。按照《行政诉讼法》第 13 条第 2 项的规定，直接针对“行政法规、规章或者行政机关制定、发布的具有普遍拘束力的决定、命令”等抽象行政行为的起诉，仍然被排除在受案范围之外。又按照《行政诉讼法》第 53 条的规定，如果公民、法人或者其他组织认为行政行为所依据的国务院部门和地方人民政府及其部门制定的规范性文件不合法，只有在对行政行为提起诉讼时，才可以一并请求对该规范性文件进行审查。

① 参见最高人民法院（2016）最高法行申 2856 号案例。

第三章　管　　辖

第十四条　【基层人民法院管辖第一审行政案件】基层人民法院管辖第一审行政案件。

条文注释

本条是关于行政诉讼中基层人民法院管辖权的规定。

第一审行政诉讼案件,除其他法律明确管辖的以外,原则上均由基层人民法院管辖。我国人口众多、幅员辽阔,全国范围内共有3000多个基层法院,数量多、分布广,由基层法院管辖第一审行政案件符合我国的国情和行政审判实际情况,其一,便利当事人就近参加诉讼;其二,方便法院及时调查取证、审判和执行判决;其三,由数量占多数的基层法院审理第一审行政案件有利于各级法院均衡承担行政审判工作量,将行政争议解决在基层,体现"枫桥经验"的治理智慧。

适用要点

基层人民法院包括:县、自治县人民法院;不设区的市人民法院;市辖区人民法院。

第十五条　【中级人民法院管辖的第一审行政案件】中级人民法院管辖下列第一审行政案件:

(一)对国务院部门或者县级以上地方人民政府所作的行政行为提起诉讼的案件;

(二)海关处理的案件;

(三)本辖区内重大、复杂的案件;

(四)其他法律规定由中级人民法院管辖的案件。

条文注释

本条是关于中级人民法院管辖的第一审行政案件的规定。

一、以国务院部门为被告的行政案件

所谓“国务院部门”，既包括国务院组成部门，也包括国务院直属机构、国务院部委代管的国家局（部管国家局）以及国务院直属的具有管理公共事务职能的事业组织。2018年北京市第一中级人民法院向社会通报了以国务院部委为被告的十大民告官典型案件，其中部委败诉的有5件。以国务院部门为被告的案件，被告级别较高，由其做出的行政行为具有较强的专业性、政策性，案件审理结果一般会产生重大的社会影响，因此基层法院难以驾驭，不宜由其进行审理。

二、以县级以上地方人民政府为被告的行政案件

所谓“县级以上地方人民政府”，指的是地方县级（包括县级）以上人民政府，但不包括这些人民政府所属的工作部门，以后者为被告提起的第一审行政诉讼案件在法律上依然由基层人民法院管辖。以县级以上地方人民政府为被告的一审行政案件由中级人民法院管辖是《行政诉讼法》2014年修改时增加的内容，这类案件主要集中在土地山林矿产等确权争议、征收征用土地及其安置补偿案件等，一般在当地影响较大，牵涉面较广，案情相对复杂，且非常容易与当地政府存在盘根错节的利益关联，规定中级法院管辖，有助于排除地方各种势力对法院审判工作的不当干扰。

三、海关处理的案件

所谓海关处理的案件，是指公民、法人或者其他组织对海关作出的行政处罚决定、扣押决定、缴纳关税决定等不服，而向法院提起的行政诉讼案件。虽然我国设有海事法院，但《最高人民法院办公厅关于海事行政案件管辖问题的通知》规定：“行政案件、行政赔偿案件和审查行政机关申请执行其具体行政行为的案件仍由各级人民法院行政审判庭审理。海事等专门人民法院不审理行政案件、行政赔偿案件，亦不审查和执行行政机关申请执行其具体行政行为的案件。”《最高人民法院关于海关行政处罚案件诉讼管辖问题的解

释》也有海事法院不受理相对人不服海关作出的行政处罚决定提起诉讼的案件的相关规定。因此,涉及海关处理的案件仍由中级法院专属管辖,这也与海关业务较强的专业技术性和涉外属性相关联,具有一定的合理性。

四、本辖区内重大、复杂的案件

本项规定在立法技术上属“兜底条款”,通过使用“重大”和“复杂”这两个标准并不确定的法律概念赋予行政诉讼管辖制度一定程度的灵活处理空间以应对变化莫测的现实情况。《最高人民法院关于适用〈中华人民共和国行政诉讼法〉的解释》第5条将社会影响重大的共同诉讼案件;涉外或者涉及中国香港特别行政区、澳门特别行政区、我国台湾地区的案件;其他重大、复杂案件列为“本辖区重大、复杂案件”。所谓“重大”“复杂”,是相对而言的,它受特定的时期、政治、经济、社会情况,以及案件本身的疑难复杂程度、影响的范围和轻重、政策性和专业性、判决结果可能造成的社会影响等诸多因素制约,并没有绝对化的标准。

适用要点

《行政诉讼法》第15条第3项规定,中级人民法院管辖“本辖区内重大、复杂的案件”,《最高人民法院关于适用〈中华人民共和国行政诉讼法〉的解释》第6条也规定,当事人以案件重大复杂为由,认为有管辖权的基层人民法院不宜行使管辖权的,可以直接向中级人民法院起诉,但这并不意味着中级人民法院必须受理,根据不同情况,中级人民法院可以决定自行审理,或者指定本辖区其他基层人民法院管辖。经审查不存在“案件重大复杂,有管辖权的基层人民法院不宜行使管辖权”情形的,可以书面告知当事人向有管辖权的基层人民法院起诉。

案例指引

单某诉安徽省物价局行政复议案①

裁判要旨:本案的争执主要集中在级别管辖的确定。所谓级别管辖,是指上下级人民法院之间受理第一审案件的分工。按照《行政诉讼法》第14条的规定,第一审行政案件一般由基层人民法院管辖。确立这一原则,主要是为了便于当事人就近诉讼、便于人民法院审判执行,并且均衡上下级法院之间的工作负担。除此之外,级别管辖还具有保障人民法院公正行使审判权的实体价值。正因如此,《行政诉讼法》适度增加了中级人民法院管辖的第一审行政案件的范围,将被告级别扩大到"县级以上地方人民政府"。但这里所说的"地方人民政府",不包括地方人民政府的工作部门,按照《行政诉讼法》第15条第1项的规定,只有对"国务院部门"所作的行政行为提起诉讼的案件,才由中级人民法院管辖。

第十六条　【高级人民法院管辖的第一审行政案件】高级人民法院管辖本辖区内重大、复杂的第一审行政案件。

条文注释

本条是关于高级人民法院管辖的第一审行政案件的规定。

在我国四级法院审级职能定位中,高级人民法院的主要任务是对本辖区内的中级人民法院和基层人民法院的审判活动进行监督指导,仅受理少量的第一审案件。根据《人民法院组织法》第21条规定,高级人民法院负责的第一审案件包括法律规定由其管辖的第一审案件、下级人民法院报请审理的第一审案件、最高法指定管辖

① 参见最高人民法院(2018)最高法行申2031号案例。

的第一审案件三种。本条规定即为“法律规定由其管辖的第一审案件”。

具体就本条规定而言，判断案件是否应由高级人民法院管辖的关键在于是否满足“本辖区内重大、复杂”要件，即案件在全省、自治区、直辖市范围内是否满足案情重大、涉及面广、具有重大影响。法律法规和司法解释并未直接对本条规定作出进一步界定，然可从相关司法解释和司法文件中初窥端倪。《最高人民法院关于适用〈中华人民共和国行政诉讼法〉的解释》将“本辖区内重大、复杂的案件”的归纳为“（一）社会影响重大的共同诉讼案件；（二）涉外或者涉及香港特别行政区、澳门特别行政区、台湾地区的案件；（三）其他重大、复杂案件”。同时最高法2021年发布的《关于完善四级法院审级职能定位改革试点的实施办法》[①]（法〔2021〕242号）第5条规定，中级人民法院对于所管辖的第一审案件中，认为具备“（一）具有普遍法律适用指导意义的；（二）上一级人民法院或者其辖区内各中级人民法院之间近三年裁判生效的同类案件存在重大法律适用分歧，截至案件审理时仍未解决的；（三）由高级人民法院一审更有利于公正审理的”，可以报请高级人民法院审理。尚需注意的是，判断是否满足“本辖区内重大、复杂”要件的主体应当是高级人民法院或者最高人民法院。其原因在于，在我国四级法院审级职能定位中，高级人民法院的职能定位并不在于开展第一审审判工作，盲目扩大高级人民法院的第一审管辖范围，会大大增加高级人民法院的审判压力，并进一步传导至最高人民法院，一方面打破了四级法院审级职能的协调配合，另一方面也不利于公民的权利救济。

适用要点

高级人民法院审理的第一审行政案件中所谓“本辖区内重大、复杂”要件，可理解为“社会影响大、示范意义强”两方面。社会影响大，是指案件存在涉案金额巨大、诉讼参加人多、牵涉社会重大事项等因素，此因素的判断需要结合案件所在地区实际情况具体进行，无法确定统一标准；示范意义强，是指案件具备类型新、法律认知不

① 现已被最高人民法院关于四级法院审级职能定位改革试点结束后相关工作要求的通知》废止，下同。

统一、容易受到社会干扰等因素，经由高级人民法院审判在解决个案纠纷的同时，还能够为后续类似案件提供指导和参考。

案例指引

高某等 53 人诉沈阳市人民政府履行法定职责案[①]

裁判要旨：高某等 53 人向沈阳市中级人民法院提起诉讼，要求沈阳市政府履行强制拆除违章建筑的法定职责；沈阳市中级人民法院裁定驳回原告诉讼请求。后高某等人上诉，主张案情影响重大、为排除被告对法院的影响，要求由辽宁省高级人民法院直接受理。辽宁省高级人民法院经审理认为，根据《行政诉讼法》第 86 条的规定，人民法院对上诉案件，应当组成合议庭，开庭审理。经过阅卷、调查和询问当事人，对没有提出新的事实、证据或者理由，合议庭认为不需要开庭审理的，也可以不开庭审理。辽宁省高级人民法院对双方当事人进行了询问，不再进行开庭审理，符合法律规定。另外，本案不符合《行政诉讼法》第 16 条规定，不属于由高级人民法院管辖的第一审案件，故其请求应不予准许。高某等人在上诉状中对原审法院程序上存在的问题提出了质疑，经查，上述问题均未违反相关法律规定，且均未影响到当事人的实体权利和本案的实体公正，原审法院审判程序并无不当。辽宁省高级人民法院最终裁定，驳回上诉，维持原裁定。

第十七条　【最高人民法院管辖的第一审行政案件】最高人民法院管辖全国范围内重大、复杂的第一审行政案件。

条文注释

本条是关于最高人民法院管辖的第一审行政案件的规定。

---

① 参见辽宁省高级人民法院(2018)辽行终 1340 号行政裁定书。

根据《宪法》规定，最高人民法院是中华人民共和国最高审判机关，负责审理各类案件，制定司法解释，监督地方各级人民法院和专门人民法院的审判工作，并依照法律确定的职责范围，管理全国法院的司法行政工作。质言之，最高人民法院的审级职能定位是监督指导全国审判工作、确保法律正确统一适用，原则上不应作为一审法院。尽管《人民法院组织法》中规定，最高人民法院审理“法律规定由其管辖的和其认为应当由自己管辖的第一审案件”，但是由于“法律规定由其管辖”这一要件的法律概念未作出明确规定，因而最高人民法院管辖的第一审案件目前仍然以“其认为应当由自己管辖的第一审案件”为主。同时，《最高人民法院关于完善四级法院审级职能定位改革试点的实施办法》中规定可以提请上一级人民法院管辖的仅限于基层人民法院和中级人民法院，所对应的法院为中级人民法院和高级人民法院。故而，最高人民法院也不会因接受下级人民法院提请而审理第一审行政案件。

适用要点

最高人民法院是中华人民共和国最高审判机关，所以如果出现由最高人民法院负责审理的第一审行政案件，那么该案件“一审终审”。最高人民法院对于案件所作裁定、判决是终审裁定、判决，在送达当事人之后，将会直接产生法律效力。

第十八条 【一般地域管辖和法院跨行政区域管辖】行政案件由最初作出行政行为的行政机关所在地人民法院管辖。经复议的案件，也可以由复议机关所在地人民法院管辖。

经最高人民法院批准，高级人民法院可以根据审判工作的实际情况，确定若干人民法院跨行政区域管辖行政案件。

条文注释

本条是关于一般地域管辖和法院跨行政区域管辖的规定。

一、一般地域管辖

本条第1款是对行政诉讼案件一般地域管辖的规定。就本款前段而言,主要体现的是通过由被告行政机关所在地法院审理的方式,减轻法院调查、取证、执行等工作的难度。对于未经行政复议的案件,公民、法人或者其他组织向人民法院提起诉讼的,应当由最初作出行政行为的行政机关所在地人民法院管辖,这是关于行政诉讼地域管辖的规定。

本款后段是地域管辖的特殊规定,更好地维护了行政相对人的行政救济权利。但是需要注意本规定与其他管辖条款之间的协调关系。首先,根据本法第21条规定,两个法院均有管辖权的,原告可以选择提起诉讼;同时提起诉讼的,应当由立案在先的人民法院管辖。其次,原告的选择仅仅是指地域管辖的选择,并不会因此而改变级别管辖。《最高人民法院关于适用〈中华人民共和国行政诉讼法〉的解释》第134条第3款规定:复议机关作共同被告的案件,以作出原行政行为的行政机关确定案件的级别管辖。即便原告选择向复议机关所在地人民法院提起诉讼,仍然应当依照原行政机关确定相应的级别管辖法院。如甲县A部门对行政相对人B作出某一具体行政行为,B向甲县人民政府提起行政复议,对复议决定仍不服提起诉讼的,根据上述规定,B仅可从A部门所在地基层人民法院、甲县人民政府所在地基层人民法院提起行政诉讼,而不能向中级人民法院提起第一审行政诉讼。

二、法院跨行政区域管辖

法院跨行政区域管辖行政诉讼案件,是指在行政诉讼中,经过最高人民法院批准,高级人民法院可以根据审判工作的实际情况,确定若干人民法院跨行政区域管辖行政案件,主要是指相对集中管辖制度。

这一制度实际上是在人民法院公正办案受到行政机关干扰、大量行政争议没有得到妥善解决、行政诉讼公信力受到广泛质疑背景下司法体制改革的积极成果。行政诉讼制度曾经在地方保护和行政干预的消极影响下,制度运行不畅、行政审判困难重重,使行政相对人的行政救济面临一定的质疑。为解决这一问题,各级人民法院采取了包括交叉管辖、异地管辖、跨行政区域相对集中管辖等多种改革措施。其中交叉管辖和异地管辖等措施虽然能够在一定程度上减少行政干预,保障行政审判的独立性和公正性,但是并没有从根本上解决法院独立审判的问题,治标而不治本,最终没有被全国推广;跨行政区域相对集中管辖则体现出对现阶段问题的有力回应,最终成为我国行政诉讼的典型制度。

适用要点

我国行政诉讼采取的是"原告就被告"原则。即一般情况下,行政诉讼的管辖法院应当根据被告行政机关所在地确定,其中既包括"最初作出行政行为的行政机关所在地",也包括"经复议案件中复议机关所在地"。在实行相对集中管辖制度改革过程中,原告的选择权应当得到法院的充分尊重。即原告既可以选择被告所在地法院管辖,也可选择中心法院管辖。

第十九条 【限制人身自由行政案件的管辖】对限制人身自由的行政强制措施不服提起的诉讼,由被告所在地或者原告所在地人民法院管辖。

条文注释

本条是关于限制人身自由行政强制措施的特殊地域管辖规定。

根据本条规定,行政相对人对行政机关所作限制其人身自由的行政强制措施不服而提起诉讼的,可以从被告所在地和原告所在地中择一提起诉讼。之所以在"原告就被告"原则之外另行确定限制人身自由行政强制措施的选择管辖,主要是考虑到被限制人身自由的公民本身具有流动性,其经常居住地、被限制人身自由地与其户籍所在地以及被告所在地经常不一致,往往会给行政相对人起诉带来一定的阻碍。同时,因为此种情形下,行政相对人处于极为不利的地位,如果严格限定仅能够在行政机关所在地法院起诉,将不利于行政相对人诉权的维护,甚至可能出现剥夺其诉权的可能。基于此,有必要在这一特殊情形下，赋予行政相对人提起诉讼时对管辖法院的选择权。

适用要点

有关本条的适用，需要关注的有三点。

首先，根据《最高人民法院关于适用〈中华人民共和国行政诉讼法〉的解释》第 8 条第 1 款的规定，本条规定的"原告所在地"，包括原告的户籍所在地、经常居住地和被限制人身自由地。其中，经常居住地是公民自离开户籍所在地起至诉讼时已连续居住满 1 年以上的地方，但公民住院就医的地方除外。换言之，对于此类案件，公民可以选择的管辖法院包括被告所在地、原告户籍所在地、原告经常居住地和原告被限制人身自由地人民法院等。

其次，本条规定的限制人身自由的行政行为仅限于行政强制措施。如果行政机关基于法律规定对行政相对人作出了限制其人身自由的行政处罚，那么不应当适用本条特殊管辖的规定，仍应当遵循"原告就被告"原则，由被告所在地人民法院管辖。

最后，根据《最高人民法院关于适用〈中华人民共和国行政诉讼法〉的解释》第 8 条第 2 款的规定，行政相对人对行政机关基于同一事实，既采取限制公民人身自由的行政强制措施，又采取其他行政强制措施或者行政处罚不服的，由被告所在地或者原告所在地的人民法院管辖。即在涉诉案件中，如果行政机关对行政相对人作出了包括限制人身自由行政强制措施在内的多种行政行为，那么行政相对人同样具有选择权，可以适用特殊管辖的规定。

第二十条　【不动产行政案件的管辖】因不动产提起的行政诉讼，由不动产所在地人民法院管辖。

条文注释

本条是关于因不动产提起行政诉讼案件实行特殊管辖的规定。

根据本条规定，因不动产提起的行政诉讼不同于"原告就被告"的普通管辖和限制人身自由行政强制措施的选择管辖，是一种专属于不动产所在地的专属管辖。本条意旨与《民事诉讼法》第34条相同,均是从案件审理的便宜性角度考量的。我国常见的不动产类型包括土地、山岭、荒地、草原、房屋、林木以及水流等。一般而言,在上述不动产之上产生纠纷的,为了便于法院调查、勘测、测量以及裁判后的执行,由不动产所在地法院专属管辖较为适宜。具体就行政诉讼而言,行政相对人如果对行政机关侵害其不动产行政行为不服的,亦应当向不动产所在地人民法院提起诉讼。

适用要点

适用本条需要关注以下三点:

其一,本条适用范围以行政行为导致不动产物权产生变动为限。社会生活中,行政机关的诸多行政行为会影响行政相对人的不动产,武断地将所有行为均纳入不动产专属管辖范畴不仅不利于对行政相对人权利的保护,反而会给行政机关平添诉累,不利于行政争议的解决。故而,根据《最高人民法院关于适用〈中华人民共和国行政诉讼法〉的解释》第9条第1款规定可知,本条规定的"因不动产提起的行政诉讼"是指因行政行为导致不动产物权变动而提起的诉讼,如果行政行为并未导致不动产物权产生变动,仍然需要遵守"原告就被告"的管辖原则。

其二,不动产所在地的确定并不单纯以不动产的物理地址为限,而应当以经法律评价的所在地作为确定管辖法院的标准。因此,不动产已登记的,以不动产登记簿记载的所在地为不动产所在地;不动产未登记的,以不动产实际所在地为不动产所在地。

其三,本条对不动产案件专属管辖的规定具有排他性。对于影响到不动产物权变动的行政诉讼案件,只能由不动产所在地人民法院管辖,其他法院无权管辖,当事人不得选择其他法院管辖,法院之间也不能通过协议管辖的方式更改管辖。

尚需注意的是,部分学者认为不动产行政案件专属管辖的规定增添了行政机关应诉的成本,应当逐步放弃专属管辖,改为适用"原告就被告"的普通管辖。实际上这一观点并不成立,一方面不动产行政案件往往存在一定的调查难度,由非不动产所在地人民法院管辖会大大增加法院的审理难度，不利于节省司法资源；另一方面不动产行政案件中，被告行政机关往往是基于职权对其辖区内的不动产作出相应行政行为，被告行政机关所在地与不动产所在地在很大程度上是重合的，实践中行政机关的诉讼成本并不会急剧升高。

案例指引

井某某诉济南市自然资源和规划局行政登记案①

裁判要旨：本案中，原告的诉讼请求为"撤销被告颁发给井某的集体土地建设用地使用证［证号：市中集建（92）字第1622188、市中集建（92）字第1622189］"，本案所涉及的不动产位于济南市市中区，依法应由不动产所在地人民法院管辖，济南市历下区人民法院无管辖权，被告提出的管辖权异议成立。据此，依照《行政诉讼法》第20条、《最高人民法院关于适用〈中华人民共和国行政诉讼法〉的解释》第10条、第101条第1款第6项的规定，裁定将案件移送济南市中级人民法院管辖。

第二十一条　【共同管辖】两个以上人民法院都有管辖权的案件，原告可以选择其中一个人民法院提起诉讼。原告向两个以上有管辖权的人民法院提起诉讼的，由最先立案的人民法院管辖。

条文注释

本条是关于共同管辖的规定。

所谓共同管辖，是指两个以上的法院对同一个行政诉讼案件都有合法的管辖权，原告可以选择其中一个提起诉讼的情形。除本法第18条和第19条的规定之外，还需要注意，在各省、自治区、直辖市高级人民法院开展的跨行政区域相对集中管辖的改革中，可能也会

① 参见山东省济南市历下区人民法院（2021）鲁0102行初348号行政裁定书。

存在因管辖规则设定导致多个法院对同一案件具备管辖权的情形。如最高人民法院在《关于同意广西壮族自治区高级人民法院开展行政案件集中管辖改革的批复》(法〔2019〕159号)中明确指出,在行政案件集中管辖改革中"要充分尊重原告的选择权,原告既可以选择被告所在地法院管辖,也可选择中心法院管辖"。

根据法律规定和案件现实,可能存在多个法院对于同一案件具有管辖权,但是案件的审理最终只能由一个法院完成。而确定究竟由哪个法院管辖的主体是作为原告的行政相对人,即原告可以选择其中一个人民法院提起诉讼,这也是基于对原告诉权的充分保障而设计的。一旦原告完成其选择行为,则被选中的人民法院即时获得确定的管辖权,其他人民法院则丧失管辖权。仍需注意的是,如果原告同时向多个人民法院提起诉讼,并不会导致多个法院同时获得管辖权的效果,而是应当以立案时间为试点判断管辖法院。即立案时间在先的法院获得管辖权,其他法院丧失对该案的管辖。

适用要点

适用本条,应注意以下两点:其一,原告提起诉讼时应当首先根据法律规定确定是否存在共同管辖情形,对于可能存在因行政复议、限制人身自由的行政强制措施等因素导致多个法院同时具有管辖权的,原告可以对案件情况进行自主判断,选择其中一个法院作为管辖法院。其二,如果原告同时向多家人民法院提起行政诉讼,不会导致多个法院同时获得案件管辖权;究竟由哪个法院管辖的确定主体从原告转变为法院,即不是以"收到诉状"为基准,而是以立案时间的先后确定管辖法院。

案例指引

某县A公司诉自然资源部资源行政管理纠纷案①

裁判要旨:本案属经复议后复议机关改变原行政行为的案件,根据《行政诉讼法》第18条、第21条的规定,

① 参见湖南省长沙市中级人民法院(2018)湘01行初972号行政裁定书。

原告可选择最初作出行政行为的行政机关所在地管辖，也可以选择复议机关所在地的人民法院管辖。第三人省自然资源厅认为该院无管辖权，理由不成立，该意见与湖南省高级人民法院就本案作出的(2018)湘行终1458号行政裁定也不符，不予支持。本案被诉行政行为并不导致案涉采矿权变动，被告认为本案属“因不动产提起的行政诉讼”而主张该院无管辖权，理由不成立，不予支持，故依法裁定驳回被告自然资源部、第三人湖南省自然资源厅对本案管辖权提出的异议。

第二十二条 【移送管辖】人民法院发现受理的案件不属于本院管辖的，应当移送有管辖权的人民法院，受移送的人民法院应当受理。受移送的人民法院认为受移送的案件按照规定不属于本院管辖的，应当报请上级人民法院指定管辖，不得再自行移送。

条文注释

本条是关于行政诉讼中移送管辖的规定。

根据本条前段规定，人民法院移送管辖的前提在于“发现”受理的案件不属于本院管辖，其中“发现”既可以是在受理之后主动发现的，也可以是经当事人提出管辖权异议而发现的。《最高人民法院关于适用〈中华人民共和国行政诉讼法〉的解释》第10条第1款规定，人民法院受理案件后，被告应当在收到起诉状副本之日起15日内提出管辖权异议。人民法院针对被告所提出的管辖异议，应当进行审查，如果异议成立则需要将案件移送给有管辖权的法院；如果异议不成立则裁定驳回异议。移送案件给有管辖权的法院并不需要与受移送的法院进行沟通确认，只要自己认为其具有管辖权即可。由此也可以得知，人民法院移送管辖是首次受理法院的单方程序行为，并不需要受移送法院的同意。

行政诉讼案件移送管辖会产生程序上的法律效力。因而，即便受移送的人民法院没有对首次受理法院的移送行为作出同意表态，但是被移送法院仍然会受到移送行为的拘束。换言之,受移送的人民法院在接受移送案件之后,应当按照立案程序,及时立案受理,不得拒绝。需要注意的是,首次受理法院的移送对象确证过程仅需要满足"自己认为"具有管辖权即可,因而存在受移送的人民法院也不具有管辖权的情形,这也就导致了本条后段的应用。

根据本条规定,行政诉讼案件的移送管辖以一次为限,如果受移送的人民法院认为受移送的案件按照规定同样不属于该院管辖的,不能拒绝移送、退回或者再次移送,而应当报请上级人民法院指定管辖。之所以这样规定,目的在于防止法院之间出现推诿情形,最大限度及时保护行政相对人的诉讼权利。

适用要点

移送管辖是行政诉讼案件管辖错误的一种处理方式,人民法院在受理案件之后发现案件不属于本院管辖的,应当按照相应程序规定移送给有管辖权的人民法院。移送管辖不是对人民法院管辖权的认定过程,而是基于本法有关管辖认定的相关条款确定管辖权归属,将不属于本院管辖的行政诉讼案件移送给有管辖权的人民法院,这一过程中并不存在管辖权的移转。

案例指引

何某A、何某B诉株洲市人民政府、株洲市芦淞区人民政府、株洲市芦淞区董家塅街道办事处强制拆除案①

裁判要旨:案涉行政强制拆除房屋行为系株洲市芦淞区董家塅街道办事处实施,原告无证据证明株洲市政府及株洲市芦淞区政府实施了涉案房屋的行政强制拆除行为,且株洲市芦淞区董家塅街道办事处自认涉案房屋的拆除行为系其所为。故株洲市政府及株洲市芦淞区政

① 参见湖南省株洲市中级人民法院(2021)湘02行初63号行政裁定书。

府非本案适格被告。根据《行政诉讼法》第18条第2款规定,经最高人民法院批准,湖南省高级人民法院确定由株洲市芦淞区人民法院、醴陵市人民法院跨行政区域管辖行政案件。据此,株洲市中级人民法院依法裁定将案件移送给湖南省醴陵市人民法院管辖。

第二十三条　【指定管辖】有管辖权的人民法院由于特殊原因不能行使管辖权的,由上级人民法院指定管辖。

人民法院对管辖权发生争议,由争议双方协商解决。协商不成的,报它们的共同上级人民法院指定管辖。

条文注释

本条是关于指定管辖的规定。

其一,有管辖权的人民法院由于特殊原因不能行使管辖权的情形下,可以由上级人民法院指定管辖,即本条第1款的规定情形。该款的适用要点并不在于判断管辖权的归属,而是判断对于有管辖权的人民法院而言“由于特殊原因不能行使管辖权”这一构成要件达成与否。概言之,特殊原因大致包括事实上的原因和法律上的原因两类。事实上的原因是指因为自然灾害等不可抗力或者其他障碍导致有管辖权的法院失去管辖能力的情形;法律上的原因是指因某些法定原因导致有管辖权的人民法院无法行使管辖权的情形,如有管辖权的人民法院存在需要整体回避、不宜继续审理的情形等。此类指定管辖规定适用中,对于行政案件的管辖权归属并不存在争议,只是因为某些事实或者法律上的原因导致有管辖权的人民法院不能继续行使管辖权。这种情形下,为了保障行政诉讼活动的顺利展开、保障行政诉讼活动的公平性,应当由上级人民法院另行指定管辖法院。

其二,两个以上的人民法院对于谁拥有管辖权存在争议,并且无法达成一致意见,为解决管辖权争议,由争议方的共同上级人民法院指定管辖法院,即本条第2款的规定情形。这种适用情形包括积极型争议和消极型争议两种。积极型争议是指争议各方人民法院均主张自己对行政诉讼案件拥有管辖权,要求由本院审理;消极型争议是指争议各方人民法院均主张行政争议案件不应当由本院管辖,互相推诿管辖权的情形。

适用要点

指定管辖,是指基于某些特殊原因,有管辖权的人民法院不能行使管辖权,或者人民法院之间因管辖权发生争议,而由上级人民法院以指定的方式将案件交由某一人民法院管辖的制度。指定管辖的情形具体分为两种:一是由上级人民法院指定;二是由共同上级人民法院指定。

第二十四条　【管辖权转移】上级人民法院有权审理下级人民法院管辖的第一审行政案件。

下级人民法院对其管辖的第一审行政案件,认为需要由上级人民法院审理或者指定管辖的,可以报请上级人民法院决定。

条文注释

本条是关于行政诉讼案件管辖权转移的规定。

管辖权转移,是指经上级人民法院决定或同意,将行政案件由下级人民法院转移给上级人民法院的制度。管辖权转移与移送管辖之间存在明显的区别:管辖权转移主要发生在不同层级的人民法院之间,案件是从有管辖权的法院移到了无管辖权的法院;移送管辖一般发生在同级人民法院之间,案件是从无管辖权的法院移到了有管辖权的法院处。这一规定存在的意义在于,行政诉讼案件的管辖实践极为复杂,单纯通过移送管辖和指定管辖的方式并不能灵活应对纷繁多样的社会实践,基于上级人民法院更强的审判专业能力和拒绝外界干预能力等诸多因素,允许通过管辖权转移的方式,将原本由下级人民法院管辖的案件转移由上级人民法院管辖,以此保障行政诉讼的公平正义。

适用要点

本条规定的适用包括两种情形：

其一，上级人民法院主动的管辖权转移。如果上级人民法院认为下级人民法院管辖的第一审行政案件适宜由自己管辖，可以决定将该案件的管辖权转移至自己。上级人民法院具有较大的裁量权，具有灵活处理的权力。

其二，下级人民法院主动报请上级人民法院管辖。如果下级人民法院认为自己管辖的第一审行政案件不适宜由自己管辖，可以通过报请上级人民法院的方式转移管辖权。当然，下级人民法院的报请行为只是启动了转移决策活动，是否产生管辖权转移的效果，还需要由上级人民法院判断。但是需要注意的是，上级人民法院决定是否接受转移需要遵守相应的程序规定。

案例指引

A公司诉庄河市人民政府、庄河市自然资源局、一审第三人B公司撤销土地登记行政行为案①

裁判要旨：行政诉讼管辖，是关于人民法院之间受理第一审行政案件的权限分工。基层法院管辖第一审行政案件，可以方便当事人诉讼，有利于矛盾的化解，降低司法成本与当事人的诉讼成本。根据《行政诉讼法》第24条的规定，上级法院有权审理下级法院管辖的第一审行政案件，一审法院认为需要由上级法院审理的，报请上级人民法院决定后，上级法院才能审理。因此，并非由上级法院直接受理应由下级法院管辖的一审案件，A公司的该项上诉主张没有法律依据，不予支持。

① 参见辽宁省高级人民法院（2021）辽行终163号行政裁定书。

第四章　诉讼参加人

第二十五条　【原告资格】行政行为的相对人以及其他与行政行为有利害关系的公民、法人或者其他组织,有权提起诉讼。

有权提起诉讼的公民死亡,其近亲属可以提起诉讼。

有权提起诉讼的法人或者其他组织终止,承受其权利的法人或者其他组织可以提起诉讼。

人民检察院在履行职责中发现生态环境和资源保护、食品药品安全、国有财产保护、国有土地使用权出让等领域负有监督管理职责的行政机关违法行使职权或者不作为,致使国家利益或者社会公共利益受到侵害的,应当向行政机关提出检察建议,督促其依法履行职责。行政机关不依法履行职责的,人民检察院依法向人民法院提起诉讼。

条文注释

本条是关于行政诉讼原告资格的规定。

本条第 1 款规定了原告资格的范围,包括行政相对人和利害关系人两类。行政相对人的概念较为清晰明确,不再赘言,唯利害关系人需进一步说明。利害关系人是本法在 2014 年修正时明确的概念,在此之前原告资格的范围限定条件是"认为自己的合法权益受到侵害",这种主观性的描述导致对原告资格的判定难以给出确定性的参照标准,也就导致了一度被广为诟病的行政诉讼立案难问题。2014 年《行政诉讼法》修改时,参照《民事诉讼法》的规定,在借鉴"直接利害关系"标准的基础上,以"利害关系"为标准确定原告资格范围。此处对"利害关系"的理解应以《最高人民法院关于适用〈中华人民共和国行政诉讼法〉的解释》第 12 条规定为基础,即有下列情形之一的，属于《行政诉讼法》第25条第1款规定的“与行政行为有利害关系”：(1)被诉的行政行为涉及其相邻权或者公平竞争权的；(2)在行政复议等行政程序中被追加为第三人的；(3)要求行政机关依法追究加害人法律责任的；(4)撤销或者变更行政行为涉及其合法权益的；(5)为维护自身合法权益向行政机关投诉，具有处理投诉职责的行政机关作出或者未作出处理的；(6)其他与行政行为有利害关系的情形。

本条第2款是公民死亡后原告资格转移的规定。其中需要关注的内容有两点：其一，“近亲属”的范围包括配偶、父母、子女、兄弟姐妹、祖父母、外祖父母、孙子女和外孙子女。其二，对于公民因人身自由被限制而不能提起诉讼的，为保障其诉讼权利，其近亲属可以依其口头或者书面委托以该公民的名义提起诉讼。近亲属起诉时无法与被限制人身自由的公民取得联系，近亲属可以先行起诉，并在诉讼中补充提交委托证明。

本条第3款是法人或其他组织终止后原告资格转移的规定。在其适用过程中可进一步参照《最高人民法院关于适用〈中华人民共和国行政诉讼法〉的解释》第15～18条有关规定确定原告资格。需要注意的是，对于业主委员会来说，其原告资格的确定目前还存在一定的争议，可以参照该司法解释第18条的规定，其可以以自己的名义提起行政诉讼，如果业主委员会不起诉的，专有部分占建筑物总面积过半数或者占总户数过半数的业主可以提起诉讼。

本条第4款是检察院行政公益诉讼原告资格的规定。检察行政公益诉讼，是指检察院通过依法独立行使检察权，认为行政主体行使职权的行为违法，侵害了公共利益或有侵害之虞时，为维护公益，依法向人民法院提起的行政公益诉讼。

适用要点

本条规定共4款，分别为原告资格的范围、公民死亡后原告资格转移、法人或其他组织终止后原告资格转移、检察院行政公益诉讼原告资格。具体实践运用过程中，还需要根据案件事实结合《最高人民法院关于适用〈中华人民共和国行政诉讼法〉的解释》《关于检察公益诉讼案件适用法律若干问题的解释》等相关规定具体予以确定。

案例指引

A 公司诉宜昌市西陵区住房保障服务中心其他补偿协议纠纷案①

裁判要旨：尽管一般情况下征收程序中被征收人仅为房屋所有权人，但在承租人在对装饰装修、停产停业等损失补偿有异议时应享有救济的途径。故 A 公司具备提起本案行政诉讼的原告主体资格。

第二十六条　【被告资格】公民、法人或者其他组织直接向人民法院提起诉讼的，作出行政行为的行政机关是被告。

经复议的案件，复议机关决定维持原行政行为的，作出原行政行为的行政机关和复议机关是共同被告；复议机关改变原行政行为的，复议机关是被告。

复议机关在法定期限内未作出复议决定，公民、法人或者其他组织起诉原行政行为的，作出原行政行为的行政机关是被告；起诉复议机关不作为的，复议机关是被告。

两个以上行政机关作出同一行政行为的，共同作出行政行为的行政机关是共同被告。

行政机关委托的组织所作的行政行为，委托的行政机关是被告。

行政机关被撤销或者职权变更的，继续行使其职权的行政机关是被告。

① 参见湖北省宜昌市西陵区人民法院(2020)鄂 0502 行初 49 号行政判决书。

条文注释

本条是关于行政诉讼中被告资格的规定。

一、未经行政复议的，作出行政行为的行政机关是被告

行政机关成为行政诉讼的被告，应当具备的条件包括：(1)被告应当是机构而非个人或国家；(2)被告应当是依法成立、具有行政主体资格的机构；(3)原则上对外作出行政行为的机构是被告。

二、经复议的案件，复议机关决定维持原行政行为的，作出原行政行为的行政机关和复议机关是共同被告；复议机关改变原行政行为的，复议机关是被告

对于复议机关决定维持原行政行为的，这意味着原行政行为没有发生变化，对行政相对人产生拘束效果的仍然是原行政机关作出的原行政行为。故而可以认定原行政行为的行政机关为被告。同时，根据原行政行为对行政相对人的“第一次不利益”，行政相对人也仅能够对原行政行为的作出机关提起行政诉讼。但是，在我国行政复议实践中存在复议维持率高、纠错率低等典型问题，这也对行政相对人的行政救济权利造成了极大的侵害。鉴于此，在2014年修改《行政诉讼法》时，维持原行政行为的复议机关和行政行为作出机关强制性地成为共同被告，这虽然违背“第一次不利益”的理论逻辑，但是具备较强的实践动因，具有合理性。

对于复议机关决定变更原行政行为的，这意味着复议机关通过复议决定覆盖了原行政行为的内容，新作出的复议决定是对行政相对人产生法律拘束力的行政行为。据此，行政相对人不服的，当然可以复议机关为被告提起行政诉讼。

三、复议机关在法定期限内未作出复议决定，公民、法人或者其他组织起诉原行政行为的，作出原行政行为的行政机关是被告；起诉复议机关不作为的，复议机关是被告

本款规定针对的是复议机关未在法定期限内作出复议决定这一情形。这种情形下，行政相对人面临双重权利侵害：一方面，行政相对人提起行政复议请求即表明其认为原行政行为侵害其合法权益，即存在原行政行为对行政相对人的侵害；另一方面，行政相对人

提起的行政复议请求没有得到复议机关的回应，其行政救济程序权利受到复议机关的侵害。对此，行政相对人可选择其遭受侵害的内容提起诉讼。

四、两个以上行政机关作出同一行政行为的，共同作出行政行为的行政机关是共同被告

本款规定的适用要点包括两个方面：其一，对于两个以上行政机关共同作出行政行为的，行政相对人应当以二者作为共同被告提起诉讼；但是如果行政相对人仅起诉其中一个的，法院可以建议其增加被告，如果行政相对人仍拒绝的，法院将通知另一行政机关以第三人身份参加诉讼。其二，如果行政行为不是两个行政机关共同作出的，而是行政机关和非行政机关联合署名作出的，此时需要考量非行政机关是否具备行政主体资格。

五、行政机关委托的组织所作的行政行为，委托的行政机关是被告

行政机关委托其他组织作出行政行为的，此时其他组织并不具备独立作出行政行为的主体资格，即其他组织不具备行政主体资格，相应行政行为产生的法律责任应当由委托的行政机关承担。因而，行政相对人对行政机关委托组织作出的行政行为不服提起诉讼的，应当以作出委托的行政机关为被告。

六、行政机关被撤销或者职权变更的，继续行使其职权的行政机关是被告

行政机关作出行政行为后，即使行政机关被撤销或者职权发生了变更，相应行政行为对行政相对人的影响仍然存在，故而允许行政相对人提起行政诉讼。对此，如果行政机关被撤销或职权变更的，继续行使其职权的行政机关作为被告是应有之义。

适用要点

行政诉讼被告是被原告指控其行政行为违法，侵犯原告合法权益，并经人民法院通知应诉的具有国家行政职权的机关和组织。我国行政诉讼实行“机关被告”模式，即由实施行政行为的行政机关和被授权组织在行政诉讼中担当被告。本条关于被告资格的规定共

有6款,分别对应不同的情形。在实践中,当事人可以根据争议行政行为的具体情形,即行政行为是否经过行政复议、是否由多个机关共同作出、是否存在职权的转移等情形,确定应当选择哪个机关作为被告提起行政诉讼。

第二十七条　【共同诉讼】当事人一方或者双方为二人以上,因同一行政行为发生的行政案件,或者因同类行政行为发生的行政案件、人民法院认为可以合并审理并经当事人同意的,为共同诉讼。

条文注释

本条是关于共同诉讼的规定。

对必要共同诉讼而言,其诉讼标的是同一个行政行为,各诉讼之间具有不可分割的联系,因而为避免出现相互不一致的判决以及节约司法资源,人民法院对必要共同诉讼必须合并审理,对于原告遗漏被告人的情形负有告知义务。同时,根据《最高人民法院关于适用〈中华人民共和国行政诉讼法〉的解释》第27条第1款的规定,人民法院对于必要共同诉讼当事人没有参加诉讼的,还应当通知其参加。当然,当事人也可以主动向人民法院提出申请,经法院许可后参加到诉讼活动中。

对普通共同诉讼而言,其诉讼标的是同类行政行为,而不是同一个行政行为,因而人民法院的合并审理只是从节省司法资源的角度考虑,并不存在相关主体不参与就无法查清案件事实的担忧。因而,对于是否合并普通共同诉讼,法院不仅需要考量行政行为的基本事实、法律依据、处理手段等是否能够合并同类进行审查,还需要征得当事人的同意。这类共同诉讼需要符合四个条件:一是必须由同一法院管辖;二是必须属于同一诉讼程序;三是当事人均同意作为共同诉讼合并审理;四是必须符合合并审理的目的,即提高审判效率。

适用要点

当事人一方或双方为2人以上的是共同诉讼。根据共同诉讼产生的原因不同,可区分为必要共同诉讼和普通共同诉讼两种。必要共同诉讼是指因同一行政行为发生的行政案件;普通共同诉讼是指因同类行政行为发生的行政案件,法院基于节省司法资源的角度在征得当事人同意后合并的诉讼。

第二十八条 【共同诉讼的诉讼代表人】当事人一方人数众多的共同诉讼,可以由当事人推选代表人进行诉讼。代表人的诉讼行为对其所代表的当事人发生效力,但代表人变更、放弃诉讼请求或者承认对方当事人的诉讼请求,应当经被代表的当事人同意。

条文注释

本条是关于共同诉讼的诉讼代表人的规定。

诉讼代表人,是指在当事人(一般指原告方)人数众多的情况下,其他当事人不参加诉讼,仅有一人或数人作为全体代表进行诉讼的当事人。"人数众多"一般是指 10 人以上;诉讼代表人可由当事人推举产生,如果当事人无法推举产生的,法院可以直接从起诉的当事人中指定代表人。诉讼代表人的人数一般应当为 2~5 人,并且诉讼代表人可以委托诉讼代理人参与诉讼。

诉讼代表人主要有两种类型:其一,不具有法人资格组织的诉讼代表人。包括不具有法人资格的合伙企业起诉时,原告是核准登记的字号,诉讼代表人是执行合伙事务的合伙人;其他组织起诉时,该组织的主要负责人是诉讼代表人,如果没有主要负责人,由推选的负责人作为诉讼代表人。其二,集团诉讼的诉讼代表人。同案的原告人数在 10 人以上的,可以按照《最高人民法院关于适用〈中华人民共和国行政诉讼法〉的解释》第 29 条的规定确定诉讼代表人。

适用要点

诉讼代表人不同于诉讼代理人。前者是案件的当事人,对案件的诉讼标的有利害关系,其参加诉讼的目的是保护自己而非他人的权益,并且其要受到法院判决的约束;诉讼代理人是代表案件当事人一方参与诉讼的,对案件的诉讼标的没有利害关系,其参加诉讼的目的是维护委托人的利益。

案例指引

李某某等人与淮安市清江浦区人民政府房屋拆迁行政征收纠纷案①

裁判要旨:根据《行政诉讼法》第28条及《最高人民法院关于适用〈中华人民共和国行政诉讼法〉的解释》第29条第1款的规定,本案一审原告已超过10人,原审法院要求推选诉讼代表人正确。刘某某等6人虽主张淮安市清江浦区人民政府提供的证据系伪造,但未提供证据予以证明。故刘某某等6人的上诉理由依法不能成立。

第二十九条　【诉讼第三人】公民、法人或者其他组织同被诉行政行为有利害关系但没有提起诉讼,或者同案件处理结果有利害关系的,可以作为第三人申请参加诉讼,或者由人民法院通知参加诉讼。

人民法院判决第三人承担义务或者减损第三人权益的,第三人有权依法提起上诉。

条文注释

本条是关于行政诉讼中诉讼第三人的规定。

根据第三人在诉讼结构中地位的不同,可区分为类似于原告地位的第三人和类似于被告地位的第三人两种。类似于原告地位的第三人在行政法律关系中基本处于相对人或其他利害关系人的地位,表现形式主要有行政处罚案件中的被处罚人或者受害人、房地

① 参见江苏省高级人民法院(2020)苏行终244号行政判决书。

产矿产等行政确权案件中的被确权人或者其他主张权利的人、行政裁决案中未提起行政诉讼的另一方;等等。

第三人参加诉讼的方式包括经法院通知参加和主动申请参加两种。如果法院认为某主体与被诉行政行为有利害关系,应该通知其以第三人的身份参加诉讼,是否参加诉讼应当由被通知人决定。但是对于类似于被告地位的第三人,如果不参加诉讼,将会承担类似于缺席判决的不利后果。主动申请参加,是指公民、法人或其他组织认为自己与被诉行政行为有利害关系的,可以向人民法院提出参与诉讼的申请,由法院判断是否准许参与。

适用要点

行政诉讼中的第三人,是指与被诉行政行为有利害关系,或者同案件处理结果有利害关系,依申请或经人民法院通知,参加到诉讼中来的公民、法人或其他组织。行政诉讼中第三人具有独立的法律地位,既不必然依附于原告,也不必然依附于被告。第三人在诉讼中有提出与本案有关的诉讼主张的权利,如果人民法院要求第三人承担义务或是减损第三人权益的,第三人有权提出上诉。

第三十条 【法定代理人】没有诉讼行为能力的公民,由其法定代理人代为诉讼。法定代理人互相推诿代理责任的,由人民法院指定其中一人代为诉讼。

条文注释

本条是关于行政诉讼中法定代理人的规定。

产生法定代理人的要件是公民不具备诉讼行为能力,其中,诉讼行为能力是指以自己的诉讼行为进行诉讼活动,实现诉讼权利,履行诉讼义务的能力。诉讼行为能力与诉讼权利能力不同,后者是能够以自己的名义进行诉讼活动,并享有诉讼权利、承担诉讼义务的资格;就公民而言,其诉讼权利能力始于出生、终于死亡。同时,诉讼行为能力不同于行为能力,参照民事行为能力规定,一般认为无民事行为能力和限制民事行为能力主体均无诉讼行为能力。

法定代理人在诉讼活动中的法律地位等同于当事人，可以行使被代理人享有的全部权利。但因法定代理人为被代理人的监护人，因而其代理权的取得、消灭也与监护权的取得、消灭同步，丧失监护权的人不再具有法定代理人的资格。

适用要点

原则上诉讼活动应当由当事人亲自进行，但是当他们不能或不愿亲自参加诉讼活动时，就需要由其他人协助或代表参加诉讼活动。诉讼代理人以被代理人的名义参加诉讼活动，维护被代理人的合法权益；诉讼代理人需要在代理权限范围内活动，由此产生的后果由被代理人承担。诉讼代理人根据法律明文规定直接取得代理权，代表无诉讼行为能力的公民进行诉讼的人是法定代理人。

案例指引

南某 A 与哈尔滨市国土资源局松北统一征地工作站等确认行政协议无效案①

裁判要旨：参照原《民法总则》第 23 条"无民事行为能力人、限制民事行为能力人的监护人是其法定代理人"的规定，南某 B 作为南某 A 的监护人，应当是南某 A 的法定代理人，其代南某 A 提起本案诉讼，符合法律规定。

第三十一条　【委托代理人】当事人、法定代理人，可以委托一至二人作为诉讼代理人。

下列人员可以被委托为诉讼代理人：

（一）律师、基层法律服务工作者；

（二）当事人的近亲属或者工作人员；

（三）当事人所在社区、单位以及有关社会团体推荐的公民。

① 参见黑龙江省高级人民法院（2020）黑行再 23 号行政裁定书。

条文注释

本条是关于委托代理人的规定。

委托代理人的范围包括：

(1)律师、基层法律服务工作者。

(2)当事人的近亲属或者工作人员。当事人是自然人的，其近亲属可以作为委托代理人；当事人为法人或者其他组织的，其工作人员可以作为委托代理人。根据《最高人民法院关于适用〈中华人民共和国行政诉讼法〉的解释》第32条规定：工作人员是与当事人有合法劳动人事关系的职工。以当事人的工作人员身份参加诉讼活动，应当提交缴纳社会保险记录凭证、领取工资凭证以及其他能够证明其为当事人工作人员身份的证据加以证明。

(3)当事人所在社区、单位以及有关社会团体推荐的公民。从立法演进来看，《行政诉讼法》参照《民事诉讼法》，于2014年修改时删除了“经人民法院许可的其他公民”可以受委托为诉讼代理人的内容。在此次修改之前，专利代理人参加专利行政诉讼，通常依据“经人民法院许可的其他公民”这一依据，以公民身份加以代理，但是在修改之后，对专利代理人作为诉讼代理人参加专利行政诉讼的资格出现过一些讨论。《最高人民法院关于适用〈中华人民共和国行政诉讼法〉的解释》专门针对这一问题作出规定，中华全国专利代理人协会区别于其他社会团体有权推荐诉讼代理人，专利代理人经中华全国专利代理人协会推荐，可以在专利行政案件中担任诉讼代理人。

适用要点

委托代理人是受当事人、法定代理人委托，代理当事人进行诉讼活动的人。与法定代理人比较，委托代理人有三个特征：一是代理权不是根据法律规定，而是基于当事人、法定代理人的委托；二是代理权限由当事人、法定代理人决定；三是必须向法院提交授权委托书。

案例指引

王某某、杨某某与江苏省人力资源和社会保障厅信息公开案①

裁判要旨：当事人所在社区、单位推荐的公民代理诉讼，是为了保护与之有密切联系的当事人的合法权益。所推荐的公民主要应是该社区、单位的人。因为只有社区、单位内的人才能互相了解，方便代理及提供法律服务。如果允许其推荐本社区、单位以外的人作为本社区、单位当事人的代理人，则不能实现前述公民代理的立法目的，且可能影响正常的法律服务市场。再审申请人代理人杨某某并非江苏省人，与再审申请人王某某更不属同一社区居民，故原审法院经审核，对其委托诉讼代理人身份未予认可，并无不当。

第三十二条　【当事人及诉讼代理人权利】代理诉讼的律师，有权按照规定查阅、复制本案有关材料，有权向有关组织和公民调查，收集与本案有关的证据。对涉及国家秘密、商业秘密和个人隐私的材料，应当依照法律规定保密。

当事人和其他诉讼代理人有权按照规定查阅、复制本案庭审材料，但涉及国家秘密、商业秘密和个人隐私的内容除外。

条文注释

本条是关于当事人以及诉讼代理人查阅、复制案件材料等权利的规定。

一、关于代理律师的权利

结合《律师法》第 28 条和本条第 1 款规定，律师的权利包括两

① 参见最高人民法院(2020)最高法行申 14114 号案例。

项:一是调查收集证据。律师是专业法律工作者,调查、收集证据是其提供法律服务的基本要求,因此,法律保障其调查权,有关单位、个人应当配合。但是,被告的律师受到《行政诉讼法》第35条的限制,在行政诉讼过程中不得自行向原告、第三人和证人收集证据。二是查阅、复制本案有关材料。具体包括证据材料、庭审记录以及起诉状、答辩状、代理意见书等庭审中涉及的有关材料。无论是调查收集证据,还是查阅、复制案件材料,对涉及国家秘密、商业秘密和个人隐私的材料,律师应当依照法律规定承担保密义务。

二、关于当事人和其他诉讼代理人的权利

根据本条第2款规定,当事人和其他诉讼代理人有权查阅、复制本案庭审材料,但不能查阅、复制涉及国家秘密、商业秘密和个人隐私的内容。需要注意,本款没有规定当事人和其他诉讼代理人在诉讼中有调查权,这一点与《民事诉讼法》第64条的规定不同。其理由是:一是从举证责任分配来看,行政诉讼主要由被告举证,而被告原则上不能在诉讼中再调查取证,原告虽然在起诉被告不履行行政赔偿、补偿的案件中有举证责任,但这些案件中原告不需要向其他单位和个人调查证据;二是从证据内容及其掌握主体来看,行政行为的证据主要由行政机关掌握,律师以外的代理人没有调查权,原告和第三人可申请法院调取。

适用要点

代理律师、当事人和其他诉讼代理人参加诉讼活动,需要具有一些必要的权利,以保障诉讼活动顺利进行。鉴于《律师法》已经就规范律师执业行为和保障律师依法执业进行了专门规定,本条适用时应当区分“代理律师”与“当事人和其他诉讼代理人”两种主体权利。

第五章　证　　据

第三十三条　【证据种类】证据包括：

（一）书证；

（二）物证；

（三）视听资料；

（四）电子数据；

（五）证人证言；

（六）当事人的陈述；

（七）鉴定意见；

（八）勘验笔录、现场笔录。

以上证据经法庭审查属实，才能作为认定案件事实的根据。

条文注释

本条是关于证据种类的规定。

一、证据的种类

（1）书证。书证，是指以文字、符号或图画所表达的思想内容来证明案件事实的证据。如罚款单据、财产没收单据、营业执照、商标注册证、档案、报表、图纸、会计账册、专业技术资料等。

（2）物证。物证，是指以外部特征、存在形式或物质属性证明案件真实情况的物品或痕迹。物证是独立于人们主观意志以外的客观事物，具有较强的客观性、特定性和不可替代性。

（3）视听资料。视听资料，是指运用录音、录像等科学技术手段记录下来的有关案件事实和材料，可分为录音资料和影像资料。人民法院对视听资料，应当辨别真伪，并结合本案的其他证据，审查确定能否作为认定事实的根据。

(4)电子数据。电子数据,是指以数字化形式存储、处理、传输的数据。电子数据作为一个独立证据种类,是2014年《行政诉讼法》修改时明确的;但在之前的诉讼实践中,它主要是通过《最高人民法院关于行政诉讼证据若干问题的规定》第12条的"计算机数据"作为一种视听资料被承认。

(5)证人证言。证人证言,是指证人以口头或者书面方式向人民法院所作的对案件事实的陈述。证人是指直接或者间接了解案件情况的单位和个人。不能正确表达意思的人,不能作证。人民法院认定证人证言,可以通过对证人的智力状况、品德、知识、经验和专业技能等综合分析作出判断。

(6)当事人的陈述。当事人的陈述,是指当事人就自己所经历的案件事实,向人民法院所作的叙述、承认和陈词。

(7)鉴定意见。鉴定意见,是指鉴定机构或者人民法院指定具有专门知识或者技能的人,对行政执法和诉讼涉及的专门性事实问题,通过分析、检验、鉴别等方式作出的书面意见。

二、证据经法庭审查属实,才能作为认定案件事实的根据

证据需经法定的程序加以查证属实。一般包括证据的提供、调取和保全、质证、审核认定等程序。证据应当在法庭上出示,并由当事人互相质证。当事人应当围绕证据的合法性、关联性和真实性,针对证据有无证明效力以及证明效力大小进行质证。人民法院应当按照法定程序,全面、客观地审查核实证据。对经过庭审质证的证据和无须质证的证据进行逐一审查和对全部证据综合审查,遵循法官职业道德,运用逻辑推理和生活经验进行分析判断,确定证据与案件事实之间的证明关系,排除不具有关联性的证据,准确认定案件事实。经法庭审查属实的证据,才能作为认定案件事实的根据;未经法庭审查属实的,不能作为认定案件事实的根据。

适用要点

"以事实为依据"是《行政诉讼法》规定的一项原则,人民法院审理案件应依据证据裁判。诉讼的过程就是运用证据查明案件事实的过程,没有证据就没有裁判的公正。能够作为认定案件事实的证

据必须符合以下三个要件：(1)合法性，是指证据形式、来源、使用都应当符合法律的规定。《行政诉讼法》第43条第3款指出，以非法手段取得的证据，不得作为认定案件事实的根据。(2)关联性，是指证据必须与待证事实有内在的联系。证据应当直接或者间接地证明案件事实形成的条件、发生的原因和相应的后果。(3)客观性，又称真实性，是指证据是否能够客观反映案件事实真相的属性。证据的客观性是证据的本质要求，任何推测、假设、想象的情况，都不能作为认定案件事实的依据。

案例指引

李某某与抚顺市新抚区采煤沉陷搬迁服务中心房屋拆迁管理案①

裁判要旨：生效的人民法院裁判文书或者仲裁机构裁决文书确认的事实，可以作为定案依据。上诉人的上诉请求没有事实和法律依据，法院不予支持。原审判决认定事实清楚，适用法律正确，法院予以维持。

第三十四条　【被告举证责任】被告对作出的行政行为负有举证责任，应当提供作出该行政行为的证据和所依据的规范性文件。

被告不提供或者无正当理由逾期提供证据，视为没有相应证据。但是，被诉行政行为涉及第三人合法权益，第三人提供证据的除外。

条文注释

本条是关于被告对作出的行政行为负有举证责任的规定。

① 参见辽宁省抚顺市中级人民法院(2021)辽04行终68号案例。

一、被告承担举证责任

举证责任,是指当事人根据法律规定对特定的事实提供相关的证据加以证明的责任,若不能提供证据,将在诉讼中承担不利的诉讼后果,甚至可能败诉。被告对作出的行政行为负有举证责任,是行政诉讼举证责任分配的基本原则。有别于民事诉讼和刑事诉讼主要是由原告承担举证责任的规则,行政诉讼证据规则是由被告承担举证责任。被告的举证责任既包括对决定实体合法性的举证责任,也包括对决定程序合法性的举证责任。

二、被告逾期举证的法律后果

本条第2款规定了被告逾期举证的法律后果。理论上关于逾期举证的法律后果,主要有两种观点:证据失权说和证据失效说。前者意味着被告逾期举证将丧失举证的权利,后者则意味着证据本身失效。我国行政诉讼被告举证期限则更接近"证据失效说","视为被诉具体行政行为没有相应的证据"表明案件并非没有证据,而是推定没有。推定没有相应的证据,意味着否定了证据的效力,证据不能作为定案的根据。

此外,本条还规定了被告逾期举证承担法律后果的除外情形,即被诉行政行为涉及第三人合法权益,第三人提供证据的除外。第三人是指公民、法人或者其他组织同被诉行政行为有利害关系但没有提起诉讼,或者同案件处理结果有利害关系的诉讼参加人。在行政诉讼中,虽然第三人举证应只围绕自己的利益主张,但在有些情况下,第三人的利益主张和行政行为的合法性密切相关。如A殴打B致伤,被公安机关处以行政拘留,A提起行政诉讼要求撤销行政拘留的决定,而B认为行政拘留的决定合法。此时,B可以作为第三人参加诉讼,并提出行政拘留合法的相关证据。

适用要点

在行政诉讼中,由于行政机关和行政相对人的地位悬殊,法律对于行政诉讼中双方的举证责任分配与民事诉讼不同,不同于一般"谁主张谁举证"原则,被诉行政机关应当对自己做出的行政行为的合法性进行证明,提交合法依据和有关事实证据。但需要注意的是,以上规则不能一概适用于全部行政案件情形。《最高人民法院关于行政诉讼证据若干问题的规定》第4条规定，行政相对人起诉时，应当提供其符合起诉条件的相应证据材料；在起诉被告不作为的案件中，原告应当提供其在行政程序中曾经提出申请的证据材料。

第三十五条 【行政机关收集证据的限制】在诉讼过程中，被告及其诉讼代理人不得自行向原告、第三人和证人收集证据。

条文注释

本条是关于被告及其诉讼代理人不得自行向原告、第三人和证人收集证据的规定。

理解本条，需注意两点：一是规定被告的诉讼代理人也不能收集新证据。这是考虑到受托人权限不能大于委托人权限。二是限制收集证据的对象包括第三人。这是因为第三人与案件有利害关系，被告在作出行政行为时，应当已经充分考虑了第三人的合法权益。即使被告在诉讼过程中自行收集了新的证据，法院也不能采纳该证据作为认定被诉行政行为合法的依据。

适用要点

《行政诉讼法》根据当事人的举证能力、所得利益等，规定了原告、被告和第三人各自要承担的举证责任。本条规定明确了行政机关收集证据的主体、时间和对象等具体限制，以此进一步凸显了行政诉讼中行政机关的举证责任和司法权威，对促进行政机关及其工作人员依法行政，不断强化诉讼意识、证据意识和责任意识具有重要作用。

案例指引

济南某饮品有限公司与济南市历城区人民政府行政决定案①

裁判要旨：根据《建设项目环境影响报告表》等在卷

① 参见济南铁路运输中级人民法院(2021)鲁71行终216号案例。

证据，虽然难以排除济南某饮品公司在生产过程中排出废水并对水体产生影响的可能性，但历城区政府用来证明该公司排放污染物的直接证据——《济南某饮品饮品有限公司(原济南阿里巴巴饮品有限公司)桶装纯净水生产项目污水论证意见》，系在一审诉讼过程中收集，有违《行政诉讼法》第35条的规定。因此，历城区政府作出被诉责令拆除决定(涉及济南某饮品公司的部分)依据的证据不充分。

第三十六条 【被告延期提供证据和补充证据】被告在作出行政行为时已经收集了证据，但因不可抗力等正当事由不能提供的，经人民法院准许，可以延期提供。

原告或者第三人提出了其在行政处理程序中没有提出的理由或者证据的，经人民法院准许，被告可以补充证据。

条文注释

本条是关于被告延期提供证据和补充证据的规定。

一、延期提供证据

被告可以延期提供证据的具体情况包括：

(1)证据是被告在作出行政行为时已经收集的。这一规定，是强调被告申请延期提供的证据，应当是依据“先取证，后裁决”的原则，依法定程序在作出行政行为的过程中收集的证据；不按法定程序收集的证据，应视为被诉行政行为没有相应的证据，而不能申请延期提供。

(2)因不可抗力等正当事由不能提供的证据。《最高人民法院关于行政诉讼证据若干问题的规定》第1条第2款已明确被告延期提供证据的事由包括“因不可抗力或者客观上不能控制的其他正当事由”。通常而言，“不可抗力”是指不能预见、不能避免和不能克服的客观情况，如战争、地震、台风、水灾等。除不可抗力外，还包括如证人在国外而一时无法与之联系等其他正当理由。

(3)经人民法院准许。被告应当在法定的举证期限内举证,因此,延期举证要受到严格的限制。为了防止被告无正当理由延期举证,或者以延期举证为名,行非法调取证据之实,其延期举证必须经人民法院准许。

二、补充证据

被告补充证据,是指被告在法定举证期限提交证据以后进一步提供证据的行为。《行政诉讼法》第35条已经规定,在诉讼过程中,被告及其诉讼代理人不得自行向原告、第三人和证人收集证据。因此,一般不允许被告补充提供证据。但是特殊情况下,被告可以补充证据。具体要求如下:

(1)原告或者第三人提出了其在行政处理程序中没有提出的理由或者证据。补充证据非因行政机关的过错,而是因为原告或者第三人提出了新的理由或者证据。关于原告或者第三人在行政程序中提出新的理由或者证据的法律后果,《最高人民法院关于行政诉讼证据若干问题的规定》第59条规定,被告在行政程序中依照法定程序要求原告提供证据,原告依法应当提供而拒不提供,在诉讼程序中提供的证据,人民法院一般不予采纳。但是,这也存在例外情况:①被告在行政程序中,未要求原告提供证据,原告在诉讼中向人民法院提交了新的证据。②被告在行政过程中,未尊重行政相对人享有的陈述和申辩权。《行政处罚法》《行政强制法》《行政许可法》《税收征收管理法》等法律都对行政相对人的陈述和申辩权作出了规定。

(2)经人民法院准许。主要是排除被告补充证据的随意性。虽然本条已经限定了被告可以补充证据的两种情况,但具体的认定权只有交给法院,才能体现公正性,也防止该项权利的滥用。

需要强调的是,立法之所以要规定被告补充证据的例外,是因为此时原告或第三人补充的这些证据是被告在行政程序中并不知道的,或虽然知道了也未曾予以考虑的。现在原告或第三人提出了这些证据,法院也准许了,就必须也给被告一个补充证据的机会,才能平衡双方利益。

适用要点

本条与第34条、第35条的规定密切相关。其中第1款被告延期提供证据是对第34条第2款被告不得逾期举证的例外规定，其中第2款被告补充证据是对第35条被告收集证据限制的例外规定。故在适用本条时，需结合《行政诉讼法》《最高人民法院关于适用〈中华人民共和国行政诉讼法〉的解释》《最高人民法院关于行政诉讼证据若干问题的规定》等相关条款，进行系统性考量，以动态平衡被告、原告、第三人在行政诉讼过程中的举证责任。

案例指引

谢某与韶关市公安局交通警察支队高速公路第三大队道路交通管理案①

裁判要旨：关于谢某上诉认为韶关交警高速三大队超过举证期限内补充证据的问题，依照《行政诉讼法》第36条第2款"原告或者第三人提出了其在行政处理程序中没有提出的理由或者证据的，经人民法院准许，被告可以补充证据"的规定，谢某在现场接受处理时以及一审提交的起诉状中，从未对交通技术监控设备等问题提出异议，因此韶关交警高速三大队在谢某提出新的异议后补充提交相应证据，一审法院予以采纳并无不当。

第三十七条　【原告可以提供证据】原告可以提供证明行政行为违法的证据。原告提供的证据不成立的，不免除被告的举证责任。

条文注释

本条是关于原告可以提供证明行政行为违法的证据的规定。

① 参见广东省韶关市中级人民法院(2021)粤02行终18号案例。

根据《行政诉讼法》第34条的规定，被告对作出的行政行为负有举证责任，应当提供作出该行政行为的证据和所依据的规范性文件。可见，证明行政行为合法的举证责任由被告承担。对于原告来说，没有对行政行为的举证责任，但是原告为了维护自身的合法权益，可以自愿提供相关证据，进一步证明行政行为的违法性，促使法院作出对自身有利的裁决。

必须强调的是，本条规定的是“可以”，原告没有提供证明行政行为违法的证据的责任，原告提出相关证据完全是出于自愿，可以向人民法院提供行政行为违法的证据，也可以不提供。即使原告提供的证明被诉行政行为违法的证据不成立，也不能免除被告对被诉行政行为合法性的举证责任。被告如不提供或者无正当理由逾期提供其作出行政行为的证据的，仍将视为没有相应证据，要承担不利的法律后果。

适用要点

本条规定与第38条规定的原告举证责任有所不同，两者区别有三：一是前者的举证责任在被告，后者提出证据的责任在原告。二是前者规定的是“可以”，原告出于自愿，后者规定的是“应当”。三是证明的内容不同。前者证明的是行政行为违法，后者证明的是原告提出申请和行政行为造成的损害。

第三十八条　【原告举证责任】在起诉被告不履行法定职责的案件中，原告应当提供其向被告提出申请的证据。但有下列情形之一的除外：

（一）被告应当依职权主动履行法定职责的；

（二）原告因正当理由不能提供证据的。

在行政赔偿、补偿的案件中，原告应当对行政行为造成的损害提供证据。因被告的原因导致原告无法举证的，由被告承担举证责任。

条文注释

本条是关于原告举证责任的规定。

虽然被告对其作出的行政行为负有举证责任，但是原告在特定的情况下也应提供相应的证据。具体情形分为以下两种：

一、原告在被告不作为案件中的举证责任

在被告不作为的案件中，一般情况下原告应当提供其向被告提出申请的证据。根据《行政诉讼法》第12条中的规定，公民、法人或者其他组织申请行政机关履行保护人身权、财产权等合法权益的法定职责，行政机关拒绝履行或者不予答复的，属于人民法院的受案范围。依申请的行政行为，是指行政机关只有在行政相对人申请的条件下才能作出行政行为；没有行政相对人的申请，行政机关不能主动作出行政行为。对于依申请的行政行为，如果由行政机关对行政相对人的申请行为举证，会十分困难，尤其是在行政相对人根本没有提出申请的情况下，行政机关更是无从举证。故立法规定在此种情况下，由原告提供证据更为合理。

二、原告在行政赔偿、补偿案件中的举证责任

(1)行政赔偿案件。行政赔偿，是指行政机关违法实施行政行为，侵犯相对人合法权益造成损害时，由国家承担的一种赔偿责任。行政赔偿诉讼，是人民法院根据赔偿请求人的诉讼请求，依照行政诉讼程序和国家赔偿的基本制度和原则裁判争议的活动。《国家赔偿法》第3条、第4条规定了受害人人身权与财产权遭受损害的具体情形。在行政诉讼中，原告认为行政机关行使职权的行为侵犯了其合法权益并造成了损害，应对损害事实提供相应的证据。

(2)行政补偿案件。行政补偿，是指国家行政机关及其工作人员在管理国家和社会公共事务的过程中，因合法的行政行为给公民、法人或其他组织的合法权益造成了损失，由国家依法合理予以补偿的制度。如在国有土地上房屋征收补偿决定的案件中，被征收人就基本生活、生产经营条件没有保障的事实提供证据，要求给予补偿。

适用要点

本条是对第34条被告承担举证责任的例外规定。详言之,在行政诉讼中,原告承担举证责任的情形有二:一是在被告不作为案件中;二是在行政赔偿与行政补偿案件中。与此同时,立法为了平衡原被告双方的利益与地位,对行政诉讼中原告承担举证责任的情形又分别作出了例外规定。

第三十九条　【法院要求当事人提供或者补充证据】人民法院有权要求当事人提供或者补充证据。

条文注释

本条是关于人民法院有权要求当事人提供或者补充证据的规定。

在审理案件过程中,人民法院不只是被动地接受当事人提供的证据,在当事人提供的证据尚不足以证明案件真实情况时,人民法院有权要求被告和原告提供或者补充证据,以便进一步查明案情。要求当事人提供证据或者补充证据,是国家赋予人民法院的权力。

从理论基础来看,人民法院审查被诉行政行为的合法性既应保护行政相对人的合法权益,又应保护国家利益、公共利益和他人的合法权益。从现实需求来看,有的当事人趋利避害,仅提供对自己有利的证据;有的被告不履行法定职责而怠于举证;有的被告因为疏忽,没有保存好相关证据,而造成证据遗失。上述情形在特殊情况下可能会给国家利益、公共利益和他人的合法权益带来不利影响,人民法院为了全面了解案件的事实情况,监督行政机关依法行政,保护国家利益、公共利益和他人的合法权益,有权要求当事人提供或者补充证据。为此,《最高人民法院关于适用〈中华人民共和国行政诉讼法〉的解释》第37条指出,对当事人无争议,但涉及国家利益、公共利益或者他人合法权益的事实,人民法院可以责令当事人提供或者补充有关证据。

适用要点

提供证据,是指当事人向人民法院提供证明案件事实的根据。补充证据,是指当事人向法院提供的证据不足,继而对同一事项的证据向人民法院所作的补充。补充证据可以分为两种情况:当事人申请补充证据和人民法院依职权要求补充证据。关于被告申请补充证据,《行政诉讼法》第36条第2款已经规定,原告或者第三人提出了其在行政处理程序中没有提出的理由或者证据的,经人民法院准许,被告可以补充证据。本条则是关于人民法院依职权要求补充证据的规定。

第四十条 【法院调取证据】人民法院有权向有关行政机关以及其他组织、公民调取证据。但是,不得为证明行政行为的合法性调取被告作出行政行为时未收集的证据。

条文注释

本条是关于行政诉讼中人民法院依职权调取证据的规定。

证据是法院在诉讼活动中查明案件事实的关键。行政诉讼活动中,法院有权要求当事人提供或补充证据,也有权向行政机关以及其他组织、公民调取证据。人民法院收集证据有利于其客观、全面地了解案件事实状态,从而公平公正地对行政争议进行裁判。但是,需要注意的是,法院在审判过程中处于客观中立的位置,法院对证据的主要工作是确定其效力,只有当事人才承担提供相应证据的责任。法院过多涉及调取证据实际上不利于司法公正。就法院依职权调取证据而言,其目的应当限缩为对证据进行审查,即对当事人已经提供的证据进行复查。质言之,法院作为裁判者,其调取证据的目的并不在于帮助当事人证明某项客观现实,也不在于否定其中一方的举证内容,而是居于中立裁判地位对当事人提供证据进行审查的一种司法行为。因此,法院依职权调取证据的行为不得与被告提供证据的行为所混同,法院应当将调取证据的内容仅限于对证据关联性、真实性、合法性的审查,而不应当对被告缺乏的证据进行补充。

适用要点

本条在适用中需要注意的是，法院依职权调取证据的目的包括两个方面内容：一是诉讼过程中实现对当事人之外的其他主体或者社会公共利益的保障；二是查明庭审过程中所涉及的程序性事项。因而，本条适用要点为：首先，法院依职权调取证据行为是受到消极限缩的。根据现有规定，只有在符合《最高人民法院关于行政诉讼证据若干问题的规定》第22条规定要件的前提下，法院才可以依职权调取证据。其次，法院依职权调取证据的目的也是受到严格限缩的，绝对不能用以代替行政机关证明行政行为的合法性。

案例指引

黄某与英山县医疗保障服务中心卫生行政管理案①

裁判要旨：本案中，被告辩称其经过调查，无法确定第三方责任及责任大小，需要人民法院在行政诉讼中追加第三人并予以查明核实。该辩解理由及申请法院追加第三人以便于查清责任的请求，与《行政诉讼法》第40条之规定相悖，不予支持。

第四十一条　【申请法院调取证据】与本案有关的下列证据，原告或者第三人不能自行收集的，可以申请人民法院调取：

（一）由国家机关保存而须由人民法院调取的证据；

（二）涉及国家秘密、商业秘密和个人隐私的证据；

（三）确因客观原因不能自行收集的其他证据。

条文注释

本条是关于原告或者第三人申请人民法院调取证据的规定。

---

① 参见湖北省浠水县人民法院（2021）鄂1125行初18号行政判决书。

原告或者第三人能自行收集证据的，应当自行收集；只有在原告或者第三人不能自行收集证据，才能申请人民法院调取证据。

行政法律关系中，行政机关处于相对优势地位。行政机关拥有充足的人员、装备等有利条件，享有获取证据的便利。行政相对人和其他利害关系人在行政程序中处于被动地位，行政机关作出行政行为的证据和所依据的规范性文件一般由行政机关掌握。因而，可能会存在行政相对人或其他利害关系人无力获得证明其主张证据的情形。在这种情形下，为了平衡行政诉讼中原告、被告之间的关系，本条规定，允许原告或者第三人申请人民法院调取相应的证据证明其主张。

适用要点

本条适用过程中的要点包括：

其一，法院依申请调取证据的目的在于平衡行政诉讼中原告、被告之间的地位差异，因而，能够申请法院调取证据的主体仅限于原告、第三人。行政机关因其在行政关系中的优势地位，一方面具有获取证据的优势，另一方面基于行政行为先定力和确定力的要求，在作出行政行为时就必须完成证据的收集。所以，行政机关不能申请法院调取证据。

其二，当事人申请调取证据的要件也要受到相应的限制，需要满足相应的要求；且应当提供证据持有人的姓名、证据的内容、申请调取证据的原因以及需要证明的案件事实等诸多内容，经法院审查同意之后才可进行证据调取。

案例指引

王某诉淄博市临淄区卫生健康局卫生行政管理案①

裁判要旨：上诉人王某二审申请调取的住院治疗病历、诊断结论等证据与被诉政府信息公开答复的合法性不具有关联性，其申请不符合《行政诉讼法》第41条的规定，不予准许。

① 参见山东省淄博市中级人民法院(2021)鲁03行终99号行政判决书。

第四十二条 【证据保全】在证据可能灭失或者以后难以取得的情况下,诉讼参加人可以向人民法院申请保全证据,人民法院也可以主动采取保全措施。

条文注释

本条是关于诉讼证据保全的规定。

首先,保全证据需要在诉讼活动中进行,具体而言应当在举证期限届满前以书面方式提出。根据《最高人民法院关于行政诉讼证据若干问题的规定》第27条规定,当事人向人民法院申请保全证据的,应当在举证期限届满前以书面形式提出,并说明证据的名称和地点、保全的内容和范围、申请保全的理由等事项。当事人申请保全证据的,人民法院可以要求其提供相应的担保。由此观之,如果当事人超出举证期限向法院提起保全证据申请的,原则上不会获得法院支持。

其次,保全证据应当具备的条件包括:一是必须存在可能灭失或者以后难以取得证据的情况。实践中,证据之所以会存在保全必要是在于其时间敏感性,如只有在特定时间采集的信息才能够反映案件现实的,或者作为证据的载体即将出现变化以后难以继续获得的。二是将要采取保全措施的证据能够证明案件的客观事实,换言之,法院对证据采取保全措施之后,该证据必须满足关联性要件,能够辅助证明案件事实状态。

最后,法院能够采取的保全证据的措施包括查封、扣押、拍照、录音、录像、复制、鉴定、勘验、制作询问笔录等。同时,法院采取的证据保全措施包括依职权和依申请两种情形:依职权保全证据,是指法院在发现证据可能灭失或者难以取得,并且会对查明案件事实造成阻碍的,主动采取的证据保全措施;依申请保全证据,是指法院对当事人提出的证据保全请求审查之后,认为符合要求而采取的证据保全措施。需要注意的是,依申请保全证据的,法院可以根据采取保全措施类型,要求当事人提供相应担保,也可以决定通知当事人或其诉讼代理人到场。

适用要点

本条适用过程中的要点包括：

一是当事人申请法院对证据进行保全的，需要在案件受理之后、举证期限内进行书面申请，并对证据的关联性、灭失的可能性进行有力的举证，还需要对证据名称、所在地点等客观事实加以说明，以便法院开展保全工作。

二是对于特定类型的证据，如果采取保全措施可能存在侵害证据权利人权益情形的，法院可以要求当事人提供相应的担保。

三是法院采取证据保全措施并不会导致该证据具有更强的证明力，该证据还需要经过质证、认证等方式才能对案件事实产生相应的证明力。

第四十三条 【证据适用规则】证据应当在法庭上出示，并由当事人互相质证。对涉及国家秘密、商业秘密和个人隐私的证据，不得在公开开庭时出示。

人民法院应当按照法定程序，全面、客观地审查核实证据。对未采纳的证据应当在裁判文书中说明理由。

以非法手段取得的证据，不得作为认定案件事实的根据。

条文注释

本条是关于证据适用规则的规定，包括证据的质证、证据的审查、非法证据排除三部分内容。

一、证据的质证

本条第1款对应的是行政诉讼中证据的质证。所谓质证，是指在诉讼活动的庭审过程中，由法律规定的质证主体借助多种证据方法，运用询问、质疑、辨认、说明、解释、辩驳等形式，对有关证据进行核实，从而对法官的内心确信施加影响，形成证据证明力的活动。

二、证据的审查

证据的审查，是指在行政诉讼审判过程中，审判人员依法确认证据材料的证据资格和证明力，并在此基础上认定案件事实的行为，即行政诉讼的认证。法院在证据的审查中主要考虑证据的关联性、真实性和合法性三方面内容。关联性，是指证据材料与案件事实之间的关联性，只有具有关联性的证据才能对案件事实起到证明作用；真实性，是指证据是否能够客观真实地反映案件事实情况，包括证据形成的原因、发现证据的环境、证据的客观状态、证据与当事人的利害关系等方面的内容；合法性，是指证据是否满足合法要件，包括证据的收集主体、收集手段、收集对象、收集时间、收集程序等方面的内容必须符合法律规定的要求。

三、非法证据排除

非法证据大致包括如下三种：一是严重违反法定程序收集的证据材料，如调查取证人与本案有利害关系或者其他影响公正处理的因素，应当回避而没有回避的；依法应当有两名以上工作人员调查取证，只有一名工作人员的；等等。二是以违反法律强制性规定的手段获取的侵害他人合法权益的证据材料，如以偷拍、偷录、窃听等手段获取侵害他人合法权益的证据材料，因其侵犯当事人的隐私权、住宅和营业场所的安全以及公民的人身自由，不能采纳。三是以利诱、欺诈、胁迫、暴力等不正当手段获取的证据材料。

适用要点

本条规定是对行政诉讼中证据使用规则的规定，在本条适用中需要注意的要点包括：

一是对于涉及国家秘密、商业秘密和个人隐私的证据，不应当在庭审过程中公示。但是为了避免行政诉讼中行政机关动辄以涉及国家秘密为由拒绝公示相关证据，应当对是否适用本条进行严格审查，防止逃逸规制。

二是非法证据排除规则中，对严重违反法定程序收集的证据材料应当采取实质审查的标准，同时需要注意行政机关收集证据违反法定程序和行政机关作出行政行为违反法定程序的区别，前者仅会导致证据无法作为行政行为合法性的依据，后者则会导致行政行为被撤销。

案例指引

曲阜市A公司与泗水县自然资源和规划局资源行政管理案①

裁判要旨：被诉处罚决定依据的济宁市勘测院的测量报告，没有显示被告通知原告到达现场或被告已履行通知义务，亦没有原告到达现场或签名的勘验笔录佐证，该证据的取得程序违法，不能作为被诉行政处罚认定事实的依据。

① 参见山东省曲阜市人民法院（2020）鲁0881行初144号行政判决书。

第六章　起诉和受理

第四十四条　【行政复议与行政诉讼的关系】对属于人民法院受案范围的行政案件，公民、法人或者其他组织可以先向行政机关申请复议，对复议决定不服的，再向人民法院提起诉讼；也可以直接向人民法院提起诉讼。

法律、法规规定应当先向行政机关申请复议，对复议决定不服再向人民法院提起诉讼的，依照法律、法规的规定。

条文注释

本条是关于行政复议与行政诉讼关系的规定。

行政复议和行政诉讼都是当事人寻求救济的方式，都是通过对行政行为的审查并作出撤销或者变更等方式实现对利益相关人权利保护的救济机制。需要注意的是，司法救济是实现对当事人权益保护的最终机制，因而如果当事人对行政复议机关所作行政复议决定不服的，原则上还能够进一步提起诉讼，即本条行政复议和行政诉讼关系的规定。

一、行政复议和行政诉讼的受案范围存在交叉

对比《行政诉讼法》第12条第1款和《行政复议法》第11条的规定可知，《行政诉讼法》规定的受案范围也是行政复议的受案范围。同时，行政复议是基于行政科层体制建构而成的行政内部救济机制，在实践中，行政复议机关受理行政复议申请后，可以通过行政机关内部上级对下级的监督指导行为，更便捷、高效地实现对当事人权利的救济。因而，从本条第1款前段可知，当事人面临行政纠纷的，在开展行政诉讼之前，还可以寻求通过行政复议的渠道进行救

济。同时,还需注意的是,前段规定仅是一种引导、鼓励性的规定,本条规定并没有对当事人必须先行复议才能进行诉讼作限制。质言之,根据本条第1款规定,当事人享有自由选择行政复议救济、行政诉讼救济的权利;如果当事人选择行政复议救济的,在得到行政复议决定仍不服或者行政复议机关逾期不作决定的,还可以根据本法第45条规定进一步提起行政诉讼。

二、对于部分行政行为需要受到复议前置的限制

本条第1款规定对于行政复议和行政诉讼的衔接关系实质上可解释为,原则上当事人对于面临的行政纠纷,可以自由选择行政复议或者行政诉讼加以救济,如果选择行政复议的,对于行政复议结果还可以进一步提起诉讼。但是需要注意的是,对于特定类型的行政行为,考虑到其专业性,法律规定在进行行政诉讼救济之前必须先进行行政复议,当事人对行政复议决定仍不服的,才可以向人民法院提起行政诉讼。

三、特定类型的行政行为还存在复议终局的情形

其他法律法规有规定的特定类型的行政行为,也存在复议终局的情形。例如,《出境入境管理法》第36条规定,公安机关出入境管理机构作出的不予办理普通签证延期、换发、补发,不予办理外国人停留居留证件、不予延长居留期限的决定为最终决定;第64条规定,外国人对依照该法规定对其实施的继续盘问、拘留审查、限制活动范围、遣送出境措施不服的,可以依法申请行政复议,该行政复议决定为最终决定;第81条第2款规定,外国人违反该法规定,情节严重,尚不构成犯罪的,公安部可以处驱逐出境。公安部的处罚决定为最终决定。

适用要点

行政复议和行政诉讼均为当事人寻求救济行政纠纷的渠道,二者分属于行政救济和司法救济范畴,为拓宽对当事人权利保障的途径,本条规定了当事人在救济过程中行政复议和行政诉讼的衔接关系。本条适用过程中需要注意的要点包括:

首先，需要审查争议行政行为是否属于复议前置的行政行为。如果是，则需要先进行行政复议程序；否则可以由当事人自由选择行政复议或者行政诉讼。

其次，应当审查争议行政行为的行政复议决定是否为最终决定，即该行为是否复议终局行为。如果是，则行政复议决定会直接产生确定的法律拘束力，当事人不能再进行诉讼；否则，当事人可以就行政复议决定提起诉讼。

第四十五条 【经行政复议的起诉期限】公民、法人或者其他组织不服复议决定的，可以在收到复议决定书之日起十五日内向人民法院提起诉讼。复议机关逾期不作决定的，申请人可以在复议期满之日起十五日内向人民法院提起诉讼。法律另有规定的除外。

条文注释

本条是关于经行政复议起诉期限的规定。

一、复议机关期限内作出复议决定的

此种情形对应的是本条前段规定，即“公民、法人或者其他组织不服复议决定的，可以在收到复议决定书之日起十五日内向人民法院提起诉讼”。行政复议决定，是指行政复议机关受理行政复议申请人的申请之后，经过审查所作出的处理决定。

二、复议机关逾期不作决定的

此种情形对应的是本条后段规定，即“复议机关逾期不作决定的，申请人可以在复议期满之日起十五日内向人民法院提起诉讼”。行政复议是对行政相对人权利的保障，行政复议机关在法定期限内没有作出行政复议决定的，实质上也会对行政相对人造成权利侵害。因而，在行政复议机关逾期不作决定的情形下，行政相对人自然可以向人民法院提起诉讼，唯“逾期”应当结合《行政复议法》加以确定。

适用要点

根据本条规定,当事人申请行政复议之后可能面临两种情形,即行政复议机关在期限内作出了行政复议决定、行政复议机关逾期不作出行政复议决定。其中适用要点包括:

其一,行政复议申请人(行政相对人)可以根据行政机关所作不同类型的决定确定自身权利是否达到相应救济,进而决定是否需要另行提起行政诉讼。

其二,判断行政复议机关是否逾期的标准应当遵循《行政复议法》的相关规定,行政复议机关在法律规定的期限内没有作出相应决定的,可以向人民法院提起诉讼。

其三,对于经过行政复议的行政行为,当事人提起行政诉讼的期限为15日,即收到行政复议决定之日起15日或者行政复议机关逾期之日起15日内,向人民法院提起诉讼。

案例指引

陆某诉平江县人民政府依法履行法定职责纠纷案①

裁判要旨:原告陆某对被告平江县人民政府逾期不作决定不服,可以在复议期满之日起15日内向人民法院提起诉讼,即原告陆某最迟应于2020年7月7日前向人民法院提起诉讼。原告陆某于2020年8月3日才提起诉讼,已超过法定起诉期限。根据《最高人民法院关于适用〈中华人民共和国行政诉讼法〉的解释》第69条第1款第2项规定,原告陆某提起本案诉讼超过法定起诉期限且无《行政诉讼法》第48条规定情形,应当裁定驳回起诉。

① 参见湖南省岳阳市中级人民法院(2020)湘06行初100号行政裁定书。

第四十六条　【起诉期限】公民、法人或者其他组织直接向人民法院提起诉讼的，应当自知道或者应当知道作出行政行为之日起六个月内提出。法律另有规定的除外。

因不动产提起诉讼的案件自行政行为作出之日起超过二十年，其他案件自行政行为作出之日起超过五年提起诉讼的，人民法院不予受理。

条文注释

本条是关于行政诉讼起诉期限的规定。

一、起诉期限的基本类型

行政诉讼起诉期限可分为一般起诉期限与特殊起诉期限。1989年颁布的《行政诉讼法》，将一般起诉期限定为3个月。2014年《行政诉讼法》修改，又将一般起诉期限从3个月延长至6个月，从而便于当事人有更宽裕的时间提起行政诉讼。不过，并非所有案件都受一般起诉期限的限制，有的行政案件比较特殊，需要例外处理。比如，经过复议后的行政案件，起诉期限为收到复议决定书或复议期满后15日；行政赔偿案件，起诉期限为赔偿决定作出之日起3个月。因此，《行政诉讼法》在规定一般起诉期限时，还特别强调“法律另有规定的除外”。

二、一般起诉期限的计算

一般起诉期限从当事人“知道或者应当知道作出行政行为之日”起计算。“知道或者应当知道”是种事实状态，“知道”为客观事实，“应当知道”为推定事实。具体来讲，只要行政机关作出行政行为时，明确告知当事人相应的法律后果，或按照法定方式将处理决定交与当事人手中，就可以推定当事人已经知道行政行为的内容。也就是说，“知道”并非要求当事人知道行政行为的全部内容，其仅需要知道必要内容即可。

三、最长起诉期限的设置

除一般起诉期限外，法律还设置了最长起诉期限，即无论当事人是否知道行政行为的内容，只要超过一定期限，法院便不再保护当事人的诉权。立法之所以有此规定，是为了更好地稳定行政法律关系。此举一则有利于提高行政效率，二则有利于建立政府的公信力。

适用要点

本条适用中，有以下几个要点：

第一，一般起诉期限是从当事人"知道或者应当知道作出行政行为之日起"计算。由于知道或者应当知道具有很强的主观性，在行政诉讼中必须将其客观化，才能作出清晰认定。一般认为，只要行政机关依法适当履行了告知或送达义务，就认为当事人已经知道或是应当知道行政行为的内容。

第二，最长起诉期限与一般起诉期限的起算点不同，最长起诉期限的起算点是"行政行为作出之日"。换言之，行政行为一经作出，不管当事人是否知道或者应当知道，超过最长起诉期限后，人民法院都不再立案。

第三，行政诉讼的起诉期限是不变期间，与民事诉讼时效有很大区别。超过诉讼时效，当事人自愿履行义务的，不受诉讼时效影响。超过诉讼时效，原告丧失的是胜诉权。而超过起诉期限，原告灭失的则是诉权。

关联法规

《专利法》第 46 条；《土地管理法》第 16 条；《集会游行示威法》第 31 条

案例指引

陈某诉安徽省五河县人民政府行政征收案①

裁判要旨：本案中，陈某请求人民法院确认五河县政府征收其土地的行为违法，就是针对行政机关单方作出的一个征收土地行为提起的诉讼。根据原审法院查明的事实，陈某于 2012 年 9 月底便已知道被诉土地征收行为的内容，其于 2015 年 7 月 21 日才提起本案诉讼，显然已

① 参见最高人民法院(2016)最高法行申 2645 号案例。

经超过《最高人民法院关于执行〈中华人民共和国行政诉讼法〉若干问题的解释》第41条第1款规定的起诉期限。二审法院裁定驳回陈永利上诉,维持一审驳回起诉的裁定,并无不当。

第四十七条 【行政机关不履行法定职责的起诉期限】公民、法人或者其他组织申请行政机关履行保护其人身权、财产权等合法权益的法定职责,行政机关在接到申请之日起两个月内不履行的,公民、法人或者其他组织可以向人民法院提起诉讼。法律、法规对行政机关履行职责的期限另有规定的,从其规定。

公民、法人或者其他组织在紧急情况下请求行政机关履行保护其人身权、财产权等合法权益的法定职责,行政机关不履行的,提起诉讼不受前款规定期限的限制。

条文注释

本条是关于行政机关不履行法定职责的起诉期限的规定。

一、"不履行法定职责"的理解

适用本条规定,前提是行政机关存在不履行法定职责的行为。所谓"不履行法定职责",包含"不履行"和"法定职责"两个关键要素。

1. 何为"不履行"

关于"不履行",最高人民法院认为包括"违法拒绝履行"和"无正当理由逾期不予答复"两种情形。"违法拒绝履行"是指行政主体以明确意思表示拒绝合法申请,且该拒绝行为产生终结行政程序的效果。而"无正当理由逾期不予答复",是指行政主体未作出终结行政程序的处理决定,属行政不作为。行政机关面对公民、法人或其他组织的申请,不管是否属于本机关的职责,都应给予答复。如果确属本机关的职责,被申请人应告知当事人将如何履职,并采取积极行动;如果不属于本机关的职责,被申请人也应告知当事人正当理由,指示其可以向有权机关提出申请。

2. 何为“法定职责”

关于“法定职责”的确定，立法部门一般采取狭义标准，主要是看行政机关的职责是否有法律、法规明确规定，是否属于行政机关的职权范围。如果申请人提出的权利保护请求，超出被申请机关的职权范围，那么被申请机关只有答复之义务，而无保护之职责。

二、履行法定职责的期限

尽管立法允许公民、法人或者其他组织在行政机关未能履行法定职责时通过行政诉讼的方式救济自己的权利，但在诉讼时机的选择上，立法却给予行政机关2个月的处理时限。行政机关超过2个月仍不履行法定职责的，申请人方可提起行政诉讼。

行政诉讼是司法机关通过裁决方式督促或纠正行政机关的行政行为，以达到权利保护之目的，属于司法权对行政权的监督。通常情况下，行政机关履行法定职责需要一个过程，行政机关不仅要开展事实调查，还要与不同主体进行沟通和协商，因此也需要足够时间。法律给予行政机关2个月的处理时限，既是尊重行政权运行的客观事实，也体现了司法谦抑性原则，避免滥诉现象发生。如果期限未满，申请人提起行政诉讼，就是起诉时机不成熟的表现，人民法院可不予立案。

三、紧急情况不受限制

虽然法律给予行政机关2个月的履职期限，但在紧急情况下，如果行政机关不能及时采取保护措施，申请人的合法权益可能遭受难以弥补的损害。所以，为避免行政机关怠于履行法定职责，法律又在第2款作了例外规定，要求紧急情况下申请人提起行政诉讼的，不受2个月的期限限制。

适用要点

本条在适用中，需要注意与本法第46条之间的区别。一般起诉期限和最长起诉期限针对的是行政机关作出行政行为但存在合法性质疑时，当事人何时起诉的问题。而本条针对的是行政机关有作为义务但不作为时，当事人何时起诉的问题。这两个法条所要解决的问题不同，适用中不存在期限增加或扣除等问题。行政机关在接到当事人的保护申请后,有2个月的处理时间。紧急情况下,纵使期间未届满,当事人也可提起诉讼。

案例指引

某船舶公司与启东市人民政府渡口行政许可案①

裁判要旨:本案中,当事人申请行政机关履行职责的行为,涉及渡口设置,事关公民的人身和财产安全等重大公共利益,应当征求海事等机关的意见,并听取相关专业机关的评审建议。被上诉人启东市人民政府征求意见符合法律规定,所用时间在合理范围之内。扣除上诉期和征求意见的时间,被上诉人启东市人民政府作出的许可决定未超过法定期限,程序合法。

第四十八条　【起诉期限的扣除和延长】公民、法人或者其他组织因不可抗力或者其他不属于其自身的原因耽误起诉期限的,被耽误的时间不计算在起诉期限内。

公民、法人或者其他组织因前款规定以外的其他特殊情况耽误起诉期限的,在障碍消除后十日内,可以申请延长期限,是否准许由人民法院决定。

条文注释

本条是关于行政诉讼起诉期限扣除和延长的规定。

一、起诉期限的扣除

与民事诉讼不同,行政诉讼的起诉期限较短。通常认为,起诉期限与诉讼时效之间最大的区别在于诉讼时效可多次中断,而起诉期限不可中断,当事人不能因为曾经提起过诉讼或者通过其他方式提出争议,致使起诉期限重新计算。立法如此规定,主要是基于效率考

① 参见江苏省高级人民法院(2018)苏行终510号案例。

虑，以便更快地稳定公共秩序。但对公民、法人或者其他组织而言，如此短的起诉期限很容易被各种事由所耽误。尤其当出现不可抗力或者不能归结于当事人自身原因时，如果让当事人自己承担诉权灭失之不利后果，将有失公平。于是，法律规定因不可抗力或其他不属于其自身原因所耽误的起诉时间不计算在起诉期限之内，这就是起诉期限的扣除。

二、起诉期限的延长

起诉期限的扣除，是指扣除被耽误的时间后起诉期限仍处于法律规定之内，而起诉期限的延长，是指起诉期限届满，因特殊情况由人民法院增加起诉时间的做法。二者的区别在于，前者没有突破法定起诉期限的限制，而后者则突破了法定起诉期限的限制。

起诉期限被延长的事由，是出现了不属于不可抗力或其他不属于自身原因的特殊情况。这种特殊情况，不考虑是否出于当事人自身原因。其实，结合第1款之规定，此处的“其他特殊情况”主要是指那些可以归结于当事人自身原因的合理抗辩事由，如当事人对法律理解错误、当事人出现行动障碍等。这些原因并非当事人有意忽视法律规定，如果一概不予受理，将有违公平正义。因此，法律规定这类情形，起诉期限可以延长，当事人可以在障碍消除后10日内提出申请。

起诉期限的延长需由当事人提出申请，而不由司法机关依职权为之。这是因为当事人对特殊情况的发生比较熟悉，由其提出申请，再由司法机关查实，可以提高诉讼效率。更重要的是，起诉期限的延长属于对法定期限的突破，此举不仅会破坏法的安定性，而且容易导致行政秩序不稳定。所以，当事人不能肆意为之，能否延长，须由人民法院审查决定。

适用要点

本条在适用中，有以下几个要点：

第一，起诉期限的扣除和延长，只针对行政相对人，而非行政机关。需要被扣除和延长的事由仅限于“不可抗力或者其他不属于其自身的原因”。

第二，人民法院在对起诉期限进行审查时，需考虑“不可抗力或者其他不属于其自身的原因”是否构成期限耽搁的关键缘由。

第三，除“不可抗力或者其他不属于其自身的原因”外，如果当事人自己耽搁了起诉期限，只能申请延长起诉期限，而不能扣除被耽搁的时间。而且，是否准予延长，也由人民法院审查决定。

第四十九条　【起诉条件】提起诉讼应当符合下列条件：

（一）原告是符合本法第二十五条规定的公民、法人或者其他组织；

（二）有明确的被告；

（三）有具体的诉讼请求和事实根据；

（四）属于人民法院受案范围和受诉人民法院管辖。

条文注释

本条是关于行政诉讼起诉条件的规定。

一、有适格的原告和明确的被告

1. 适格的原告

起诉首先要有原、被告。关于原告资格问题，《行政诉讼法》第25条作了明确规定，包括行政相对人以及与行政行为有利害关系的公民、法人或其他组织。不仅如此，2017年《行政诉讼法》修改，明确检察机关可以依法提起行政公益诉讼。

2. 明确的被告

《行政诉讼法》第26条明确规定了行政诉讼的被告，因此当事人在选择被告时，只要达到“明确”标准即可。所谓“明确”，是指原告所诉被告的名称清楚、具体，可以与其他人相区别。“明确”不等于“正确”，当事人起诉对象是否正确，属于实质判断。鉴于公民对行政机关的权责关系并非特别清楚，所以立案之时，法律并不要求当事人起诉的对象必须正确。通常情况下，只要原告在起诉状中列明被告的名称等信息，让人民法院清楚知道所诉何人，就已经达到明确性的要求。

二、有具体的诉讼请求和事实根据

1. 具体的诉讼请求

诉讼请求是当事人企图通过行政诉讼所要达成的目的。诉和判是对应关系,只有当事人有所求,人民法院才能有所判。如果诉讼请求不具体,人民法院就无法作出针对性的裁决,行政争议也就无法得到实质性化解。对此,《最高人民法院关于适用〈中华人民共和国行政诉讼法〉的解释》第68条将诉讼请求类型作了列举。当事人必须在起诉状中说明其提起诉讼究竟想要解决什么纠纷,希望人民法院审理哪些问题,不能含糊其词。

2. 有事实根据

在诉讼过程中,裁判者的目光必须在事实与法律之间往返流转,才能实现二者的相互映照。正因如此,"以事实为根据,以法律为准绳"是我国司法审判领域的一项基本原则。然而,作为起诉条件的事实根据,非指那些已被查证的客观事实,而是主体对事实状况的经验描述。这种事实与法院最终认定的事实存在区别,只要求当事人不是基于虚构的、预设的或是臆想的情况提起的行政诉讼,就属于有事实根据。

三、属于人民法院受案范围和受诉人民法院管辖

1. 属于人民法院受案范围

当事人提起行政诉讼,除了有原、被告和具体的诉讼请求外,所诉事项还必须属于人民法院的受案范围。人民法院受理行政案件,应考虑其与行政机关的职能分工,对于不适宜由其作出裁决的事项,人民法院须遵循谦抑原则。

2. 受诉人民法院有管辖权

管辖权解决的是"向谁提起诉讼"的问题。《行政诉讼法》第3章虽然对管辖权作了具体规定,但作为起诉条件,人民法院若发现当事人所诉事项不归本院管辖时,应当告知当事人向有权管辖的法院提起诉讼,而不能一拒了之。

适用要点

本条在适用中，主要有以下几个要点：

第一，起诉条件是决定能否立案的关键，法律列举了行政诉讼的6项条件。当事人若想起诉成功，必须同时满足这些条件，缺一不可。

第二，起诉条件中对原告、被告的要求不同，原告需满足“利害关系”之标准，被告则要满足“明确性”之标准。

第三，“有具体的诉讼请求和事实根据”，只是要求原告提起行政诉讼必须基于一定的案件事实，必须有能够通过诉讼达成的目的。由于案件尚处于立案环节，因此只要当事人有具体的诉讼请求和事实根据即可，不要求达到合法、合理、全面且真实的标准。

案例指引

刘某诉张家港市人民政府行政复议案①

裁判要旨：项目建设涉及的土地使用权人或房屋所有权人与项目审批行为不具有利害关系，不具有行政法上的权利义务关系，其以项目审批行为侵犯其土地使用权或者房屋所有权为由提起行政诉讼，不是适格的原告。

第五十条　【起诉方式】起诉应当向人民法院递交起诉状，并按照被告人数提出副本。

书写起诉状确有困难的，可以口头起诉，由人民法院记入笔录，出具注明日期的书面凭证，并告知对方当事人。

条文注释

本条是关于起诉方式的规定。

起诉状是载明原被告信息、具体诉讼请求、基本案件事实以及

① 参见最高人民法院(2017)最高法行申169号案例。

相应法律根据的诉讼文书。通常来讲，当事人向人民法院递交起诉状，就意味着诉讼程序的开启。无论立案登记、庭前调查，还是正式的法庭审理，都以当事人提交的诉状内容为基础。因此，起诉状不仅是份起诉材料，而且具有非常重要的程序启动功能。

法律在书面原则之外，还规定了口头起诉规则，允许书写诉状有困难的当事人可以口头起诉，然后由人民法院记入笔录，出具注明日期的书面凭证，并告知对方当事人。

需要注意的是，口头起诉作为书面诉讼的补充，主要针对的是“书写起诉状确有困难的”主体。因此，书面诉讼是常态，口头起诉是例外。不管采取哪种诉讼形式，法律效果都是相同的。人民法院在帮助当事人记录口头起诉内容时，可以按照起诉状的基本要素适当引导当事人完整表达，但是人民法院必须尊重当事人的原意，不得擅自修改当事人的诉讼请求。

适用要点

本条适用中，要注意行政诉讼同样遵循“不告不理”原则，提交起诉状是诉讼程序得以启动的关键环节，起诉书是人民法院审查是否符合起诉条件的重要依据。起诉分为书面和口头两种形式，二者具有同等效力。

第五十一条　【登记立案】人民法院在接到起诉状时对符合本法规定的起诉条件的，应当登记立案。

对当场不能判定是否符合本法规定的起诉条件的，应当接收起诉状，出具注明收到日期的书面凭证，并在七日内决定是否立案。不符合起诉条件的，作出不予立案的裁定。裁定书应当载明不予立案的理由。原告对裁定不服的，可以提起上诉。

起诉状内容欠缺或者有其他错误的，应当给予指导和释明，并一次性告知当事人需要补正的内容。不得未经指导和释明即以起诉不符合条件为由不接收起诉状。

对于不接收起诉状、接收起诉状后不出具书面凭证,以及不一次性告知当事人需要补正的起诉状内容的,当事人可以向上级人民法院投诉,上级人民法院应当责令改正,并对直接负责的主管人员和其他直接责任人员依法给予处分。

条文注释

本条是关于登记立案的规定。

一、立案审查制与登记立案制的区别

立案审查制与登记立案制的最大区别在于审查要件不同。《行政诉讼法》2014年修改之前,行政诉讼奉行的是立案审查制度。人民法院在接到起诉状后,经审查,应当在7日内立案或者作出裁定不予受理。至于审查什么,法律并未明确规定。根据文义解释,法律并不排除对起诉材料的实体审查,人民法院可以基于实体因素考量而拒绝立案。然而,鉴于行政诉讼属于"民告官"程序,为避免诉讼压力,很多地方法院在立案环节就筛除了大部分案件,以致行政诉讼领域"立案难"的问题格外突出。相比之下,登记立案制明确法院在受理案件时只进行形式审查,即只审查案件是否符合法定起诉条件。《行政诉讼法》第49条规定了4项形式要件,均不涉及案件实体问题。由此可见,登记立案制的受理门槛要远低于立案审查制,登记立案制是将立、审、执分开,以便更好地保护当事人的诉权。

二、登记立案的受理程序

登记立案制并不意味着所有起诉案件都会得到立案。以起诉条件作为审查标准,符合条件的,当然应予立案。对于不符合条件的,则应当裁定不予立案。把好立案关,可以防止那些明显不属于行政诉讼的案件进入审理环节,避免司法资源的浪费。不过,对于不予立案的裁定,人民法院须载明不予立案的理由。换言之,就是要指出案件不符合哪一项起诉条件。

三、法院的指导和释明义务

对于不符合起诉条件的案件,人民法院可以裁定不予立案。但是,不符合起诉条件可分为绝对不符合条件和相对不符合条件两种情形。绝对不符合条件,是指当事人不符合起诉资格或案件本质上不属于行政诉讼案件,当事人不可能通过瑕疵补正的方式,使案件符合起诉条件。而相对不符合条件,是指案件属于行政诉讼案件,只是存在内容欠缺或是错误问题,如被告列举错误、诉讼请求不具体、缺乏事实根据、受诉法院没有管辖权等。这类案件可以通过瑕疵补正的方式,使其符合起诉条件。

四、违反登记立案制的处理

不接收起诉状、接收起诉状后不出具书面凭证,不一次性告知当事人需要补正的起诉状内容都属于人民法院违反登记立案制的表现。对此,当事人可以向上级人民法院投诉。上级人民法院接到投诉后,应当责令下级人民法院改正,并对直接负责的主管人员和其他直接责任人员依法给予处分。这种投诉途径,意在为当事人提供最后的权利救济。同时,通过设定相应的法律责任,可以督促下级人民法院积极落实登记立案制度,做到有案必立、有诉必理,进而保障当事人的诉权。

适用要点

本条在适用中,应特别注意对立法精神的把握。尽管是否应予立案,需考虑案件是否符合起诉条件,但我国从立案审查制改为登记立案制,就是为了方便当事人起诉。所以,人民法院在审查立案时,对于有瑕疵的立案材料,应当主动释明缘由,并指导当事人完成立案,不能以不符合起诉条件为由,一拒了之。

关联法规

《最高人民法院关于人民法院登记立案若干问题的规定》

第五十二条　【法院不立案的救济】人民法院既不立案,又不作出不予立案裁定的,当事人可以向上一级人民法院起诉。上一级人民法院认为符合起诉条件的,应当立案、审理,也可以指定其他下级人民法院立案、审理。

条文注释

本条是关于法院不立案的救济的规定。

立案登记制的确立,是为了化解"立案难"的问题,立案登记制的关键在于能否实现"有案必立"。尽管《行政诉讼法》规定,当事人对不予立案的裁定不服,可以提起上诉,但是上诉必须以不予立案的裁定为根据。于是,有的地方法院便采取消极方式,既不立案,又不作出不予立案的裁定,从而致使当事人既无法通过诉讼获得权利救济,又无法根据裁定内容及时上诉。

为此,法律规定对于下级人民法院立案不作为的情形,当事人可以向上一级人民法院起诉。不过,需要注意以下两点:其一,当事人只可向上一级人民法院起诉,而不能越级向更高级别的人民法院起诉;其二,当事人向上一级人民法院起诉的内容,并非下一级人民法院立案不作为的行径,而是行政案件本身。换言之,针对下一级人民法院的消极行为,当事人可以向上一级人民法院投诉,或者向检察机关提起检察监督程序。而向上一级人民法院起诉,要解决的仍是案件本身是否符合起诉条件的问题。

上一级人民法院在接到当事人的起诉状后,认为符合起诉条件的,可以直接立案、审理,也可以指定其他下级人民法院立案、审理。上一级人民法院提级审理或指示其他下级人民法院异地审理,改变的只是行政诉讼案件的审级和受诉法院,突破的是案件的管辖权,并不违背行政诉讼"两审终审"原则。

适用要点

本条在适用中,需要注意以下两点:第一,上一级人民法院提级受理行政案件的前提是下一级人民法院存在既不立案、又不作出不予立案裁定的消极行为。第二,上一级人民法院收到当事人的起诉状后,要先审查案件是否符合起诉条件。如果符合起诉条件,可以直接立案审理,也可以指定其他下级人民法院立案审理。如果不符合起诉条件,则应当作出不予立案的裁定。需要注意的是,上一级人民法院对于符合起诉条件的,若是指定其他下级人民法院立案审理,则不受管辖权的约束。

第五十三条　【规范性文件的附带审查】公民、法人或者其他组织认为行政行为所依据的国务院部门和地方人民政府及其部门制定的规范性文件不合法，在对行政行为提起诉讼时，可以一并请求对该规范性文件进行审查。

前款规定的规范性文件不含规章。

条文注释

本条是关于规范性文件附带审查的规定。

一、审查范围

法律虽然赋予司法机关附带审查规范性文件的合法性问题，但在审查范围上却作了较大限制。一方面，人民法院附带审查的规范性文件，并非一般意义上的法律规范，而仅指国务院部门和地方人民政府及其部门制定的规范性文件。从效力层级上看，这些规范性文件位列于法律、法规、规章之下，制定主体不包括国务院和各级人大及其常委会。因此，国务院部门制定的部门规章以及地方人民政府制定的政府规章，都不属于人民法院的审查范围。另一方面，能够受到人民法院附带审查的规范性文件，只是因为它们与被诉行政行为存在关联性，能够为作出被诉行政行为提供法律依据。人民法院不是这类规范性文件的备案审查机关，并非所有规范性文件都要受到人民法院的审查。

二、审查方式

司法审查与备案审查最大的区别在于审查方式不同。司法审查是被动的，只能依附于个案，进行个案审查。司法审查是为了解决个案当事人之间的权利义务关系，审查结果只及于个案，而不产生普遍效力。相较之下，备案审查属于抽象审查，审查机关可以依职权进行主动审查。审查目的是维护法秩序的统一，审查结果具有普遍效力。因此，《行政诉讼法》在赋予人民法院审查权时，又规定其只能依附于个案进行"一并审查"，也即附带审查。

三、审查标准

司法机关在对规范性文件进行司法审查时，应当遵循合法性审查标准。合法性审查主要有三层含义:其一,规范性文件的制定程序应当合法,行政机关不能违反法定程序,任意出台文件,减损公民的权利或者增加公民的义务。其二,规范性文件的内容应当合法,不能与上位法相抵触,不能突破上位法为行政机关设置的权利义务边界。其三,规范性文件应遵循法律原则和法律精神,即便是对上位法作出的细化规定,也要考虑实际社会效果,不能机械地理解或适用法律条文。总之,合法性审查,不仅要求形式上要有上位法根据,而且要求实质上要符合上位法的精神和原则。

适用要点

本条在使用中,需要注意以下两点:

第一,规范性文件附带审查的特点是依附性,当事人只能在提起行政诉讼时,要求人民法院一并审查规范性文件的合法性。若当事人单独提起针对规范性文件的诉讼,则人民法院不予受理。

第二,附带审查的范围仅限于国务院部门和地方人民政府及其部门制定的规范性文件,而不包括行政规章。不仅如此,被审查的规范性文件应当是被诉行政行为作出的依据,否则二者就缺少了“依附性”。

第七章　审理和判决

第一节　一般规定

第五十四条　【公开审理原则及例外】人民法院公开审理行政案件,但涉及国家秘密、个人隐私和法律另有规定的除外。

涉及商业秘密的案件,当事人申请不公开审理的,可以不公开审理。

条文注释

本条是关于公开审理原则及例外的规定。

一、公开审理原则

"人民法院公开审理行政案件",既是一条职权性规定,也是一条义务性规定。一方面,人民法院依据职权可以决定哪些案件需要公开审理,哪些案件不需要公开审理;另一方面,凡是案件符合公开审理条件的,人民法院必须公开审理,而不能秘密审理。

二、公开审理的例外

尽管公开审理是一项基本诉讼原则,但出于公益之间以及公益与私益之间的权衡,则有必要作出例外规定,否则将会给国家利益和公民个人利益造成不当侵害。《行政诉讼法》规定了三项例外:一是涉及国家秘密的行政案件,不公开审理。国家秘密事关国家安全,具有优先保护性。若将涉及国家秘密的案件公开审理,很可能造成国家秘密的泄露,给国家安全造成不可预估的损害。二是涉及个人隐私的行政案件,不公开审理。个人隐私作为最重要的人格利益,对人性尊严的维护具有重大意义。公开审理行政案件,虽然意在保护公众的知情权和监督权,但相较人格权而言,则处于其次。三是其他法律规定不公开审理的行政案件,不公开审理。这是一项指示性规定,意在为其他法律留下创制空间,避免破坏统一的法律秩序。

三、申请不公开审理

行政案件是否公开审理,由人民法院依职权决定。但如果案件涉及商业秘密,当事人可以向人民法院提出不公开审理的申请,人民法院可以决定不公开审理。

适用要点

本条适用过程中,尤其需要注意例外规定。其中,国家秘密、个人隐私的认定,需要根据其他法律设置的标准予以识别。根据《保守国家秘密法》第2条的规定,“国家秘密是关系国家安全和利益,依照法定程序确定,在一定时间内只限一定范围的人员知悉的事项”。根据《民法典》第1032条的规定,“隐私是自然人的私人生活安宁和不愿为他人知晓的私密空间、私密活动、私密信息”。

对于涉及商业秘密的行政案件,适用该法时需注意以下三点:

第一,是否属于商业秘密,要根据《反不正当竞争法》第9条关于商业秘密的认定标准来判定。

第二,当事人提出申请是此类案件不公开审理的前置要件。如果案件涉及当事人的商业秘密,但当事人没有提出不公开审理的申请,人民法院不能主动决定不公开审理。

第三,是否公开审理,由人民法院依职权决定,并非所有涉及商业秘密的行政案件都不公开审理。

关联法规

《最高人民法院关于严格执行公开审判制度的若干规定》

第五十五条 【审判人员的回避】当事人认为审判人员与本案有利害关系或者有其他关系可能影响公正审判,有权申请审判人员回避。

审判人员认为自己与本案有利害关系或者有其他关系,应当申请回避。

前两款规定,适用于书记员、翻译人员、鉴定人、勘验人。

院长担任审判长时的回避，由审判委员会决定；审判人员的回避，由院长决定；其他人员的回避，由审判长决定。当事人对决定不服的，可以申请复议一次。

条文注释

本条是关于审判人员回避的规定。

一、回避的条件

判断是否需要回避的标准是看审判人员是否与本案存在利害关系或其他关系，以及这种关系是否会影响案件的公正审判。具体条件如下：

其一，如果审判人员是本案的当事人或者与当事人、诉讼代理人有近亲属关系，需要回避。此处所说的"近亲属"，是指与审判人员有夫妻、直系血亲、三代以内旁系血亲及近姻亲关系的亲属。

其二，如果审判人员已经担任过本案的证人、翻译人员、鉴定人、勘验人、诉讼代理人，需要回避。这是因为审判人员如果在案件审理过程中担任其他角色，基于角色定位也可能产生情感偏向。

其三，如果审判人员接受当事人、诉讼代理人请客送礼，或是违规接待当事人、诉讼代理人，需要回避。如果审判者与案件当事人或诉讼代理人存在上述往来，就无法保证其中立性。

其四，如果审判员与案件当事人或诉讼代理人是同学、同事、朋友，或彼此有过其他恩怨等可能影响公正审判的关系，需要回避。

二、回避的类型

回避有申请回避和主动回避两种类型。申请回避，是指当事人向人民法院提出申请，要求审判人员回避的情形。主动回避，是指审判人员符合回避条件，主动要求避开案件审理的情形。

三、回避的程序

申请回避是当事人的一项诉讼权利，法院应当在开庭审理之前告知当事人及其法定代理人审判人员及其他工作人员的姓名、职务等相关信息，以便其提出申请。

当事人申请回避，应当说明理由，并在案件开始审理时提出。如果是在案件开始审理后知道回避理由的,应当在法庭辩论终结前提出。被申请回避的人员,在人民法院作出是否回避决定前,应当暂停参与本案的工作。对当事人提出的回避申请,人民法院应在3日内以口头或者书面形式作出决定。对当事人提出的明显不属于法定回避事由的申请,法庭可以依法当庭驳回。申请人对驳回回避申请决定不服的,可以向作出决定的人民法院申请复议一次。复议期间,被申请回避的人员不停止参与本案的工作。

适用要点

本条在适用过程中,主要有以下几个要点:

第一,当事人提出回避申请,必须提供相应的证据证明。

第二,当事人只能申请参与案件审理的具体人员回避,而不能要求法院整体回避。

第三,如果当事人没能在法定时间内提出回避申请,案件审理结束后才发现存在回避事由的,不影响原判决的效力。

第四,无论是当事人提出回避申请,还是审判人员主动回避,都应当由人民法院按照法定程序审查决定。

关联法规

《最高人民法院关于审判人员在诉讼活动中执行回避制度若干问题的规定》

案例指引

谢某与衡东县自然资源局城乡建设行政管理案①

裁判要旨:原铁路运输法院受理本案并告知当事人本案审判人员后,因故变更合议庭成员,却在向当事人送达变更合议庭组成人员通知时一并送达了驳回起诉裁定书,该变更合议庭组成人员通知上虽告知当事人依法有权申请审判人员回避,但客观上导致当事人享有的回避权不能得到行使,构成程序违法。

---

① 参见湖南省衡阳市中级人民法院(2021)湘04行终46号案例。

第五十六条　【诉讼不停止执行原则】诉讼期间，不停止行政行为的执行。但有下列情形之一的，裁定停止执行：

（一）被告认为需要停止执行的；

（二）原告或者利害关系人申请停止执行，人民法院认为该行政行为的执行会造成难以弥补的损失，并且停止执行不损害国家利益、社会公共利益的；

（三）人民法院认为该行政行为的执行会给国家利益、社会公共利益造成重大损害的；

（四）法律、法规规定停止执行的。

当事人对停止执行或者不停止执行的裁定不服的，可以申请复议一次。

条文注释

本条是关于诉讼不停止执行原则的规定。

首先，被告认为需要停止执行的，可在诉讼程序开启后停止执行。行政诉讼中的被告，多为作出行政行为的机关。如果行政机关自己认为需要停止执行，即表示停止执行既不会影响行政权的行使，也不会影响行政管理目标的实现。此时，停止执行属于行政机关的自由裁量，不涉及司法权对行政权的干预，司法机关应当尊重行政机关的职权行为。

其次，原告或者利害关系人申请停止执行，人民法院认为该行政行为的执行会造成难以弥补的损失，并且停止执行不损害国家利益、社会公共利益的，应当裁定停止执行。此种情形下，停止执行需要原告或利害关系人提出申请，人民法院则要在公共利益与个人利益之间进行权衡。具体来讲，行政机关需考虑以下几项因素：(1)行政行为对原告或利害关系人权益的影响程度；(2)行政行为被判违法的可能性；(3)权利救济的方式和难度；(4)是否影响其他国家利益或公共利益的实现。如果行政行为的执行会给当事人的权益造成重大影响且难以弥补，停止执行又不损害国家利益、社会公共利益，那么停止执行就能避免过度侵害，减少后续的赔偿问题。

再次，人民法院认为该行政行为的执行会给国家利益、社会公共利益造成重大损害的，也应当裁定停止执行。诉讼不停止执行旨在维护社会公共利益和公共秩序，如果不停止执行会给国家利益或社会公共利益造成重大损害，那么继续执行的合法性就要受到怀疑。所以，为平衡不同公共利益之间可能出现的冲突，人民法院依职权可主动裁定停止执行行政行为。

最后，法律、法规规定停止执行的，应当裁定停止执行。这是一项兜底条款，为其他法律、法规设置的停止执行条款留下适用空间。例如，《治安管理处罚法》规定，被处罚人及其近亲属提供担保人或者交纳保证金的，行政拘留的处罚决定暂缓执行。也就是说，在治安管理领域，提供担保可停止行政拘留处罚决定的执行。需要注意的是，仅法律、法规可作此规定，规章和其他规范性文件不在此列。

适用要点

本条在适用过程中，需要考虑例外情形。对于当事人申请停止执行的，人民法院必须严格考察行政行为与当事人利益之间的相关性，判断当事人权利的可救济性。如果行政行为的执行不会给原告造成难以弥补的损失，人民法院应当优先保证行政行为的公定力。裁定行政行为停止执行，不代表行政行为已经失效。行政行为一旦作出即发生效力。只有诉讼结果出来后，才能否定行政行为的效力。

案例指引

许某诉上海市公安局徐汇区分局戒毒决定案①

裁判要旨：申请停止执行行政行为，必须考虑行政行为的执行是否会对当事人造成难以弥补的损失。本案中，公安机关出具的社区戒毒决定书，只要求许某每月定期到社区戒毒康复机构进行身体检查，其人身自由并未

① 参见上海铁路运输法院(2018)沪7101行初749号案例。

受到限制,社区戒毒决定书的执行未给其造成难以弥补的损失,于是驳回了许某的申请。

第五十七条 【先予执行】人民法院对起诉行政机关没有依法支付抚恤金、最低生活保障金和工伤、医疗社会保险金的案件,权利义务关系明确、不先予执行将严重影响原告生活的,可以根据原告的申请,裁定先予执行。

当事人对先予执行裁定不服的,可以申请复议一次。复议期间不停止裁定的执行。

条文注释

本条是关于先予执行的规定。

首先,就适用范围而言,该制度仅涉及支付抚恤金、最低生活保障金和工伤、医疗社会保险金四类案件。一般而言,抚恤金、最低生活保障金和工伤、医疗社会保险金都是公民最低限度的经济保障,涉及原告最根本的生活需要。如果行政机关不能及时履行给付义务,原告的生命健康利益随时会遭到损害。即使是出于职责考虑,行政机关也应当积极作为。

其次,就适用条件而言,该制度必须兼顾两个前提:一是原告与行政机关之间权利义务关系明确;二是不先予执行将严重影响原告的生活。"权利义务关系明确"意味着人民法院预先作出的事实假设不会存在明显的错误,原告的权利得不到及时救济,多是因为诉讼时间过长所致。而"不先予执行将严重影响原告生活",考虑的是先予执行的必要性。一方面,是否先予执行将直接影响原告的生活,二者之间具有密切的相关性;另一方面,这种影响必须达到"严重"程度,如果只是轻微影响,则不符合先予执行的适用条件。

最后,就适用程序而言,原告必须先提出申请,然后才能由人民法院作出裁定。申请是裁定先予执行的前提条件,人民法院不能在原告未提出申请的情况下,主动要求行政机关履行给付义务,否则便是对行政权的不当干预。另外,人民法院对于是否符合先予执行的条件有自由裁量权,并非当事人提出申请,就必然导向先予执行的法律后果。

适用要点

本条在适用中,要注意以下四点:

第一,先予执行的申请,必须在行政案件受理之后、未作出实体判决之前提出。先予执行是一种临时性的救济措施,不是一种独立的诉讼类型。当事人不能就先予执行单独提起诉讼。

第二,先予执行有严格的适用范围,仅限于法律规定的 4 类案件。在其他案件中,即便当事人的生活受到严重影响,也不能要求行政机关先予执行。

第三,先予执行制度的适用,必须以当事人与行政机关之间的权利义务关系明确为前提。如果当事人与行政机关之间的权利义务关系不明确,人民法院未经实体审理,将很难断定行政机关是否负有相应的给付义务。若径行要求行政机关先予执行,则极有可能导致执行错误。

第四,权利义务关系明确应当是给付关系明确,而非给付金额明确。

案例指引

某装饰城与葫芦岛市龙港区人民政府行政赔偿款案①

裁判要旨:先予执行仅限于"权利义务关系明确"的"抚恤金、最低生活保障金和工伤、医疗社会保险金",原告主张的医疗费先予执行没有权利义务关系明确的事实基础,不属于先予执行的事项,于是驳回了原告的该项诉讼请求。

① 参见辽宁省高级人民法院(2020)辽行赔终 107 号案例。

第五十八条　【拒不到庭或中途退庭的法律后果】经人民法院传票传唤，原告无正当理由拒不到庭，或者未经法庭许可中途退庭的，可以按照撤诉处理；被告无正当理由拒不到庭，或者未经法庭许可中途退庭的，可以缺席判决。

条文注释

本条是关于拒不到庭或中途退庭的法律后果的规定。

一、原告无正当理由拒不到庭或未经法庭许可中途退庭的法律后果

原告提起诉讼，是启动行政诉讼程序的首要环节。与民事诉讼一样，行政诉讼也奉行“不告不理”原则。所谓“不告不理”，即当事人没有提起诉讼，法院就无从干预。如果原告递交了起诉状，已经启动了诉讼程序，但在开庭前无正当理由拒不到庭，或在开庭后未经法庭许可中途退庭的，说明其无意通过诉讼途径获得权利救济。这种消极态度，就是一种意思表示。对此，人民法院要尊重当事人的选择，没有必要继续耗费司法资源。如果案件不涉及他人利益或是公共利益，人民法院可以按照撤诉处理，即推定当事人不再需要司法救济。

二、被告无正当理由拒不到庭或未经法庭许可中途退庭的法律后果

在行政诉讼中，被告是行政机关。如果被告无正当理由拒不到庭或未经法庭许可中途退庭，将严重损害原告的诉讼权利。因此，为避免因被告缺席导致原告诉讼权利受损，法律规定这种情形下人民法院可以作出缺席判决。缺席判决并不意味着绝对的败诉，只不过缺少被告的质证和辩论，可能产生不利于缺席方的判决结果。缺席判决不属于程序瑕疵，人民法院作出的判决结果对双方当事人依然具有法律约束力，当事人不能以缺席判决为由提起上诉。

适用要点

本条在适用中，需要注意以下四点：

第一，对原告而言，“正当理由”通常是指不可抗力或意外事件。

对于被告而言,由于出庭应诉的是行政机关负责人或其委托的其他工作人员,所以“正当理由”除了不可抗力和意外事件之外,还包括该类人员必须履行他人不能代替的公务,或因为职务调整暂时缺少负责人和相应工作人员等情况。是否具有正当理由,由人民法院审查决定。

第二,无论是撤诉处理,还是缺席判决,都属于人民法院的自由裁量权。如果案件涉及公共利益或者他人利益,人民法院也可以不同意撤诉或不作出缺席判决。

第三,如果不按照撤诉处理,原告依旧缺席或是中途退庭的,人民法院同样可以作出缺席判决。另外,第三人经传票传唤,无正当理由拒不到庭或未经许可中途退庭的,不影响案件的审理。

第四,如果人民法院按撤诉处理后,原告又以同一事实或理由提起诉讼的,根据《最高人民法院关于适用〈中华人民共和国行政诉讼法〉的解释》第60条第1款的规定,人民法院则不予立案。

案例指引

张某与天水市工商行政管理局工商行政登记案①

裁判要旨:原告提出的延期审理申请无正当理由,不属于因意外事件或者不可抗力,故决定不准予延期审理。但到了正式开庭之时,张某作为原告,与委托代理人无正当理由拒不到庭,消极应对诉讼权利,法院最终按照撤诉处理。

① 参见甘肃省陇南市中级人民法院(2017)甘12行初6号案例。

第五十九条　【妨害行政诉讼的强制措施】诉讼参与人或者其他人有下列行为之一的,人民法院可以根据情节轻重,予以训诫、责令具结悔过或者处一万元以下的罚款、十五日以下的拘留;构成犯罪的,依法追究刑事责任:

(一)有义务协助调查、执行的人,对人民法院的协助调查决定、协助执行通知书,无故推拖、拒绝或者妨碍调查、执行的;

(二)伪造、隐藏、毁灭证据或者提供虚假证明材料,妨碍人民法院审理案件的;

(三)指使、贿买、胁迫他人作伪证或者威胁、阻止证人作证的;

(四)隐藏、转移、变卖、毁损已被查封、扣押、冻结的财产的;

(五)以欺骗、胁迫等非法手段使原告撤诉的;

(六)以暴力、威胁或者其他方法阻碍人民法院工作人员执行职务,或者以哄闹、冲击法庭等方法扰乱人民法院工作秩序的;

(七)对人民法院审判人员或者其他工作人员、诉讼参与人、协助调查和执行的人员恐吓、侮辱、诽谤、诬陷、殴打、围攻或者打击报复的。

人民法院对有前款规定的行为之一的单位,可以对其主要负责人或者直接责任人员依照前款规定予以罚款、拘留;构成犯罪的,依法追究刑事责任。

罚款、拘留须经人民法院院长批准。当事人不服的,可以向上一级人民法院申请复议一次。复议期间不停止执行。

条文注释

本条是关于妨害行政诉讼的强制措施的规定。

一、妨害行政诉讼的行为

概括来讲,常见的妨害行政诉讼的行为主要有七大类,分别是拒绝协助调查,伪造、隐藏、毁灭证据或提供虚假证据,迫使他人作伪证或阻碍他人作证,隐藏、转移变卖、毁损已被查封、扣押、冻结的财产,迫使原告撤诉,扰乱法庭秩序以及对审判人员或诉讼参与人员、执行人员进行打击报复等。这七类违法行为,不仅妨碍了人民法院快捷高效地查明案件事实,而且挑战了法律的权威,严重违背了社会主义的法治要求,因此要受到法律的制裁。

二、强制措施的类型

人民法院可以采取的强制措施,按照严厉程度依次分为训诫、责令具结悔过、罚款、拘留、追究刑事责任。训诫是人民法院对妨害行政诉讼行为情节较轻的人,予以批评、教育,责令其改正的行为,是一种较轻的强制措施。具结悔过是人民法院要求行为人以书面形式检讨自己的行为,反思自己的错误,并保证不再触犯法律的强制方式。训诫和责令具结悔过,都不涉及行为人的人身权利,受损的只是他们的名誉权。而罚款、拘留和追究刑事责任,在一定程度上剥夺了行为人的财产权和自由权,更显严厉。其中,《刑法》第6章第2节专门设置了"妨害司法罪",对严重妨害诉讼的行为,可给予最严厉的制裁。

三、强制措施的实施

就训诫和责令具结悔过两种强制措施而言,可由合议庭当场作出。如果是罚款、拘留,则需经过人民法院院长批准。如果构成刑事犯罪,则属于公诉案件,人民法院需将案件移送公安机关,由公安机关立案侦查,再由检察机关审查起诉,最后才由人民法院作出刑事判决,而不能由行政审判庭当场受理。

适用要点

本条在适用中,需要注意以下三点:

第一,构成妨害行政诉讼的行为是在行政诉讼过程中产生。行政诉讼过程,是从立案到审判再到执行的过程,这个过程包括一审、二审、再审以及执行等环节。妨害行政诉讼的行为必须发生在诉讼程序开启后、结束前,人民法院才有权力予以处置。在起诉前以及执行完毕后实施的妨害诉讼的行为,应当由公安机关处理。

第二,"诉讼参与人"是指参与行政诉讼的所有人,包括原告、被告、诉讼代理人、鉴定人、证人、勘验人和翻译人员等。而"其他人"

主要是关心行政诉讼过程的旁听人员、记者等。

第三，诉讼参与人与其他人实施的行为，必须在客观上妨害了行政诉讼的正常进行，而且对法庭秩序造成了真实的影响。仅仅是意图实施妨碍行政诉讼的行为而未付诸实践，则不能构成妨害行为。

第六十条　【调解】人民法院审理行政案件，不适用调解。但是，行政赔偿、补偿以及行政机关行使法律、法规规定的自由裁量权的案件可以调解。

调解应当遵循自愿、合法原则，不得损害国家利益、社会公共利益和他人合法权益。

条文注释

本条是关于调解的规定。

一、调解的适用范围

尽管调解制度得以在行政诉讼中确立，但其适用范围却受到严格限制，仅在行政赔偿、行政补偿以及行政机关行使法律、法规规定的自由裁量权的案件中可以适用。

首先，就行政赔偿而言。《国家赔偿法》第 13 条规定，赔偿义务机关作出赔偿决定应当充分听取赔偿请求人的意见，并可以与赔偿请求人就赔偿方式、赔偿项目和赔偿数额进行协商。由此可知，行政机关虽不能任意决定履行或不履行赔偿义务，但在赔偿方式、赔偿项目和赔偿数额方面则享有自由裁量权，可以与赔偿请求人协商。赔偿请求人如有异议，可向人民法院提起诉讼。在诉讼过程中，赔偿请求人若与行政机关就赔偿的方式、项目、数额等内容达成一致意见，就可以调解结案。

其次，就行政补偿而言。所谓行政补偿，是指国家机关及其工作人员因合法行使职权给行政相对人的合法权益造成损害，或者行政相对人为了维护公共利益而使自己的合法权益受到损害，由国家进行补偿的行为。行政补偿针对的是行政机关的合法行为，补偿是为了填补个人因公共利益维护而遭受的损失。国家虽要承担补偿义务，但在补偿方式、补偿项目和补偿数额方面却可以与受害人进行协商。

最后，就行政机关享有自由裁量权的其他案件而言。立法作此规定，主要是考虑到在这类案件中，行政机关与行政相对人达成协议，以调解方式结案，本身也涵括在行政机关的自由裁量权范围内，不构成对公权力的恣意处分。

二、调解的基本要求

调解涉及公共利益与公民个人利益的协调，在适用时必须符合两个基本条件：第一，调解必须符合自愿、合法原则。调解虽然简化了诉讼程序，有利于行政纠纷的快速解决。但人民法院不能一味地追求调解率，强迫当事人接受调解。因为只有建立在自愿基础上的调解，才能促进行政争议的实质性化解。同时，调解必须遵循合法原则，能调则调，不能调则要及时作出判决。第二，调解不得损害国家利益、社会公共利益和他人合法权益。调解过程必然涉及原、被告之间的利益协调，但行政机关代表的是国家利益和社会公共利益，调解不得有损国家利益和社会公共利益，否则将失去了正当性基础。另外，任何人的合法权益都受到法律的公平保护，法院不能为了达成调解结果，而牺牲他人的合法权益。

适用要点

本条在适用过程中需把握“不调解是原则，调解是例外”的立法精神。同时应当注意，调解仅适用于行政赔偿、补偿以及行政机关行使法律、法规规定的自由裁量权的案件。如不属于这三种类型的案件，则不能适用调解。若一个案件中的部分内容符合调解条件，则可单独就该部分内容存在的争议进行调解。此外，是否进行调解，应当由人民法院决定。人民法院可以根据当事人的申请启动调解程序，也可以依据职权主动进行调解。

第六十一条 【行政附带民事诉讼】在涉及行政许可、登记、征收、征用和行政机关对民事争议所作的裁决的行政诉讼中,当事人申请一并解决相关民事争议的,人民法院可以一并审理。

在行政诉讼中,人民法院认为行政案件的审理需以民事诉讼的裁判为依据的,可以裁定中止行政诉讼。

条文注释

本条是关于行政附带民事诉讼的规定。

(1)适用的范围。行政争议和民事争议的属性不同,两者的解决逻辑和规则也存在较大差异。因此,并非所有的民事争议均可在行政诉讼中合并审理,而是需符合关联性的要求,即行政争议与民事争议是由行政主体的同一行政行为所引起或行政行为的作出不仅未解决原有的民事争议,反而引起新的民事争议。否则,不仅难以实现行政附带民事诉讼制度的目的,而且还会加重当事人和人民法院的负担,不利于争议的实质性化解。

(2)启动的方式。行政附带民事诉讼只能由民事争议当事人提起,其对于是否提起附带民事诉讼拥有选择权。如果民事争议的当事人在行政诉讼中没有提出民事诉讼请求,则法院不能依职权启动。这是基于对当事人诉权的尊重,也是民事权利自由处分原则的体现。但是,人民法院在审理行政争议中发现符合行政附带民事诉讼条件的,应当告知当事人有权提起附带民事诉讼,这是司法为民理念的彰显。

(3)审理的规则。行政附带民事诉讼本质上是一种特殊的行政诉讼。在行政附带民事诉讼中,两个诉讼有主从之分,行政诉讼处于主要地位,民事诉讼处于附属地位。如果没有行政诉讼,附带民事诉讼将不复存在。没有附带民事诉讼,则不影响行政诉讼的成立。人民法院在行政诉讼中一并审理相关民事争议的,民事争议应当单独立案,由同一审判组织审理;审理行政机关对民事争议所作行政裁决的案件,一并审理民事争议的,不另行立案。

适用要点

行政附带民事诉讼是将两种不同属性的诉讼予以合并审理，有利于减轻人民法院和当事人的负担，节约审判资源，提高审判效率。行政附带民事诉讼只能由当事人提起，其对是否提起附带民事诉讼拥有程序选择权，并且行政争议与民事争议必须具有关联性。在行政附带民事诉讼中，两个诉讼存在主从之分，行政诉讼处于主要地位，民事诉讼处于附属地位。

第六十二条　【行政诉讼撤诉】人民法院对行政案件宣告判决或者裁定前，原告申请撤诉的，或者被告改变其所作的行政行为，原告同意并申请撤诉的，是否准许，由人民法院裁定。

条文注释

本条是关于行政诉讼撤诉的规定。

从本条规定来看，理解行政诉讼撤诉制度需要注意以下三点：

一是撤诉的方式。行政诉讼撤诉可以分为明示的撤诉和默示的撤诉两种。所谓"明示的撤诉"，是指原告必须具有申请撤诉的意思表示，其又可以分为原告主动申请撤诉和原告同意申请撤诉。前者是指原告主动向人民法院申请撤诉；后者是指被告改变其所作的行政行为，原告同意并申请撤诉。所谓"默示的撤诉"，是指经人民法院传票传唤，原告无正当理由拒不到庭，或者未经法庭许可中途退庭的，可以按照撤诉处理。

二是撤诉的时间。原告申请撤诉必须在人民法院对行政案件正式宣告判决或者裁定前提出。"作出裁判"与"宣告裁判"是两个完全不同的概念，代表着不同的时间段。在我国的审判实践中，绝大部分案件都不是当庭宣判的。这意味着原告申请撤诉的权利贯穿于整个行政诉讼的全过程，可能发生在行政诉讼程序的不同阶段。原告可以在行政案件进行辩论前申请撤诉，也可以在辩论开始后甚至意识到自己行将败诉之时申请撤诉，还可以在人民法院已经作出裁判后但还未正式宣告之前申请撤诉。

三是撤诉的限制。与民事诉讼撤诉不同，行政诉讼撤诉必须经人民法院审查。是否准许撤诉，由人民法院裁定，这是构成行政诉讼撤诉的根本条件。人民法院审查的内容包括：撤诉是否出自原告的自愿，撤诉是否损害国家利益、集体利益或者公共利益，撤诉是否符合《行政诉讼法》规定的方式和时间；等等。立法者之所以确立这一限制，其意图是保护原告的合法权益，同时确保国家利益、集体利益或者公共利益不受损害。

适用要点

行政诉讼撤诉是原告起诉权的派生性权利，是诉权的具体内容，原则上原告应享有程序上的选择权。但是，考虑到行政诉讼审查的是行政行为的合法性问题，不仅涉及当事人的个人利益，而且涉及国家利益、集体利益或者社会公共利益，因此与民事诉讼撤诉不同，行政诉讼中原告提出的撤诉申请必须经人民法院审查。是否准许撤诉，由人民法院予以裁定。

第六十三条　【人民法院审判依据】人民法院审理行政案件，以法律和行政法规、地方性法规为依据。地方性法规适用于本行政区域内发生的行政案件。

人民法院审理民族自治地方的行政案件，并以该民族自治地方的自治条例和单行条例为依据。

人民法院审理行政案件，参照规章。

条文注释

本条是关于人民法院审判依据的规定。

从本条规定来看，人民法院参照规章的要点有二：

一是人民法院行政审判"参照规章"，首先要审查规章，判断规章的合法性。"参照"一词是介于"参考"和"依照"之间的一个概念，隐含审查之意，"参照规章"意味着人民法院具有对规章的审查权和选择适用权。

二是人民法院行政审判"参照规章"，如果认为行政机关在行政行为中适用的规章违法，决定在行政裁判中不予适用，那么需要在裁判文书中说明理由，但不得在裁判文书中直接对规章的效力作出处分。因为如果不允许人民法院对规章的审查过程予以公开，既不符合裁判文书的说理要求，也不利于提高人民法院裁判的公信力，规章制定机关或适用规章作出行政行为的机关也难以知晓相关情况，可能导致违法行为的再次发生。

适用要点

人民法院审理行政案件应当以事实为根据，以法律为准绳。规章是特定行政机关制定的具有法律效力的规范性文件，其效力一般低于法律法规。人民法院审理行政案件，应当参照规章，首先对规章的合法性进行审查。如果经审查认定该规章合法，那么应当予以适用，将其作为行政行为的合法性依据；如果经审查认定该规章违法，那么应当不予适用，只不过需要在裁判文书中说明理由，但不得在裁判文书中直接对规章的效力作出处分。

关联法规

《立法法》；《最高人民法院关于审理行政案件适用法律规范问题的座谈会纪要》

案例指引

白某某、山西省工伤保险管理服务中心金融行政管理（金融）再审案①

裁判要旨：人民法院审理案件时可以对规章的规定是否合法有效进行判断，对于合法有效的规章予以适用，对于不合法或无效的规章不予适用。山西省工伤保险中心仅适用《山西省实施〈工伤保险条例〉办法》的相关规定，按复查鉴定结论作出前12个月平均工资为白某某核定伤残津贴，未能考虑到上位法《工伤保险条例》第64条第2款的规定，违反了《工伤保险条例》的立法精神和原则，属适用法律不当。

① 参见最高人民法院（2019）最高法行申4686号案例。

第六十四条　【规范性文件的审查和处理】人民法院在审理行政案件中,经审查认为本法第五十三条规定的规范性文件不合法的,不作为认定行政行为合法的依据,并向制定机关提出处理建议。

条文注释

本条是关于规范性文件的审查和处理的规定。

从本条规定来看,人民法院附带审查规范性文件的要点有三:

一是人民法院应当对规范性文件的合法性进行审查。规范性文件的制定主体庞杂,制定程序亦无严格限制,导致其种类繁多,质量良莠不齐。为防止不当引用甚或滥用规范性文件,人民法院应当履行充分审查义务,判断其是否合法,并在裁判文书中载明审查过程与结果,如此方能对规范性文件的合法性形成内心确信,并完成裁判说理义务,提高判决的可接受性。

二是规范性文件不合法,不作为认定被诉具体行政行为合法的依据。实际上,最高人民法院早在 2000 年发布的《关于执行〈中华人民共和国行政诉讼法〉若干问题的解释》第 62 条规定中就已经表明了态度,"人民法院审理行政案件,可以在裁判文书中引用合法有效的规章及其他规范性文件"。2004 年最高人民法院发布的《关于审理行政案件适用法律规范问题的座谈会纪要》对此进一步明确,"这些具体应用解释和规范性文件不是正式的法律渊源,对人民法院不具有法律规范意义上的约束力。但是,人民法院经审查认为被诉具体行政行为依据的具体应用解释和其他规范性文件合法、有效并合理、适当的,在认定被诉具体行政行为合法性时应承认其效力"。2018 年最高人民法院发布的《关于适用〈中华人民共和国行政诉讼法〉的解释》第 100 条第 2 款规定:"人民法院审理行政案件,可以在裁判文书中引用合法有效的规章及其他规范性文件。"由此可见,在"规范性文件作为被诉具体行政行为合法的依据"问题上,最高人民法院一直秉持一种肯定立场,只是附加了一个基本前提,即该规范性文件本身必须合法有效。

三是人民法院应当向制定机关提出处理建议。考虑到司法与行政之间的关系，根据《宪法》《立法法》的规定，规范性文件的撤销权或变更权一直是属于人大和规范性文件的制定机关，司法机关的处理权限非常有限。在具体的行政个案中，通常仅涉及规范性文件中个别条款的不合法问题，如果将这些个别条款的问题都转送给“有权机关”也不是很有必要。因此，对于不合法的规范性文件，人民法院应当向制定机关提出司法处理建议。接受司法建议的规范性文件的制定机关应当根据有关规定负责处理，并将处理情况及时书面回复人民法院。

适用要点

规范性文件的制定主体庞杂，制定程序亦无严格限制，导致其种类繁多，质量良莠不齐。人民法院在附带审查行政行为所依据的规范性文件时，应当履行充分的审查义务，判断其是否合法，并在裁判文书中载明审查结果和理由，以提高判决的可接受性。经审查规范性文件合法的，可以将其作为认定行政行为合法的依据；经审查规范性文件不合法的，则不作为认定行政行为合法的依据。但是，考虑到司法与行政之间的关系，人民法院无权直接对该规范性文件作出处理，只能向制定机关提出处理建议。

第六十五条　【裁判文书公开】人民法院应当公开发生法律效力的判决书、裁定书，供公众查阅，但涉及国家秘密、商业秘密和个人隐私的内容除外。

条文注释

本条是关于行政裁判文书公开的规定。

从本条规定来看，人民法院行政裁判文书公开的要点有三：

一是行政裁判文书公开的内容。公开的行政裁判文书必须是已经发生法律效力的行政判决书、裁定书。生效的行政裁判文书应当全面、完整地公开，既包括裁判结果的公开，也包括裁判理由的公开，以保持案件审理的原貌，保证案件信息的完整，确保公众对裁判活动进行有效监督。

二是行政裁判文书公开的途径。第一，通过人民法院的专门出版物公开。例如,将生效行政裁判文书定期汇编成册,放置在人民法院内部档案管理部门或者文献查阅室,供公众查阅;通过出版社公开出版,提供给公共图书馆、大学图书馆或者其他相关机构,供公众查阅。第二,通过互联网公开,如中国裁判文书网、北大法宝网等。这种公开方式简单方便、成本较低,因而成为目前人民法院最主要的行政裁判文书公开渠道。

三是行政裁判文书公开的限度。在信息化、网络化的现代社会,裁判文书不单纯是一份法律文书,同时还是一个包含着多元、综合社会信息的载体。因此,行政裁判文书公开必须妥善处理好各种利益的权衡问题。比如,涉及国家秘密、商业秘密和个人隐私的行政裁判文书一般不予公开。即便是可以公开的行政裁判文书,也必须对涉及当事人隐私信息、未成年人相关信息等内容予以先行删除或作模糊化处理,公开案件基本情况即可,尽量淡化行政裁判文书公开对当事人日常社会经济生活产生的影响。

适用要点

裁判文书公开是审判公开的题中之意,有助于社会监督法院审判工作,倒逼法官依法裁判,提升司法权威和公信力。行政裁判文书公开须妥善处理好各种利益之间的权衡问题,涉及国家秘密、商业秘密或者个人隐私的行政裁判文书一般不予公开。即便是可以公开的行政裁判文书,也应当对涉及当事人隐私的信息、未成年人的相关信息等予以先行删除或做模糊化处理,尽量淡化裁判文书公开给当事人日常社会经济生活带来的负面影响。

案例指引

北京市门头沟区人民政府等与张某信息公开案①

裁判要旨:本案中,一审判决主文涉及撤销的被诉

① 参见北京市高级人民法院(2016)京行终1280号案例。

告知书和行政复议决定的二处文号，均与该判决认定的事实和判决理由不一致，属认定事实不清。一审法院发现后通过裁定进行补正属对实体内容的变更，明显不当。

第六十六条　【有关行政机关工作人员和被告的处理】人民法院在审理行政案件中，认为行政机关的主管人员、直接责任人员违法违纪的，应当将有关材料移送监察机关、该行政机关或者其上一级行政机关；认为有犯罪行为的，应当将有关材料移送公安、检察机关。

人民法院对被告经传票传唤无正当理由拒不到庭，或者未经法庭许可中途退庭的，可以将被告拒不到庭或者中途退庭的情况予以公告，并可以向监察机关或者被告的上一级行政机关提出依法给予其主要负责人或者直接责任人员处分的司法建议。

条文注释

本条是关于人民法院对有关行政机关工作人员和被告进行处理的规定。

从本条规定来看，有关行政机关工作人员和被告处理的要点有二：

一是案件移送的相关规则。首先，案件移送发生在人民法院审理案件的过程中，对于在案件审理之后发现行政机关的主管人员、直接责任人员违法违纪的，不适用本条的规定。其次，人民法院认为行政机关的主管人员、直接责任人员违法违纪或者有犯罪行为，是案件移送的前提。此处的“认为”，意味着只要存在行政机关的主管人员、直接责任人员“违法违纪或者有犯罪行为”的可能即可，不需要人民法院启动调查收集证据来充分证实其客观上的确实存在。最后，如果行政机关的主管人员、直接责任人员涉嫌

"违法违纪",人民法院应当将有关材料移送监察机关、该行政机关或者其上一级行政机关。"违法违纪"的范围很宽,包括违反政治纪律、组织纪律、玩忽职守、滥用职权等。如果行政机关的主管人员、直接责任人员涉嫌"有犯罪行为",人民法院应当将有关材料移送公安、检察机关。

二是对于藐视法庭的处理。行政诉讼与民事诉讼不同。在民事诉讼中,根据当事人处分主义原则,当事人拒不出庭或者中途退庭,人民法院可以缺席判决。但是,在行政诉讼中,作为被告的行政机关,不仅是被诉行政行为的作出主体,而且代表着国家利益和社会公共利益,其处分权受到严格限制。也正因如此,《行政诉讼法》明确规定,行政机关必须出庭应诉,其目的是维护行政机关依法行政的形象,维护国家利益和社会公共利益。在行政诉讼中,行政机关拒不出庭或者中途退庭,实际上意味着其置国家利益和社会公共利益于不顾,藐视公权力的权威,应当加以惩戒。本条规定了"公告"和"司法建议"两种措施。前者是将行政机关置国家利益和社会公共利益于不顾,藐视公权力权威的情况公之于众,施加潜在压力;后者则直接向监察机关或者其上一级行政机关提出处理建议。接受司法建议的机关,应当根据有关规定进行处理,并将处理情况告知人民法院。

适用要点

行政诉讼有其特殊性,其不仅关涉行政机关和相对人的行政争议之解决,而且涉及国家利益和社会公共利益的维护。人民法院的工作重心主要在于行政争议之解决,而对于行政机关的主管人员、直接责任人员违法违纪或者存在犯罪行为的情况以及行政机关拒不出庭或者中途退庭等藐视法庭的情况,人民法院无须证实其客观上确实存在,也无权直接对该行为进行处理,只能将其移送给法定机关处理,并提出相关司法建议。

第二节 第一审普通程序

第六十七条 【发送起诉状和提出答辩状】人民法院应当在立案之日起五日内,将起诉状副本发送被告。被告应当在收到起诉状副本之日起十五日内向人民法院提交作出行政行为的证据和所依据的规范性文件,并提出答辩状。人民法院应当在收到答辩状之日起五日内,将答辩状副本发送原告。

被告不提出答辩状的,不影响人民法院审理。

条文注释

本条是关于人民法院向被告发送起诉状和被告向人民法院提出答辩状的规定。

从本条规定来看,有关行政机关工作人员和被告处理的要点有三:

一是人民法院应当在立案之日起五日内,将起诉状副本发送被告。其目的是使被告能够尽快了解原告起诉的内容以及具体的诉讼请求,以便被告为应诉作必要、充分的准备,向人民法院提出答辩状或者在开庭审判时进行答辩。

二是被告应当在收到起诉状副本之日起十五日内向人民法院提交作出行政行为的证据和所依据的规范性文件,并提出答辩状。这是被告对于原告向人民法院提出的起诉及其诉讼请求进行反驳的一种体现。其中的关键是被告向人民法院提交的应是其作出行政行为时就已经收集好的证据、所依据的规范性文件。

三是被告不提出答辩状的,不影响人民法院审理。被告提供答辩状是其诉讼权利的一种。权利与权力不同,前者是可以自由处分和放弃的。

适用要点

为了使被告能够尽快了解原告起诉的内容以及具体的诉讼请求,以便被告为应诉作必要、充分的准备,人民法院应当在立案之日起五日内,将起诉状副本发送被告。被告提交答辩状是其诉讼权利的一种。权利与权力不同,是可以自由处分和放弃的。如果被告在收到人民法院发送的原告起诉状后,在十五日内不向人民法院提交答辩状,意味着其自行放弃提交答辩状的权利,自行承担不利后果,而不影响人民法院对案件的审理。

第六十八条 【审判组织形式】人民法院审理行政案件,由审判员组成合议庭,或者由审判员、陪审员组成合议庭。合议庭的成员,应当是三人以上的单数。

条文注释

本条是关于行政诉讼审判组织形式的规定。

审判组织,是指人民法院审理案件的内部组织形式。根据审理案件的性质之不同,可以分为刑事审判组织、民事审判组织和行政审判组织。人民法院审理案件的组织形式通常有两种:独任制、合议制。根据《人民法院五年改革纲要》第22条之规定,人民法院的审判委员会是人民法院内部的最高审判组织。

从本条规定来看,有关行政诉讼审判组织形式的要点有二:

一是人民法院在行政诉讼审判中原则上采取合议制的形式。人民法院的审判组织形式主要有两种,即合议制与独任制。其中,合议制是一种集体审判制度,是人民法院审判案件的基本组织形式,合议庭则是实现这种集体审判制度的载体;独任制是由审判员一人独任审判的制度。人民法院在行政诉讼审判中原则上采取合议制的形式,只有在审理特定的第一审行政案件,且人民法院认为该案事实清楚、权利义务关系明确、争议不大的,或者虽然不属于上述情况,但当事人各方同意的第一审行政案件,方可采取简易程序,即由审判员一人独任审理。这样既可以保证办案质量,又可以节省司法资源,便于人民法院集中力量处理比较重大、复杂的案件。

二是行政诉讼合议制的规则。合议制是民主集中制在人民法院审理案件时的具体应用和体现。在人员组成上,要么由审判员和陪审员共同组成合议庭，要么全部由审判员组成合议庭。合议庭的人员，应当是三人以上的单数，这样有利于合议庭在评议案件出现意见分歧时作出决定。合议庭应当由人民法院院长或者庭长指定审判员1人担任审判长，人民陪审员参加合议庭审判案件时，不能担任审判长；在运作规则上，合议庭成员的地位是平等的，陪审员作为合议庭的组成人员，在整个审判过程中与审判员具有同等的权利。合议庭评议案件时，实行少数服从多数的原则，这样有利于发挥集体的智慧，集思广益，防止主观片面、个人专断和徇私舞弊。

适用要点

人民法院在行政审判中原则上采取合议制的形式。合议制是民主集中制在人民法院审理案件时的具体应用和体现。在人员组成上，要么由审判员和陪审员共同组成合议庭，要么全部由审判员组成合议庭。合议庭的人员，应当是三人以上的单数，在评议案件时实行少数服从多数的原则。这样有利于合议庭出现意见分歧时作出决定，集思广益，防止个人专断。

案例指引

徐某某与长沙市望城区人民政府信息公开纠纷案①

裁判要旨：《行政诉讼法》第68条规定："人民法院审理行政案件，由审判员组成合议庭，或者由审判员、陪审员组成合议庭。合议庭的成员，应当是三人以上的单数。"《人民法院组织法》第9条第2款规定："人民法院审判第一审案件，由审判员组成合议庭或者由审判员和人民陪审员组成合议庭进行……"第36条规定："各级人民法院按照需要可以设助理审判员，由本级人民法院任免。助理审判员协助审判员进行工作。助理审判员，由本院院长提出，经审判委员会通过，可以临时代行审判员职务。"由此可见，合议庭既可以全部是审判员，也可以由

① 参见湖南省高级人民法院(2017)湘行终1456号案例。

审判员、陪审员组成。在特殊情况下,审判员职务可由助理审判员临时代行。本案中,原审合议庭组成人员为两名审判员、一名助理审判员,其人员组成及形式符合上述法律的规定。上诉人认为原审合议庭的组织形式违法,因为有助理审判员的参与,而不是由审判员或审判员、陪审员组成的合议庭。此看法系对法律理解有误,人民法院不予支持。

第六十九条 【驳回原告诉讼请求判决】行政行为证据确凿,适用法律、法规正确,符合法定程序的,或者原告申请被告履行法定职责或者给付义务理由不成立的,人民法院判决驳回原告的诉讼请求。

条文注释

本条是关于驳回原告诉讼请求判决的规定。

驳回原告诉讼请求判决是2000年《最高人民法院关于执行〈中华人民共和国行政诉讼法〉若干问题的解释》第56条新增加了一种判决形式。实践中,驳回诉讼请求与驳回起诉容易混淆,其实两者有如下两点不同:第一,驳回起诉否定的是当事人程序上的请求权,而驳回诉讼请求否定的是当事人的实体请求权;第二,驳回起诉采用裁定方式,而驳回诉讼请求则采用判决形式。

从本条规定来看,有关驳回原告诉讼请求判决的要点有二:

一是人民法院对于形成诉讼,应当继续坚持对行政行为的合法性审查。基于客观诉讼的定位和要求,人民法院审查的是行政行为的合法性,而不是审查原告的诉讼请求。原告请求撤销或者变更行政行为的,人民法院应当首先审查行政行为的合法性,而不能放弃其司法审查职责,不审查行政行为的合法性,相反专门去审查原告的诉讼请求是否成立,从而导致出现"人民法院和被告一起审原告"的现象。本条规定了人民法院必须在"行政行为证据确凿,适用法律、法规正确,符合法定程序……"的情况下,才能判决驳回原告的诉讼请求。

二是驳回原告诉讼请求的判决还适用于给付诉讼。给付诉讼是指原告向被告主张给付请求权,并要求人民法院对此作出给付判决的请求。这里的给付,并不仅仅指被告对原告金钱或实物的交付,还包括被告履行原告所要求的行为。这实际上确立了课予义务诉讼和一般给付诉讼两种"给付诉讼"。在给付诉讼中,原告要求人民法院判令被告作出一定行为或者给付一定物品、金钱。被告没有作出行政行为,也就没有必要对自己未作出的行政行为承担举证责任。此时,举证责任基本上都在原告自己。原告如果不能提供证据证明自己的主张,那么就说明其申请被告履行法定职责或者给付义务的理由不成立,人民法院就可以判决驳回原告的诉讼请求。

适用要点

驳回诉讼请求是指在人民法院受案后,通过开庭审理,认为被告的行政行为不存在任何问题或者原告申请被告履行法定职责或者给付义务理由不成立,从而对当事人实体请求权所作出的一种否定评价,是一种常见的判决形式,只能发生在案件庭审结束之后,通俗说就是作为原告的你没有告赢。驳回诉讼请求的判决书生效后,诉讼主体不能就同一诉讼请求和事实向人民法院重新提起诉讼,否则人民法院应依法裁定不予受理。

第七十条　【撤销判决和重作判决】行政行为有下列情形之一的,人民法院判决撤销或者部分撤销,并可以判决被告重新作出行政行为:

(一)主要证据不足的;

(二)适用法律、法规错误的;

(三)违反法定程序的;

(四)超越职权的;

(五)滥用职权的;

(六)明显不当的。

条文注释

本条是关于撤销判决和重作判决的规定。

其中，撤销判决是人民法院最常用，也是最常规的一种判决形式。行政行为一旦违法，一般都应予以撤销。这是人民法院的审理重心所在，是对行政行为合法性的一种处理；重作判决则不是一个独立的判决形式，它是撤销判决的一种附属判决。因为撤销判决只是对行政行为合法性的处理，视为行政机关未作出任何行政行为。为督促行政机关依法履行职责，使行政法律关系中的具体问题得到全面解决，公共利益和个人利益得到切实保护，需要还作出重作判决。

从本条规定来看，有关撤销判决和重作判决的要点有二：

一是撤销判决的适用情形。本条详细列举了撤销判决适用的六种情形，但归纳起来主要有两种，即行政行为违法和行政行为明显不当。行政行为违法包括主要证据不足、适用法律法规错误、违反法定程序、超越职权以及滥用职权等情形。对于行政行为违法，人民法院首先应当将其全部撤销，如是部分违法的情况，人民法院则可以只撤销其违法的部分，维持正确的部分。行政行为明显不当本质上属于合理性的范畴，按照传统观点，人民法院应当恪守一种谦抑性，以表达对行政机关自由裁量权的尊重。但是，行政行为明显不当，通俗地说，就是行政行为严重违反行政合理性原则，主要是指行政行为虽然形式上没有违反法律法规的强制性规定，却明显违背法律法规的立法目的和精神，客观上明显不公平、不合理、不适当的损害了社会公共利益或者他人的利益。对于这种情形，如果片面强调合法性审查原则，忽视对行政行为合理性的审查，就无法真正做到行政争议的实质性化解，更无法回应人民群众对行政审判的新要求和新期待。

二是重作判决的适用条件。《行政诉讼法》确立了“重作判决”这一形式，但并不是所有的行政行为被撤销后，都要判决重作，而是需要具备一定条件。首先，行政行为被判决撤销。撤销判决是重作判决的前提，没有撤销判决，也就没有重作判决。因行政行为被撤销后,行政行为失去法律效力,其确定的权利义务也不再存在,当事人之间的关系恢复到原来的状态,这时行政机关才可能重新作出行政行为。在行政行为仍存在的情况下,无论是判决维持、驳回诉讼请求,还是确认违法等,都不能适用重作判决。其次,行政行为有重作的必要性。这种必要性就是撤销违法的行政行为,将会给国家利益、公共利益或他人合法权益造成损失。也就是说,国家利益、公共利益或他人合法权益需要被告重新作出行政行为来予以保护,否则将会带来损失。最后,行政行为有重作的可能性。人民法院在审查行政行为时,根据各方提供的证据证明的事实和法律规定,可以看出行政行为是否具有重作的可能性。这种可能性主要有两个方面:(1)被告具有应解决问题的法定职权。如果人民法院以超越职权为由撤销行政行为,就不存在判决被告重作的问题。(2)有行政机关可以处理的事实依据。人民法院根据现有的证据材料认定有被告可以处理的事实,判决被告重作才有事实上的可能性。如果完全没有事实依据的行政行为,也就没有判决重作的可能性。

适用要点

撤销判决和重作判决是人民法院最常用的判决形式。然而,重作判决不是一个独立的判决形式,它是撤销判决的一种附属判决,是为了使行政法律关系中的具体问题得到全面解决,公共利益和个人利益得到切实有效保护。一般而言,行政行为违法或者明显不当,人民法院都应当作出撤销判决。但是,并不是所有的行政行为被撤销后,人民法院都需要作出重作判决,而是需要满足一定条件,即行政行为有重作的必要性和可能性。

第七十一条　【重作判决对被告的限制】人民法院判决被告重新作出行政行为的,被告不得以同一的事实和理由作出与原行政行为基本相同的行政行为。

条文注释

本条是关于重作判决的进一步规定。

行政行为因违法或者明显不当被人民法院判决撤销后，如有必要且可能，人民法院应当在判决撤销的同时责令被告重新作出行政行为，并在判决书中对撤销行政行为的原因作出详细说明。在此情况下，被告不得以同一的事实和理由作出与原行政行为基本相同的行政行为。这是对被告改变原行政行为的一种限制性规定。

从本条规定来看，有关重作判决限制性规定的要点有二：

一是适用情形。被告以同一的事实和理由作出与原行政行为基本相同的行政行为一般有两种情形。一种是原行政行为认定的事实是错误的，被告又根据这一错误事实作出与原行政行为基本相同的行政行为；另一种是原行政行为认定的事实是正确的，但是理由是错误的，如没有依据法律规定处理，被告根据同一事实处理时，又以同样的理由作出与原行政行为基本相同的行政行为。上述两种情形实际上是对人民法院生效判决的藐视，属于拒不履行人民法院生效判决。对此，人民法院可以直接适用《行政诉讼法》第 90 条之规定，采取系列行政判决执行措施，以维护司法权威。

二是例外情形。首先，人民法院判决被告重新作出行政行为，被告重新作出的行政行为与原行政行为的结果相同，但是主要事实或者主要理由有改变的，不属于本条所规定的情形。也即，判断事实和理由同一性的标准是主要事实和主要理由是否一致，仅仅是次要事实和次要理由的改变则不影响定性和处理。其次，人民法院以违反法定程序为由判决撤销行政行为的，行政机关重新作出行政行为不受本条的约束和限制。这是因为事实和理由都属于实体问题，违反法定程序固然可能会影响实体处理的结果，但是两者之间并无必然联系。被告不是以同一事实和理由重新作出的行政行为，原告不服的，可以针对该行政行为另行向人民法院提起行政诉讼。

适用要点

重作判决的目的在于督促行政机关依法履行职责，使行政法律关系中的具体问题得到全面解决，公共利益和个人利益得到切实有效保护。如果被告以同一事实和理由作出与原行政行为基本相同的行政行为,则明显违背重作判决之目的,同时也是对人民法院生效判决的藐视。然而,如果被告重新作出的行政行为与原行政行为的结果相同,但主要事实或者主要理由有改变的,不属于本条所规定的情形。人民法院以违反法定程序为由判决撤销行政行为的,行政机关重新作出行政行为不受本条的约束和限制。

第七十二条 【履行判决】人民法院经过审理,查明被告不履行法定职责的,判决被告在一定期限内履行。

条文注释

本条是关于履行判决的规定。

人民法院经过对行政案件的审理,认定被告具有不履行或拖延履行法定职责的情形,作出责令被告在一定期限内履行法定职责的判决。履行判决实质上就是解决行政不作为的问题。

从本条规定来看,有关人民法院履行判决的要点有二:

一是行政机关法定职责的存在。这是人民法院适用履行判决的前提。行政机关法定职责的含义不能局限于"法律法规规章规定的职责",还应当包括"被法律法规规章认可的职责"。具体而言,主要有以下四类:(1)法律法规规章明确规定的行政机关应当履行的义务,这是行政机关法定职责的主要来源。(2)行政合同等合意行为产生的履行义务。例如,行政机关与房屋所有权人签订了征收安置补偿协议,约定在特定区域实行产权置换。行政机关须严格履行这一合同约定。(3)行政机关先行行为引起的履行义务。例如,行政机关依法拆除违章建筑,使用爆破手段对周围房屋造成了损害而产生的恢复原状的行政义务。(4)信赖利益引发的履行义务。例如,行政机关在招商引资过程中承诺给予企业税收减免等优惠政策。企业投资后,行政机关应当履行这些承诺,否则就要对企业的信赖利益予以补偿。

二是行政机关不履行法定职责。这是人民法院适用履行判决的根据。行政机关不履行法定职责的表现形式多种多样,归纳起来主要有明示的不履行和默示的不履行两种。前者如行政机关直接明确地向当事人表示不履行法定职责；后者如行政机关对当事人的申请不理不睬或者模棱两可。当然，无论是明示的不履行，还是默示的不履行，都必须是在法定期限过后才构成不履行法定职责。行政机关虽然一开始有明确的拒绝行为或者对当事人的申请不理不睬、模棱两可，但最后还是在法定期限内履行了法定职责，法律对此仍然是认可的。此外，行政机关履行法定职责应当遵循全面履行的原则。行政机关如果只是履行了部分职责，也构成不履行法定职责。例如，相对人向行政机关提出了数个行政许可申请，行政机关在法定期限内只对部分申请作了核准，而对其他申请则一直未予答复或者处理。

适用要点

履行判决实质上就是解决行政不作为的问题。人民法院作出履行判决必须满足三个条件：一是行政机关法定职责的存在，该“法定职责”的含义不能局限于“法律法规规章规定的职责”，还应当包括“被法律法规规章认可的职责”，如行政机关先行行为引起的履行义务等；二是行政机关不履行法定职责，其表现形式多种多样，归纳起来主要有明示的不履行和默示的不履行两种；三是行政机关履行法定职责还具有实际意义。

案例指引

本溪某某耐火材料有限公司诉本溪满族自治县人民政府行政补偿案①

裁判要旨：根据《行政许可法》《最高人民法院关于审理行政许可案件若干问题的规定》的相关规定，当事人就行政补偿问题在向人民法院起诉前必须经过行政机关先行处理。故此，针对某某公司“请求人民法院依法确认

① 参见辽宁省高级人民法院（2021）辽行终450号案例。

本溪县政府不履行法定职责的行为违法，并责令本溪县政府作出行政补偿决定”的诉讼请求，一审人民法院应当重点审查本溪县政府是否具有履行行政补偿的法定职责、湘泉公司是否向本溪县政府提出过补偿申请、本溪县政府是否收到补偿申请以及是否作出相应处理等事实。一审人民法院对上述基本情况均未作审查和认定，属事实不清。

第七十三条　【给付判决】人民法院经过审理，查明被告依法负有给付义务的，判决被告履行给付义务。

条文注释

本条是关于给付判决的规定。

与其他判决类型相比，给付判决既非对配套司法解释已有规定的吸收，又非已有判决类型的延伸，系2014年《行政诉讼法》修改时新增的条款，因其标志着政府职能从管制开始向管制、服务并重转变，象征着司法对社会需求和实质正义的回应，被学者称为判决类型中最大的变化。给付判决的目的是弥补履行判决在功能上的不足。

从本条规定来看，有关人民法院给付判决的要点有二：

一是给付判决与履行判决。给付判决和履行判决，实际上都是源于行政机关不作为、不履行法定职责。只不过，前者是行政机关不履行一定的金钱或财产给付义务，其标的是金钱或财产；后者是行政机关不履行一定行为，其标的是行政行为。2017年《最高人民法院关于适用〈中华人民共和国行政诉讼法〉的解释》第92条即规定，原告申请被告依法履行支付抚恤金、最低生活保障待遇或者社会保险待遇等给付义务的理由成立，被告依法负有给付义务而拒绝或者拖延履行义务的，人民法院可以根据《行政诉讼法》第73条的规定，判决被告在一定期限内履行相应的给付义务。因为金钱或财产给付与行为给付存在明显差别，它不仅具有直接的财产内容，而且义务非常具体，法院没有必要将“球”踢回行政机关重新处理，完全可以也应当直接通过给付判决彻底解决行政争议，实现案结事了。

二是给付判决的具体内容。关于给付判决的具体内容，《行政诉讼法》仅规定了“判决被告履行给付义务”，但2017年《最高人民法院关于适用〈中华人民共和国行政诉讼法〉的解释》在此基础上改为“判决被告在一定期限内履行相应的给付义务”。“一定期限内”和“相应的”两项要素均有限定给付义务内容的功能。“一定期限内”要求人民法院在裁判中言明履行给付义务的期限。这里的“一定期限内”并非法定期限或约定期限，而应理解为合理期限。在司法实践中，人民法院“考虑到经过诉讼之后，行政机关耽误的履行期限已经较长，可以酌情确定少于法定或约定的期限要求行政机关履行”。如果说，“一定期限内”仅是程序性限制的话，“相应的”则构成对给付义务内容的实体性限制，可以理解为，人民法院应当判决被告履行原告申请的内容明确的给付义务。在适用给付判决的案件中，原告所申请的给付义务往往已被行政机关作出的行政行为所确定，或者已为法律规范所规定，内容是非常明确的，人民法院仅需通过查明事实、适用法律即可确定，此时人民法院已经具备代替行政机关行使行政权的可能。

适用要点

本条是关于给付判决的规定。给付判决系2014年《行政诉讼法》初创，被学者称为行政诉讼判决类型中“最大的变化”，其目的是弥补履行判决在功能上的不足。给付判决主要针对的是行政机关不履行一定的金钱或财产给付义务，其标的是金钱或财产。金钱或财产给付与行为给付存在明显差别，具有直接的财产内容，因而给付判决的内容通常非常具体，主要体现在程序和实体两个方面。在程序方面，人民法院需要在裁判中言明被告履行给付义务的期限；在实体方面，人民法院需要在裁判中明确被告履行给付义务的内容。

第七十四条　【确认违法判决】行政行为有下列情形之一的，人民法院判决确认违法，但不撤销行政行为：

（一）行政行为依法应当撤销，但撤销会给国家利益、社会公共利益造成重大损害的；

（二）行政行为程序轻微违法，但对原告权利不产生实际影响的。

行政行为有下列情形之一，不需要撤销或者判决履行的，人民法院判决确认违法：

（一）行政行为违法，但不具有可撤销内容的；

（二）被告改变原违法行政行为，原告仍要求确认原行政行为违法的；

（三）被告不履行或者拖延履行法定职责，判决履行没有意义的。

条文注释

本条是关于确认违法判决的规定。

从本条规定来看，有关人民法院确认违法判决的要点有二：

一是法益衡量的结果。人民法院在对行政行为进行合法性审查之后，认为行政行为违法的，在一般情况下，应当作出撤销判决。但有时候，撤销行政行为将会给国家利益、社会公共利益造成重大损害。在这种情况下，人民法院经过法益衡量，为了维护国家利益、社会公共利益，应当作出确认行政行为违法的判决。

二是现实考量的结果。人民法院在对行政行为进行合法性审查之后，认为行政行为违法或者行政机关不履行法定职责，在一般情况下，应当作出撤销判决或者履行判决。但有时候，行政行为确实不具有可撤销内容，客观上无法撤销。

适用要点

确认违法判决是对行政行为的违法性予以宣告，但不对行政行为进行任何实质性处理，其目的是弥补撤销判决功能之不足。确认违法判决主要适用于两种情形:一是法益衡量的结果。行政行为虽然违法,但判决撤销该行政行为将会给国家利益、社会公共利益造成重大损害。二是现实考量的结果。行政行为虽然违法,但确实不具有可撤销内容,或者行政机关不履行法律职责确实成立,但判决行政机关履行法定职责已经没有现实意义,或者行政机关在行政诉讼过程中已经改变原违法行政行为等。

第七十五条　【确认无效判决】行政行为有实施主体不具有行政主体资格或者没有依据等重大且明显违法情形,原告申请确认行政行为无效的,人民法院判决确认无效。

条文注释

本条是关于确认无效判决的规定。

从本条规定来看,有关人民法院确认无效判决的要点有二:

一是无效行政行为和违法行政行为。首先,无效行政行为是重大且明显的违法,达到了“匪夷所思”的地步;违法行政行为则只是一般的违法。其次,无效行政行为自始无效、当然无效、绝对无效。也即,不论行政行为什么时候被确认无效,无效的时间必须从该行为作出之日起算。人民法院依法确认行政行为无效,仅仅是对该行为本身事实的宣告而已。行政行为所包含的意思表示完全不被法律承认,各方当事人可以视作该行为不存在和从未存在过。最后,无效行政行为赋予了相对人及利害关系人对抗权和不受期限限制的诉权两项权利。相对人及利害关系人在任何阶段都可以拒绝执行无效行政行为,不因拒绝而被追究法律责任。有权机关确认某无效行政行为无效,或者当事人对该无效行政行为提起“无效之诉”,不受起诉期限和其他期限的限制。有权机关确认某行政行为无效,或者当事人要求有权机关确认某行政行为无效,任何时候都可以发动和进行。

二是重大且明显违法的情形。无论是“重大”,还是“明显”,均是不确定概念,重大且明显违法的具体情形主要散落在各法律法规规章以及司法解释之中。

适用要点

确实无效判决主要针对的是行政行为重大且明显违法的情形，如行政行为实施主体不具有行政主体资格、行政行为没有依据、行政行为的内容客观上不可能实施等。无效行政行为自始无效、当然无效、绝对无效。也即，不论行政行为什么时候被确认无效，无效的时间必须从该行政行为作出之日起算。相对人及利害关系人在任何阶段都可以拒绝执行无效行政行为。当事人对该无效行政行为提起“无效之诉”，也不受起诉期限的限制。

案例指引

王某某诉吉林省长春市绿园区人民政府确认征补协议无效案①

裁判要旨：本案中，案涉《住宅房屋附着物征迁补偿协议书》载明的签订时间为2016年12月15日，再审申请人王某某陈述该协议实际签订时间为2017年7月6日，时间节点均在2015年5月1日之后。因此，根据《最高人民法院关于适用〈中华人民共和国行政诉讼法〉的解释》的规定，王某某请求确认2015年5月1日之后签订的行政协议无效，是不受起诉期限限制的，人民法院应当予以受理。

第七十六条　【确认违法和无效判决的补充规定】人民法院判决确认违法或者无效的，可以同时判决责令被告采取补救措施；给原告造成损失的，依法判决被告承担赔偿责任。

---

①　参见最高人民法院（2020）最高法行再341号案例。

条文注释

本条是关于确认违法和无效判决的补充规定。

1. 补救和赔偿的前提

本条是对74条确认违法判决、75条确认无效判决的补充规定，法院在适用74条、75条时，可以与本条一起适用。也即，适用本条的前提是法院作出确认违法判决或作出确认无效判决，否则法院不能直接判决责令采取补救措施或判决承担赔偿责任。

2. 补救措施的内容

补救措施包括使违法行为失去效力的措施，以及消除争议、缓解矛盾的措施。如规划许可是违法的，小区绿地建成了车库，该规划许可由于涉及社会公共利益只能判决确认违法，但法院还可以同时要求被告与开发商协商，增加小区绿化面积或者降低车库价格等。因此，具体判决需要有明确的指向性和可执行性，以实质性解决纠纷为目标，达到化解纠纷的目的。

适用要点

(1)行政行为被人民法院判决确认违法或者无效均可适用。

(2)人民法院对于是否判令被告采取补救措施享有自主裁量权，也可以只作出违法或者无效的判决。法院根据实际情况，应主要考虑违法或者无效的情形是否需要采取补救措施纠正。但给原告造成损失的，法院应当依法判决被告承担赔偿责任。

(3)是否判决采取补救措施或承担赔偿责任，还要在原告的诉讼请求范围内。如果原告诉讼请求没有提出要求行政机关采取相应补救措施，或是要求行政机关赔偿损失，人民法院不能自主裁判。人民法院可以在原告诉请不明时予以释明，也可以在原告未提出诉求时，告知可另行提起补救措施诉讼或赔偿诉讼，赔偿损失的证明责任在原告。

第七十七条　【变更判决】行政处罚明显不当，或者其他行政行为涉及对款额的确定、认定确有错误的，人民法院可以判决变更。

人民法院判决变更，不得加重原告的义务或者减损原告的权益。但利害关系人同为原告，且诉讼请求相反的除外。

条文注释

本条是关于变更判决的规定。

1. 变更判决的情形

本条第1款明确了两类情形可以适用变更判决：一是行政处罚明显不当。明显不当主要表现为处罚决定的畸轻畸重，由于已属极不合理，故视为违法情形。对于其他行政行为明显不当的，不能适用变更判决，人民法院只能作出撤销判决；对于重大且明显违法的行政行为，也不能适用变更判决，人民法院可确认无效。二是其他行政行为中对款额的确定或认定确有错误的。所谓“涉及对款额的确定、认定确有错误”，通常是指被诉行政行为涉及的钱款的具体数字确定，或者与款额相关联的权利归属的认定出现错误。

2. 禁止不利变更原则

本条第2款确立了诉讼禁止不利变更原则，该原则源于18世纪初期德国“确定力理论”，在行政复议、行政诉讼及刑事诉讼中，我国法律法规已经明确规定了禁止不利变更原则。在行政诉讼中，禁止不利变更原则的目的是保障原告在认为行政机关和行政机关工作人员的行政行为侵犯其合法权益时，能够通过法定途径维护其合法权益。

适用要点

(1)考虑变更判决涉及司法权与行政权的界限划分，原则上法院不能替代行政机关作出行政行为，也不能替代行政机关决定行政行为内容，司法实践中，除符合本条规定的条件之外，变更判决运用不能随意扩大。

(2)虽然本条规定于一审程序，而且适用于“原告”，但禁止不利变更原则并非只能在一审程序中适用，亦包括二审程序中的上诉人、审判监督程序中的再审申请人。

案例指引

广西壮族自治区隆林各族自治县新州镇某村民委员会某农业经济合作社与广西壮族自治区隆林各族自治县人民政府等山林确权行政裁决及行政复议案①

裁判要旨：本案一审判决驳回六某社的诉讼请求，主要事实不清、证据不足；二审依法予以纠正，原本已经作出正确的判断。而且，根据二审判决对证据和法律的分析、论证，争议地应当属六某社集体所有。在此情形下，二审判决本应适用《行政诉讼法》第77条第1款规定，直接将争议地权属判决归六某社集体所有，但却根据《行政诉讼法》第70条规定，判决撤销4号处理决定和7号复议决定，责令隆林县政府重新作出处理决定。该判决违背行政诉讼法实质化解行政争议的立法目的，适用法律和判决方式错误，依法应予改判。

第七十八条　【行政协议履行及补偿判决】被告不依法履行、未按照约定履行或者违法变更、解除本法第十二条第一款第十一项规定的协议的，人民法院判决被告承担继续履行、采取补救措施或者赔偿损失等责任。

被告变更、解除本法第十二条第一款第十一项规定的协议合法，但未依法给予补偿的，人民法院判决给予补偿。

① 参见最高人民法院（2019）最高法行再134号案例。

条文注释

本条是关于行政协议履行及补偿判决的规定。

1. 行政协议及行政协议争议

本条适用的行政协议系本法第12条第1款第11项规定的协议,即“政府特许经营协议、土地房屋征收补偿协议等协议”。行政协议争议大体分为两类:一是因行政机关的履约行为产生的行政协议争议,即公民、法人或者其他组织认为行政机关不依法履行、未按照约定履行行政协议;二是因行政机关单方作出行政行为产生的行政协议争议,即公民、法人或者其他组织认为行政机关违法变更、解除行政协议。

2. 行政协议履行违法及合法的情形

本条第1款对行政协议履行违法的情形进行了约定,行政协议履行违法主要有四类:不依法履行、未按照约定履行、违法变更和违法解除。这四类情形涵括了行政机关违法违约的全部情形,但互相之间有些交叉,如违法解除可能导致行政机关不履行行政协议,违法变更可能导致行政机关未按照约定履行。不依法履行,主要是指行政机关拒绝履行行政协议。《民法典》规定,不履行合同就要承担违约责任。与民事合同不同的是,有些法律规定行政机关为了社会公共利益需要可以不履行行政协议,因此这里规定的是“不依法履行”。未按照约定履行,是指行政机关履行了行政协议,但未完全按照行政协议的约定履行,需要承担相应违约责任。违法变更和解除,是指行政机关单方违法变更、解除行政协议。

3. 责任承担方式

对于本条规定的违约责任承担方式,应结合原告的诉讼请求区分处理:被告能够继续履行的,判决被告继续履行,并明确继续履行的具体内容;被告无法履行或者继续履行无实际意义的,可以判决被告采取相应的补救措施;给原告造成损失的,判决被告予以赔偿;变更、解除协议合法但没有给予补偿的,判决被告给予补偿。

适用要点

本条第1款的适用条件是被诉行政协议行为违法情形下的责任

判决方式；第 2 款是被诉行政协议行为合法情形下的责任判决方式。责任判决方式不能单独适用。对于被诉行政协议行为的合法性，人民法院应当依法作出判断，在此基础上才能考虑对原告的赔偿或补偿问题。因此，法院审查行政协议争议，不仅要审查其合约性，更要审查其合法性。合法性要看有没有相关法律、行政法规、规章的依据，是否符合法定变更、解除情形。需要指出的是，较低层级的规范性文件能否授权行政机关单方解除、变更协议，这涉及合法与合约的关系，需要在相关实体法中予以研究和规定，由于涉及当事人合法权益，原则上规章以外的规范性文件不应作出限制当事人合法权益的规定。

案例指引

潍坊市高新技术产业开发区管理委员会与刘某福、刘某未按照约定履行土地出让协议义务案[①]

有章

裁判要旨：本案中，2018 年 5 月 25 日潍坊高新区管委会出具《告知函》，明确因为国家法律政策调整，不再履行 49 号土地出让协议义务，协商补偿事宜。对于不履行协议义务行为的合法性，人民法院应当依法作出判断，在此基础上才能考虑对原告的赔偿或补偿问题。

第七十九条　【复议决定和原行政行为一并裁判】复议机关与作出原行政行为的行政机关为共同被告的案件，人民法院应当对复议决定和原行政行为一并作出裁判。

---

① 参见最高人民法院(2020)最高法行申 5229 号案例。

条文注释

本条是关于复议决定和原行政行为一并裁判的规定。

1. 共同被告制度

2014年修正《行政诉讼法》后，我国行政诉讼制度确立了行政复议维持原行政行为由复议机关和原行为机关作共同被告，人民法院对复议决定和原行政行为一并审查一并裁判的新型制度。复议机关决定维持原行政行为的，作出原行政行为的行政机关和复议机关是共同被告。原告只起诉作出原行政行为的行政机关或者复议机关的，人民法院应当告知原告追加被告。原告不同意追加的，人民法院应当将另一机关列为共同被告。

2. 一并裁判的含义

一并作出裁判，是指人民法院对原行政行为作出判决的同时，应当对维持该行政行为的复议决定一并作出相应判决，其是基于复议决定和原行政行为的统一性而言，包含两层含义。一是应当同时对复议决定和原行政行为作出判决，不能只对原行政行为作出判决，而遗漏对复议决定的审判。二是意味着针对原行政行为的判决和针对复议决定的判决在性质上应保持统一。

适用要点

(1)本条适用的是复议机关与作出原行政行为的行政机关为共同被告的案件，复议机关以不符合受理条件为由驳回复议申请，不符合复议机关与作出原行政行为的行政机关为共同被告的情形，不具备适用本条规定的前提条件。

(2)在复议机关与原行政机关作共同被告的共同诉讼中，法院要分别审查原行政行为和复议决定的合法性，应当在一个判决中对原行政行为和复议决定的合法性一并作出裁判。但人民法院对于复议决定的审查侧重于复议程序是否合法，这是由复议决定和原行政行为的统一性所决定的，虽然被诉的行政行为既有原行政行为，又有复议决定，但实际上对当事人权利义务产生拘束力的仍然是原行政行为，而非维持该行政行为的复议决定，复议机关只是对原行政机关的意志加以肯定而已。因而，对于复议决定实体合法性的审查已经包括在对于原行政行为合法性的审查当中。

案例指引

郭某某与山东省巨野县人民政府、山东省菏泽市人民政府房屋征收补偿决定及复议决定案①

裁判要旨：《最高人民法院关于适用〈中华人民共和国行政诉讼法〉的解释》第136条第1款规定："人民法院对原行政行为作出判决的同时，应当对复议决定一并作出相应判决。"所谓"作出相应判决"，是基于第136条第3款规定："人民法院判决撤销原行政行为和复议决定的，可以判决作出原行政行为的行政机关重新作出行政行为。"该款的第一句话显然是指，由于维持原行政行为的复议决定与原行政行为的处理结果一致，对两者的判决也应当保持一致，在撤销原行政行为时，对于维持该行政行为的复议决定的处理也应当是撤销。

第八十条　【公开宣判】人民法院对公开审理和不公开审理的案件，一律公开宣告判决。

当庭宣判的，应当在十日内发送判决书；定期宣判的，宣判后立即发给判决书。

宣告判决时，必须告知当事人上诉权利、上诉期限和上诉的人民法院。

① 参见最高人民法院(2016)最高法行申2621号案例。

条文注释

本条是关于公开宣告判决的规定。

1. 公开宣判的含义

本法第7条确立了公开审判制度，该制度包含公开审理和公开宣判两方面，本条是对于公开宣判的具体规定。宣告判决是法庭审理的最后环节，将法庭审理的最终结果以宣判的方式告知当事人。公开宣判是指宣告判决应当以公开的方式进行，不论是否公开审理的案件，判决结果均一律公开。

2. 公开宣判的时点

本条第2款明确公开宣判可以有两个时点：如果庭审能够查清案件事实，适用法律法规清楚，应当当庭宣判；如果因某种特殊原因，如合议庭需要另行评议、案件需要提交审判委员会讨论等，也可以择日公开宣判。

3. 宣判时的告知义务

本条第3款规定了人民法院在宣判时的告知义务。为了便于当事人及时行使上诉权，法院在公开宣告判决时，有义务告知当事人上诉权利、上诉期限和上诉的人民法院。

适用要点

(1)在具体适用时，人民法院应当公开发生法律效力的判决书、裁定书，供公众查阅，但涉及国家秘密、商业秘密和个人隐私的内容除外。对于不宜公开的内容，应当尽量不写入判决书，对于必须写入判决书的，公开宣判时要隐去相关内容。

(2)宣告判决不等同于宣读判决，人民法院可通过送达的方式予以宣判。

案例指引

重庆市酉阳土家族苗族自治县某村9组与重庆市酉阳土家族苗族自治县人民政府撤销土地权属行政裁决决定及重庆市人民政府撤销行政复议决定案①

裁判要旨：本案中，一审判决采用邮寄送达方式并无不当，重庆市政府认为“一审法院并未履行公开宣告判决程序，而是径直将判决书邮寄至上诉人处，属于程序违法”，属于对法律理解有误，该项上诉理由不能成立。

第八十一条　【第一审审限】人民法院应当在立案之日起六个月内作出第一审判决。有特殊情况需要延长的，由高级人民法院批准，高级人民法院审理第一审案件需要延长的，由最高人民法院批准。

条文注释

本条是关于第一审行政案件审理期限的规定。

1. 审理期限

审理期限，是指从立案之日起至裁判宣告、调解书送达之日止的期间。

2. 延长审限

(1)延长审限的情形。本条规定有特殊情况可以延长审理期限，这里的“特殊情况”一般是指不能预见和不可避免，受到客观因素制约的情形。

(2)延长审限的时间和次数。在《民事诉讼法》中，明确规定了第一审民事案件可以延长6个月，还需延长的，可以再延长3个月；

① 参见重庆市第四中级人民法院(2021)渝04民终507号案例。

不同的是，第一审行政案件的审理期限能延长多久并未在本法中具体规定，而是由批准法院决定，报批延长的次数，在实践中也可灵活掌握。

(3)延长审限的批准。《民事诉讼法》分别将第一次延长审限和第二次延长审限的批准权，授予了本院院长和上一级人民法院；本条将审限批准权交由高级人民法院和最高人民法院。

适用要点

公告期间、鉴定期间、调解期间、中止诉讼期间、审理当事人提出的管辖异议，以及处理人民法院之间的管辖争议期间不应计算在审限内。这些都是因为客观原因导致的时间耗费，应当从审理期限中扣除。

第三节　简易程序

第八十二条　【简易程序适用情形】人民法院审理下列第一审行政案件，认为事实清楚、权利义务关系明确、争议不大的，可以适用简易程序：

(一)被诉行政行为是依法当场作出的；

(二)案件涉及款额二千元以下的；

(三)属于政府信息公开案件的。

除前款规定以外的第一审行政案件，当事人各方同意适用简易程序的，可以适用简易程序。

发回重审、按照审判监督程序再审的案件不适用简易程序。

条文注释

本条是关于简易程序适用情形的规定。

简易程序，是指特定的人民法院在审理事实清楚、权利义务关系明确、争议不大的行政案件时适用的一种简便易行的诉讼程序。

1. 简易程序的启动方式

行政案件简易程序的启动方式有两种，一种是法官依职权启动,另一种是当事人合意启动。

(1)法官依职权启动。法官依职权启动简易程序的条件包括两个:一是案件事实清楚、权利义务关系明确、争议不大;二是被诉行政行为是依法当场作出的案件、或是案件涉及款额2000元以下的案件、或属于政府信息公开的案件。

(2)当事人合意启动。本条第2款所规定的当事人选择适用简易程序,应当以当事人各方达成合意为前提。对于当事人合意启动简易程序,无论案件事实是否清楚、权利义务关系是否明确,以及争议是大是小,只要当事人同意,就可以适用简易程序。但这里的"当事人各方"包括原告、被告和第三人,只有原被告和第三人都同意适用简易程序的,才可以适用。且只有第一审行政案件,当事人各方才可以约定适用简易程序,对于上诉案件、发回重审的案件及依照审判监督程序再审的案件,当事人不能约定适用简易程序。

2. 不适用简易程序的案件

适用简易程序的案件为第一审行政案件,上诉案件不能适用简易程序。当事人不服一审判决,往往认为一审判决认定事实不清,或者适用法律错误。因此,上诉案件一般都不符合事实清楚、权利义务关系明确、争议不大的标准,不能适用简易程序。

发回重审的案件不适用简易程序。发回重审的上诉案件,虽然也是按照第一审程序进行审理,但不能适用简易程序。因为发回重审的案件往往都是事实不清楚、权利义务关系不明确、争议比较大的案件,所以不能适用简易程序。

按照审判监督程序再审的案件不适用简易程序。审判监督程序是对确有错误的发生法律效力的判决、裁定或者调解书,依法重新审理的程序。审判监督程序属于纠错程序,具有监督性和补救性的特点,对再审案件的审理应当慎之又慎,从程序、实体等各方面保证案件的正确裁判,因此,不宜采用简易程序。

适用要点

(1)法官依职权启动简易程序的条件。同时满足本条第1款规定的两个条件的第一审行政案件,法官才可以依职权启动简易程序，即既要案件事实清楚、权利义务关系明确、争议不大（三因素），又要被诉行政行为是依法当场作出、或案件涉及款额2000元以下、或属于政府信息公开的案件中的一类（三类案件）。三因素需同时具备，三类案件只需符合其一即可。

（2）简易程序的级别管辖。本条对简易程序适用的规定并没有限制法院级别，理论上无论是哪级法院，只要案件符合简易程序适用的实质标准和形式标准，均可采用简易程序的方式进行审理。但就我国司法现状而言，高级人民法院和最高人民法院分别管辖本辖区内或者全国范围内重大、复杂的第一审行政案件，因此一般不适用简易程序，简易程序的适用主体主要为基层人民法院和中级人民法院。

关联法规

《最高人民法院关于开展行政诉讼简易程序试点工作的通知》

案例指引

道某某等25人与格尔木市人民政府草原使用证行政确认案①

裁判要旨：本案一审法院虽然未经开庭径行裁定驳回起诉并不违法，但应当组成合议庭进行审理，一审法院适用简易程序由审判员一人独任审判，违反了《行政诉讼法》第68条，第82条第1款、第2款的规定，属于审判程序违法。本院对此依法予以纠正。

第八十三条　【简易程序的审判组织形式和审理期限】适用简易程序审理的行政案件，由审判员一人独任审理，并应当在立案之日起四十五日内审结。

---

①　参见青海省海西蒙古族藏族自治州中级人民法院（2020）青28行再1号案例。

条文注释

本条是关于简易程序的审判组织形式和审理期限的规定。

1. 简易程序的审判组织形式

简易程序主要的特点之一就是审判组织形式为独任制审判。我国人民法院审理行政案件的组织形式，分为合议制和独任制。按照普通程序审理行政案件，应当采用合议制的审理方式，由审判员组成合议庭，或者由审判员、人民陪审员组成合议庭。

2. 简易程序的审理期限

由于适用简易程序审理的行政案件都是事实清楚、权利义务关系明确、争议不大的案件，且可以不受普通程序有关规定的约束，可以在较短的时间内完成审判工作。因此，本条规定适用简易程序审理的行政案件，应当在立案之日起45日内审结。

适用要点

除了审判组织形式和审理期限与普通程序不同，适用简易程序审理案件还可以在其他一些方面更加灵活简便。比如当事人双方可以同时到人民法院请求解决纠纷，人民法院可以当即审理，也可以另定日期审理；人民法院可以用简便方式传唤当事人和证人、送达诉讼文书、审理案件；人民法院适用简易程序公开审理案件，无须发布公告，不必遵守法庭调查和法庭辩论顺序的限制，可以根据实际情况，灵活掌握审理程序等。但是，适用简易程序审理行政案件，不能违背行政诉讼的基本原则和制度，比如回避、公开审判和两审终审制度，不能限制和损害当事人的诉讼权利，比如剥夺当事人的辩论权，使用本民族语言、文字进行诉讼的权利等。

案例指引

姬某某与江苏省自然资源厅、徐州市自然资源和规划局、徐州市农业科学院政府信息公开及行政复议案①

裁判要旨：关于一审审理期限。《行政诉讼法》第83

① 参见江苏省南京市中级人民法院(2019)苏01行终624号案例。

条规定:“适用简易程序审理的行政案件,由审判员一人独任审理,并应当在立案之日起四十五日内审结。”《最高人民法院关于适用〈中华人民共和国行政诉讼法〉的解释》第48条规定:“期间包括法定期间和人民法院指定的期间。期间以时、日、月、年计算。期间开始的时和日,不计算在期间内。期间届满的最后一日是节假日的,以节假日后的第一日为期间届满的日期。期间不包括在途时间,诉讼文书在期满前交邮的,视为在期限内发送。”本案一审法院于2019年4月24日立案,于2019年6月10日审结,审理期限符合上述规定。

第八十四条　【简易程序与普通程序的转换】人民法院在审理过程中,发现案件不宜适用简易程序的,裁定转为普通程序。

条文注释

本条是关于简易程序转换为普通程序的规定。

1. 不宜适用简易程序的情形

属于不宜适用简易程序的情形,主要有以下五种:一是当事人就适用简易程序提出异议,人民法院认为异议成立的;二是当事人改变或者增加诉讼请求,导致案情复杂化的;三是因当事人依法申请人民法院调取证据、申请证人出庭等原因致使案件在45日内难以审结的;四是虽然案件较为简单,事实清楚、权利义务关系明确、争议不大,但代表一类案件,可能影响大量相同或者类似案件审理的;五是虽然案件较为简单,事实清楚、权利义务关系明确、争议不大,但关系到原告基本的生产生活,可能引发群体性事件的。

2. 转为普通程序的处理

人民法院在审理过程中,发现案情复杂需要由简易程序转为普通程序的,应当在简易程序审限届满前,以裁定的形式及时作出决定,并将裁定书送达各方当事人。转为普通程序审理的案件的审理期限自人民法院立案的次日起开始计算。简易程序转为普通程序后的合议庭组成人员确定后，应当在三日内告知当事人，如涉及举证期限变化的，也应当及时告知各方当事人延长举证期限。由简易程序转为普通程序审理的案件，转为普通程序前已经进行的诉讼行为有效，双方当事人已确认的无争议事实，可以不再进行举证、质证。

适用要点

(1)适用由简易程序转为普通程序的案件有两种情形，一是人民法院在审理过程中发生了情况变化，导致原本简单的案情变得复杂，这类是因客观情况变化而不宜再适用简易程序的案件；二是人民法院在审理过程中发现原来认为事实清楚、权利义务关系明确、争议不大的案件，其实案情复杂的，这类则是因主观认识变化而不宜再适用简易程序的案件。

(2)由简易程序转为普通程序的案件，一般不得再转为简易程序审理。

案例指引

瞿某某与重庆市沙坪坝区人力资源和社会保障局劳动和社会保障行政确认案①

裁判要旨：本案是在一审程序中先适用简易程序进行审理，后转为普通程序继续审理的案件。但从一审案卷材料来看，一审法院并未在审理期限届满前就本案作出简易程序转为普通程序的裁定书，亦未就本案合议庭组成人员及相关事项书面通知双方当事人。综上，一审法院审判程序严重违反法定程序。

① 参见重庆市第一中级人民法院(2018)渝01行终370号案例。

第四节　第二审程序

第八十五条　【上诉权】 当事人不服人民法院第一审判决的，有权在判决书送达之日起十五日内向上一级人民法院提起上诉。当事人不服人民法院第一审裁定的，有权在裁定书送达之日起十日内向上一级人民法院提起上诉。逾期不提起上诉的，人民法院的第一审判决或者裁定发生法律效力。

条文注释

本条是关于上诉权的规定。

本法第 7 条规定，人民法院审理行政案件，实行两审终审制度。第一审裁判作出后，当事人若对一审裁判不服的，有权在法定期限内向上一级人民法院提起上诉，启动第二审程序。第二审程序是指上级人民法院根据当事人的上诉，对第一审人民法院未生效的裁判进行审理的程序。通过二审程序，可以纠正一审判决、裁定的错误，保证人民法院裁判的正确、合法，保护公民、法人和其他组织的合法权益。当事人提起上诉，不仅要求解决原行政争议，还要求上级人民法院对一审法院的裁判予以撤销或者改变。

适用要点

当事人在上诉期限内不提起上诉的，人民法院的第一审判决或者裁定发生法律效力。当事人如果认为生效的判决或者裁定确有错误的，只能申请再审。需要明确的是，上诉期限应当以每个有上诉权的诉讼参加人各自收到判决书、裁定书之日起分别计算，任何一方均可在自己的上诉期内上诉，只有在所有有上诉权的诉讼参加人的上诉期限都届满而没有提起上诉的情况下，判决和裁定才发生法律效力。期间开始的时和日，不计算在期间内。期间届满的最后一日是节假日的，以节假日后的第一日为期间届满的日期。期间不包括在途时间，诉讼文书在期满前交邮的，视为在期限内发送。在必要的共同诉讼中,共同诉讼人的上诉期限,以最后一个共同诉讼人的上诉期限为全体共同诉讼人的上诉期限。在普通的共同诉讼中,共同诉讼人的上诉期限,以各自的起算日期计算。

第八十六条　【二审的审理方式】人民法院对上诉案件,应当组成合议庭,开庭审理。经过阅卷、调查和询问当事人,对没有提出新的事实、证据或者理由,合议庭认为不需要开庭审理的,也可以不开庭审理。

条文注释

本条是关于二审的审理方式的规定。

公开审判是人民法院审理行政案件的一项原则,开庭审理是公开审判的重要内容,因此,对于涉及事实问题的上诉案件,第二审人民法院都应当开庭审理。

二审法院经过阅卷,调查、询问当事人,对于没有提出新的事实、证据或者理由的上诉案件,如果合议庭认为案件事实清楚,上诉人的请求和理由明确,也可以不开庭审理而径行判决。这样规定,在确保案件审判质量的前提下,既可以节省办案时间,提高行政效率和办案效率,也有利于节省当事人时间,及时保护上诉人的合法权益。

适用要点

第二审人民法院接到上诉状及案卷材料后,应当组成合议庭,对案件进行审查。第二审人民法院审理上诉案件,无论是开庭审理,还是不开庭审理,都必须组成合议庭,不能由审判员一人独任审判。与第一审程序不同,第二审程序的合议庭,应当由审判员组成,不能由审判员和人民陪审员组成。合议庭的成员,应当为三人以上单数。

如果当事人上诉时提出了新的事实、证据或者理由的,第二审人民法院必须开庭审理。以下案件可以不开庭审理:(1)不服不予受理、管辖权异议和驳回起诉裁定的;(2)当事人提出的上诉请求明显不能成立的;(3)原判决、裁定认定事实清楚,但适用法律错误的;(4)原判决严重违反法定程序,需要发回重审的。

案例指引

夏某与成都市人民政府政府信息公开申请再审案①

裁判要旨：对上诉案件，应当组成合议庭，开庭审理。经过阅卷、调查和询问当事人，对没有提出新的事实、证据或者理由，合议庭认为不需要开庭审理的，也可以不开庭审理。

第八十七条　【二审的审理范围】人民法院审理上诉案件，应当对原审人民法院的判决、裁定和被诉行政行为进行全面审查。

条文注释

本条是关于上诉案件的全面审查的规定。

民事诉讼二审程序要求二审法院在上诉请求范围内作出裁判，实行的是有限审查制度，《民事诉讼法》规定，第二审人民法院应当对上诉请求的有关事实和适用法律进行审查。刑事诉讼二审实行的所谓全面审查，但其只有一审判决作为审查对象。行政诉讼二审的全面审查，不同于民事诉讼的二审和刑事诉讼二审的范围。行政诉讼的诉讼标的是被诉行政机关作出的行政行为，因此无论是一审程序还是二审程序，都离不开对被诉行政行为的审查，二审程序的审查内容必然包含对被诉行政行为的审查。不同于民事诉讼和刑事诉讼，行政诉讼过程中，行政机关在作出行政行为的过程中适用法律对行政行为是第一次判断，人民法院通过第一审程序对行政行为进行审查，属于第二次适用法律作出司法判断，第二审程序则属于第三次适用法律作出的司法判断。行政机关的第一审程序不仅涉及诉讼标的的问题，还涉及行政机关的专业判断是否能够得到司法机关的认可。若行政机关的被诉行政行为得到认可，行政机关可以继续作出同类的行政行为；若司法判断对被诉行政行为持否定态

---

① 参见最高人民法院(2020)最高法行申13586号案例。

度，行政机关就需要作出改变。因此，第一审程序的司法判断对于行政机关而言至关重要。上诉案件实行全面审查，有助于提高第一审的适用法律的水平和审判素养，增强二审程序加强对一审程序的监督。

适用要点

与第一审程序只审理被诉行政行为的合法性及相关争议不同的是，二审法院不仅要审查一审判决、裁定的合法性，审查是否违反法定程序、证据是否充分，适用法律法规是否正确，还要审查被诉行政行为的合法性。不同于有些国家上诉审实行法律审的做法，我国二审法院都是既审查事实又审查法律适用，不受诉讼请求和理由的限制。行政诉讼中上诉案件实行全面审查制度，全面审查也是行政诉讼与民事诉讼二审程序的重要区别，更好地保护当事人合法权益。行政诉讼法律适用中的全面审查原则是指人民法院应当针对被诉行政行为的事实依据、适用法律、行政程序是否合法，以及行政行为是否符合正当的行政目的、是否存在明显不当等情形进行审查。全面审查原则的内容包括对行政行为实体、程序的审查，也包括对行政行为合法性、合理性的审查，还可以延伸出包括对具体行政行为的审查和对抽象行政行为的审查。围绕行政行为合法性审查，一审、二审中法院实行全面审查，而不限于公民的请求范围和请求事项，公民认为行政行为程序违法而法院认定行政行为没有法律依据、公民要求判决变更行政行为而法院判决撤销行政行为等都是可以的。

案例指引

中国中信集团有限公司与国家工商行政管理总局商标评审委员会、一审第三人深圳市中信品达科技有限公司商标异议复审行政纠纷申请再审案①

裁判要旨：在行政诉讼中，二审法院应就一审判决

① 参见最高人民法院（2017）最高法行申7231号案例。

及被诉裁定进行全面审查,且在商评委及一审法院对涉及第28条的问题认定存在明显不当的前提下,二审法院亦应就该条涉及的问题进行认定并作出裁判。因此,裁定指令北京市高级人民法院再审本案。

第八十八条 【二审审限】人民法院审理上诉案件,应当在收到上诉状之日起三个月内作出终审判决。有特殊情况需要延长的,由高级人民法院批准,高级人民法院审理上诉案件需要延长的,由最高人民法院批准。

条文注释

本条是关于上诉案件审理期限的规定。

根据《民事诉讼法》的规定,一般民事诉讼案件二审程序审理期限为6个月,行政诉讼案件二审程序审理期限只有3个月,相对较短。因为第一审人民法院已经对案件事实、证据进行了全面的调查核实,而二审案件的审理是在一审程序的基础上进行的,因此,审理上诉案件的工作量一般比第一审案件少。而且,根据本法的规定,对于行政二审案件,经过阅卷、调查和询问当事人,对没有提出新的事实、证据或者理由,合议庭认为不需要开庭审理的上诉案件,可以不开庭审理。因此,对上诉案件规定比一审案件短的审理期限是合理的,当然,这也有利于提高审判效率。

适用要点

与《民事诉讼法》规定的对于判决的上诉案件,有特殊情况需要延长的,由本院院长批准不同,本条规定行政诉讼二审案件有特殊情况需要延长的,由高级人民法院批准,高级人民法院审理上诉案件需要延长的,由最高人民法院批准。由此可见,行政案件二审程序对于审限的延长设置了更为严格的条件。人民法院对裁定的上诉案件的审理期限,应当适用《民事诉讼法》的相关规定,即应当在第二审立案之日起30日内作出终审裁定。因为裁定一般是针对程序问题作出的,不涉及实体权利义务关系,而审查程序问题也比较简单，因此，将裁定的审理期限规定为30日，并且不得延长。

案例指引

罗某某与成都市锦江区人民政府政府信息公开、成都市人民政府行政复议申请再审案①

裁判要旨：人民法院审理上诉案件，应当在收到上诉状之日起3个月内作出终审判决。有特殊情况需要延长的，由高级人民法院批准，高级人民法院审理上诉案件需要延长的，由最高人民法院批准。罗某某提出的二审审理期限问题不属于法定申请再审事由范围，依法不能成立。

第八十九条　【二审裁判】人民法院审理上诉案件，按照下列情形，分别处理：

（一）原判决、裁定认定事实清楚，适用法律、法规正确的，判决或者裁定驳回上诉，维持原判决、裁定；

（二）原判决、裁定认定事实错误或者适用法律、法规错误的，依法改判、撤销或者变更；

（三）原判决认定基本事实不清、证据不足的，发回原审人民法院重审，或者查清事实后改判；

（四）原判决遗漏当事人或者违法缺席判决等严重违反法定程序的，裁定撤销原判决，发回原审人民法院重审。

原审人民法院对发回重审的案件作出判决后，当事人提起上诉的，第二审人民法院不得再次发回重审。

人民法院审理上诉案件，需要改变原审判决的，应当同时对被诉行政行为作出判决。

① 参见最高人民法院（2020）最高法行申13068号案例。

条文注释

本条是关于二审判决的规定。

1. 关于上诉案件进行处理的具体情形

(1)原判决、裁定认定事实清楚,适用法律、法规正确的,以判决或者裁定的方式驳回上诉,维持原判决、裁定。驳回上诉,以原判决、裁定的正确合法为根据,原判决、裁定正确合法,上诉理由不成立,以判决、裁定方式驳回上诉,维持原判决、裁定的法律效力。第二审人民法院对不服第一审人民法院裁定的上诉案件的处理,一律使用裁定。原判决、裁定认定的事实或者适用法律虽有瑕疵,但判决结果正确,第二审人民法院可以在判决、裁定中纠正瑕疵后,依照本条第1款第1项规定予以维持。

(2)原判决、裁定认定事实错误或者适用法律、法规错误的,依法改判、撤销或者变更。改判、撤销或者变更出现于以下三种情况:第一,认定事实错误;第二,适用法律、法规错误;第三,认定事实错误且适用法律、法规错误。

(3)原判决认定基本事实不清、证据不足的,发回原审人民法院重审,或者查清事实后改判。在一审判决认定基本事实不清的情况下,第二审人民法院才考虑在查清事实后改判和发回重审之间进行选择。基本事实是指案件的关键事实,即可能影响案件最终判决的事实。人民法院审理二审案件,对一审法院受理、不予受理或者驳回起诉错误的,应当分别情况作如下处理:第一审人民法院作出实体判决后,第二审人民法院认为不应当受理的,在撤销第一审法院判决的同时,可以发回重审,也可以径行驳回起诉。

(4)原判决遗漏当事人或者违法缺席判决等严重违反法定程序的,裁定撤销原判决,发回原审人民法院重审。原判决遗漏当事人的情况包括共同诉讼中应当参加诉讼的当事人没有参加诉讼,或者应当参加诉讼的第三人没有参加诉讼等情形。此外,严重违反法定程序还有审判组织不合法、应当回避的审判人员未回避的、无诉讼行为能力人未经法定代理人代为诉讼的等情形。

2. 关于发回重审的次数限制

若未对第二审人民法院发回重审的次数进行限制，将可能导致一个案件多次发回重审，影响了审判效率和司法公正的实现，也增加了当事人的诉讼负担，为了解决案件久拖不决的问题，提高诉讼效率，应当根据本条第 2 款规定，查清事实后改判。

3. 关于被诉行政行为的处理

当事人提起上诉，既包括要求撤销或者变更原审判决，也包括要求对被诉行政行为作出处理。因此，二审法院在改变原审判决的同时，应当对被诉行政行为的合法性作出裁判。对被诉具体行政行为作出判决，从根本上解决行政争议，维护当事人的合法权益。

适用要点

一般来说，若原判决、裁定认定事实清楚，适用法律、法规正确的，二审法院会判决或者裁定驳回上诉维持原判决、裁定。在一审判决认定基本事实不清的情况下，为节约司法资源，第二审人民法院能够直接查清事实后改判的，应当首先考虑查清事实后改判，只有在由原审人民法院审理更便于查清基本事实的情况下，才考虑将案件发回原审人民法院重审。对于发回重审的案件，由于原审人民法院仍按照第一审程序进行审理，因此，所作出的判决、裁定仍是第一审判决、裁定，当事人对发回重审案件的判决、裁定，可以上诉。

当事人提起上诉，既包括要求撤销或者变更原审判决，也包括要求对被诉行政行为作出处理，因此本条规定了二审法院审理上诉案件，需要改变原审判决的，应当同时对被诉行政行为作出判决。

案例指引

何某某与河源市源城区人民政府土地征收行政纠纷二审案①

裁判要旨：原审法院在未查明上述事实的情况下，

① 参见广东省高级人民法院(2020)粤行终 1199 号案例。

仅以上诉人起诉涉案《土地拟征收预公告》及《关于房屋征收决定的通告》不属于受案范围为由，裁定驳回何志敏的起诉，认定事实不清，应由原审法院重新审查后依法作出裁判。裁定将本案发回广东省河源市中级人民法院重新审理。

第五节 审判监督程序

第九十条 【申请再审的条件】当事人对已经发生法律效力的判决、裁定，认为有错误的，可以向上一级人民法院申请再审。

当事人对高级人民法院作出的已经发生法律效力的判决、裁定，认为有错误的，应当向原审高级人民法院申请再审；符合下列情形之一的，可以向最高人民法院申请再审：

（一）当事人对原判决、裁定认定的事实和适用的诉讼程序等无异议，认为适用法律、法规有错误的；

（二）原判决、裁定经高级人民法院审判委员会讨论决定的。

当事人申请再审的，不停止判决、裁定的执行。

条文注释

本条是关于当事人申请再审的规定。

再审程序又被称为审判监督程序，是人民法院在认为生效判决、裁定确有错误的前提下依据法定程序再次审理并作出裁判的过程。本条规定了当事人申请再审的前提条件是判决、裁定已经发生法律效力。主要指二审的判决、裁定和当事人超过上诉期而没有上诉的一审判决、裁定。

适用要点

《最高人民法院关于完善四级法院审级职能定位改革试点的实施办法》第12条强化了对再审申请书的形式要求。当事人提交的行政再审申请书中，除了应提供《最高人民法院关于行政申请再审案件立案程序的规定》第7条要求载明的事项外,还应声明对原审事实、证据、程序问题没有异议。同时,再审申请书还应载明案件所涉法律适用问题的争议焦点、生效裁判适用法律存在错误的论证理由和依据,必要时还可以附类案检索报告。再审申请书不符合前述要求的,最高人民法院应给予充分指导和释明。再审申请人无正当理由逾期未予补正的,可以按撤回申请处理。考虑到实践中多数再审申请人并不具备提炼法律问题、论证法律错误的能力,《最高人民法院关于完善四级法院审级职能定位改革试点的实施办法》第16条要求最高人民法院立案庭、诉讼服务中心等"窗口部门"应当向当事人释明委托律师作为诉讼代理人的必要性,提升前端工作效能。

第九十一条　【再审事由】当事人的申请符合下列情形之一的,人民法院应当再审:

(一)不予立案或者驳回起诉确有错误的;

(二)有新的证据,足以推翻原判决、裁定的;

(三)原判决、裁定认定事实的主要证据不足、未经质证或者系伪造的;

(四)原判决、裁定适用法律、法规确有错误的;

(五)违反法律规定的诉讼程序,可能影响公正审判的;

(六)原判决、裁定遗漏诉讼请求的;

(七)据以作出原判决、裁定的法律文书被撤销或者变更的;

(八)审判人员在审理该案件时有贪污受贿、徇私舞弊、枉法裁判行为的。

条文注释

本条是关于再审事由的规定。

一、不予立案或者驳回起诉确有错误的

为了充分保护当事人的诉权,规定了"不予立案或者驳回起诉确有错误"的再审事由,即当事人认为不予立案或者驳回起诉的终审裁定有错误的，就可以申请再审。人民法院经过审查后认为当事人的申请有理由的，就应当再审。

二、有新的证据，足以推翻原判决、裁定的

所谓新证据，主要是指在以往的诉讼过程中没有发现的证据，或者说是当事人在原审诉讼中未提供的证据，而该证据又足以推翻原判决、裁定，因此当事人可以申请再审，同时也是作为人民法院进行再审的条件之一。

三、原判决、裁定认定事实的主要证据不足、未经质证、系伪造的

原判决、裁定认定事实的主要证据不足。主要证据，是相对于次要证据而言的，是能够证明案件基本事实的证据。主要证据不足，意味着当事人提交的证据，不足以形成完整的证据链，代表原判决、裁定认定的基本事实缺乏证据证明。

四、原判决、裁定适用法律、法规确有错误的

当事人认为原判决、裁定适用法律、法规有错误的，可以申请再审，但原判决、裁定在适用法律、法规方面是否真的存在错误，则需要法院通过审查予以确认。

五、违反法律规定的诉讼程序，可能影响公正审判的

不是所有违反法定程序的情形都可以成为申请再审的事由，依据《民事诉讼法》的规定，违反法律规定的诉讼程序主要有以下情形：

(1)审判组织的组成不合法；(2)依法应当回避的审判人员没有回避；(3)无诉讼行为能力人未经法定代理人代为诉讼；(4)应当参加诉讼的当事人，因不能归责于本人或者其诉讼代理人的事由，未参加诉讼；(5)违反法律规定，剥夺当事人辩论权利；(6)未经传票传唤，缺席判决。

六、原判决、裁定遗漏诉讼请求的

按照本法第49条的规定，当事人提起行政诉讼必须有具体的诉讼请求和事实根据。人民法院根据原告、被告所提供的证据和法院调查收集的证据，判断当事人的诉讼请求是否应得到法院的支持。如果人民法院没有对当事人提出的某项诉讼请求进行法庭调查和

法庭辩论，遗漏了当事人这一诉讼请求，当事人有权利对这一判决、裁定申请再审，人民法院经查证属实之后，也应当进行再审。

七、据以作出原判决、裁定的法律文书被撤销或者变更的

有些行政案件是以另一民事案件或者行政案件的审理结果作为依据而作出的裁判。如果另一行政案件或者民事案件的判决、裁定在以后的再审中被撤销或者变更了，则以它作为依据所作的行政判决、裁定也应当相应地被撤销或者变更。

八、审判人员在审理该案件时有贪污受贿、徇私舞弊、枉法裁判的行为的

《民事诉讼法》第46条规定，审判人员应当依法秉公办案，不得接受当事人及其诉讼代理人请客送礼。审判人员有贪污受贿、徇私舞弊、枉法裁判行为的，应当追究法律责任；构成犯罪的，依法追究刑事责任。《行政诉讼法》应遵循上述规定。

适用要点

适用法律、法规错误，适用法律、法规错误指：(1)应适用A法，结果适用了B法。(2)应适用上位法(下位法)，却适用了下位法(上位法)；应适用新法，却适用旧法；应适用特殊法，却适用了一般法。(3)援引法律、法规错误，包括该援引的法条未援引。(4)适用了尚未生效或者已经失效、废止的法律、法规。当事人认为审判人员在审理该案件时有贪污受贿、徇私舞弊或者枉法裁判行为，应指已经该审判人员个人由生效刑事法律文书或者纪律处分决定所确认的行为，而不是泛指合议庭或者法院。

第九十二条　【人民法院审判监督】各级人民法院院长对本院已经发生法律效力的判决、裁定，发现有本法第九十一条规定情形之一，或者发现调解违反自愿原则或者调解书内容违法，认为需要再审的，应当提交审判委员会讨论决定。

最高人民法院对地方各级人民法院已经发生法律效力的判决、裁定，上级人民法院对下级人民法院已经发生法律效力的判决、裁定，发现有本法第九十一条规定情形之一，或者发现调解违反自愿原则或者调解书内容违法的，有权提审或者指令下级人民法院再审。

条文注释

本条是关于人民法院审判监督的规定。

从本条规定来看，人民法院审判监督的适用要点主要有三：

一是监督主体。人民法院审判监督的主体主要有三类：(1)各级人民法院院长。人民法院院长是人民法院的负责人，负责领导人民法院的审判工作及其他日常工作，并主持本院审判委员会的工作。(2)最高人民法院。最高人民法院是中华人民共和国最高审判机关，负责审理各类案件，制定司法解释，监督地方各级人民法院和专门人民法院的审判工作，并依照法律确定的职责范围，管理全国法院的司法行政工作。(3)上级人民法院。根据《宪法》和《人民法院组织法》的规定，上级人民法院和下级人民法院虽然不存在领导和被领导、命令和服从的关系，但在审判工作方面存在一种监督关系，上级人民法院可以监督下级人民法院的审判工作。

二是监督事由。启动审判监督程序一般都是源于一些比较明显的错误或者违法事由，主要包括两类：(1)对于已经发生法律效力的人民法院判决或裁定，存在本法第91条规定的情形之一的；(2)对于人民法院的调解，存在违反自愿原则或者调解书内容违法。

三是监督效力。之所以启动审判监督程序，是因为已经发生法律效力的人民法院判决、裁定或者调解书，确实存在明显的违法或者错误。为了维护当事人的合法权益，树立司法权威，必须予以纠正。因此，审判监督程序的效力就是原审人民法院审判委员会讨论决定再审此案或者最高人民法院、上级人民法院决定提审或者指令下级人民法院对该案进行再审。

适用要点

人民法院审判监督是指人民法院系统内部对审判工作的监督，其与法官依法独立行使审判权的原则并不矛盾。各级人民法院院长有权对本院审判工作进行监督、最高人民法院有权对地方各级人民法院的审判工作进行监督、上级人民法院有权对下级人民法院的审判工作进行监督。例如，发现人民法院已经发生法律效力的判决、裁定存在明显的违法或错误情形，或者人民法院调解违反自愿原则或者调解书内容违法，即可启动审判监督程序，由原审人民法院进行再审或者最高人民法院、上级人民法院直接提审。

案例指引

余姚市甬兴气体分滤厂诉余姚市住房和城乡建设局燃气经营许可案①

裁判要旨：在行政机关作出不予行政许可决定的理由不能成立且该决定已被人民法院判决撤销并责令重作的情况下，行政机关仍以相同理由再次作出不予行政许可决定，应认定为滥用职权。

第九十三条　【人民检察院审判监督】最高人民检察院对各级人民法院已经发生法律效力的判决、裁定，上级人民检察院对下级人民法院已经发生法律效力的判决、裁定，发现有本法第九十一条规定情形之一，或者发现调解书损害国家利益、社会公共利益的，应当提出抗诉。

地方各级人民检察院对同级人民法院已经发生法律效力的判决、裁定，发现有本法第九十一条规定情形之一，或者发现调解书

① 参见浙江省宁波市中级人民法院(2019)浙02行终622号案例。

损害国家利益、社会公共利益的，可以向同级人民法院提出检察建议，并报上级人民检察院备案；也可以提请上级人民检察院向同级人民法院提出抗诉。

各级人民检察院对审判监督程序以外的其他审判程序中审判人员的违法行为，有权向同级人民法院提出检察建议。

条文注释

本条是关于人民检察院审判监督的规定。

1. 监督主体

人民检察院审判监督的主体主要有三类：(1)最高人民检察院。中华人民共和国最高人民检察院是中华人民共和国最高检察机关，领导地方各级人民检察院和专门人民检察院的工作。(2)上级人民检察院。上级人民检察院对下级人民法院的审判工作进行监督。(3)同级人民检察院。对于未发生法律效力的判决或裁定，同级人民检察院可在抗诉期限内向上级人民法院提出抗诉。但对于已经发生法律效力的判决或裁定，其可以向同级人民法院提出检察建议，并报上级人民检察院备案，也可以提请上级人民检察院向同级人民法院提出抗诉。

2. 监督事由

具体而言，包括两类：(1)对于已经发生法律效力的人民法院判决或裁定，存在《行政诉讼法》第91条情形之一的；(2)发现人民法院调解书损害国家利益、社会公共利益。

3. 监督方式

人民检察院的审判监督方式主要有两种：(1)抗诉。抗诉是人民检察院对人民法院的审判实行法律监督的重要形式。抗诉具有强制性的效力，人民检察院向人民法院提出抗诉，人民法院必须再审。(2)检察建议。检察建议也是人民检察院依法履行法律监督职责的一种重要方式，只不过相较于抗诉而言，其效力明显较弱，不具有强制性约束力。

适用要点

人民检察院是国家法律监督机关，当然可以对人民法院的审判工作进行监督。最高人民法院有权对地方各级人民法院的审判工作进行监督、上级人民法院有权对下级人民法院的审判工作进行监督、地方各级人民检察院有权对同级人民法院的审判工作监督。如发现人民法院已经发生法律效力的判决、裁定存在明显的违法或错误情形，或者调解书损害国家利益、社会公共利益的，即可启动审判监督程序，提出抗诉或者检察建议。

案例指引

某实业公司诉某市住房和城乡建设局征收补偿认定纠纷抗诉案①

裁判要旨：人民检察院在处理当事人来函信件中发现某案判决可能存在错误，严重损害国家利益，根据《人民检察院行政诉讼监督规则》的规定，应当依职权启动监督程序。

① 参见最高人民检察院第十五批指导性案例第 57 号。

第八章　执　　行

第九十四条　【行政诉讼裁判的效力】当事人必须履行人民法院发生法律效力的判决、裁定、调解书。

条文注释

本条是关于人民法院裁判效力的规定。

理解本条应注意以下两点：

一是必须是已经发生法律效力的判决、裁定和调解书。一般而言，人民法院的判决、裁定、调解书一经作出即成立，但并没有立即对当事人发生法律效力，当事人亦不是必须立即履行人民法院的判决、裁定、调解书，而是享有一定的异议期。

二是人民法院调解书的效力。司法调解是指在人民法院审判组织主持下，诉讼双方当事人平等协商，达成协议，经人民法院认可，以终结诉讼活动的一种结案方式。人民法院的调解充分体现了公权力和私权利有机的结合，一方面，人民法院作为中立的第三人介入调解过程，使调解达成的协议具有一定公权力属性；另一方面，调解协议的产生又是双方当事人合意的结果，使调解协议有利于当事人的接受。

适用要点

作为我国司法审判机关，人民法院是专门解决社会纠纷的，以国家公权力为保障。无论是人民法院作出的判决和裁定，还是人民法院作出的调解书，它们都是人民法院依照法律规定的程序和方式解决社会纠纷的结果，是以国家的审判权为基础的。判决、裁定、调解书能否受到社会的尊重和服从，是否具有权威性和稳定性，对于法治国家建设至关重要。对于已经发生法律效力的人民法院的判决、裁定、调解书,当事人必须遵守和履行。

第九十五条 【行政诉讼裁判的强制执行】公民、法人或者其他组织拒绝履行判决、裁定、调解书的,行政机关或者第三人可以向第一审人民法院申请强制执行,或者由行政机关依法强制执行。

条文注释

本条是关于行政诉讼裁判强制执行的规定。

(1)申请人民法院强制执行。人民法院作出的判决、裁定、调解书发生法律效力后,公民、法人或者其他组织必须遵守和履行。如果公民、法人或者其他组织在法定期间内不履行的,行政机关自己又没有强制执行权的,可以由其或者第三人向第一审人民法院申请强制执行。第一审人民法院认为情况特殊,需要由第二审人民法院执行的,也可以报请第二审人民法院执行。第二审人民法院可以决定由其执行,也可以决定由第一审人民法院执行。

(2)行政机关自行强制执行。如果公民、法人或者其他组织在法定期间内不履行已经发生法律效力的人民法院的判决、裁定、调解书,行政机关自己享有强制执行权的,其可以直接参照适用《行政强制法》第4章的规定,启动行政机关强制执行程序,自行强制执行人民法院的判决、裁定、调解书。行政机关是否具有强制执行权,应当依据法律的规定。

适用要点

行政诉讼裁判的法律效力是以国家强制力为保障的。公民、法人或者其他组织拒绝履行判决、裁定、调解书的,行政机关自己没有强制执行权的,可以由其或者第三人向第一审人民法院申请强制执行。

第九十六条　【行政机关拒绝履行判决、裁定、调解书时第一审人民法院可采取的执行措施】行政机关拒绝履行判决、裁定、调解书的，第一审人民法院可以采取下列措施：

（一）对应当归还的罚款或者应当给付的款额，通知银行从该行政机关的账户内划拨；

（二）在规定期限内不履行的，从期满之日起，对该行政机关负责人按日处五十元至一百元的罚款；

（三）将行政机关拒绝履行的情况予以公告；

（四）向监察机关或者该行政机关的上一级行政机关提出司法建议。接受司法建议的机关，根据有关规定进行处理，并将处理情况告知人民法院；

（五）拒不履行判决、裁定、调解书，社会影响恶劣的，可以对该行政机关直接负责的主管人员和其他直接责任人员予以拘留；情节严重，构成犯罪的，依法追究刑事责任。

条文注释

本条是关于行政机关拒绝履行判决、裁定、调解书时第一审人民法院可采取的执行措施的规定。

一、通知银行划拨应当归还的罚款或给付的款额

《行政处罚法》第67条第1款规定，“作出罚款决定的行政机关应当与收缴罚款的机构分离”。除按规定可以由执法人员当场收缴的罚款外，罚款应当实现罚缴分离，由当事人到指定银行或通过电子支付系统缴纳罚款，银行收受罚款后依法直接上缴国库。罚缴分离的实施，进一步规范了行政机关的行政行为，提升了行政执法权威。

二、对行政机关负责人按日处50元至100元的罚款

行政机关在决策体制上一般实行首长负责制，行政机关负责人作为一个部门的主要领导，应高度重视依法行政的重要性，积极主动履行人民法院作出的生效裁判。对负责人而不是行政机关本身施加罚款，正是希望通过加重处罚的力度迫使其主动履行义务。

三、公告行政机关拒绝履行的情况

公告，是人民法院就行政诉讼活动过程中的特定事项，依法向社会公开发布和张贴的告示性文书。将行政机关拒绝履行义务的情况向社会公告，将会对其形象信誉产生负面影响，从而反向督促其主动履行义务，维护司法权威，彰显政府公信力。

四、向监察机关或者该行政机关的上一级行政机关提出司法建议

司法建议，是人民法院针对审判执行工作中的具体问题，致函有关单位提出改进和完善建议的文书形式，是人民法院能动发挥审判职能作用、助力提升社会治理水平的重要方式。

五、司法拘留或依法追究刑事责任

（一）司法拘留

司法拘留，是指人民法院为保证审判执行活动的进行，对严重妨害诉讼活动的人采取限制其短期人身自由的一种处罚措施。因其发挥着的司法威慑作用，更有利于执行案件办结，保障申请执行人的合法权益。

（二）拒不履行判决、裁定罪

《刑法》第 313 条规定了拒不履行判决、裁定罪，对人民法院的判决、裁定有能力执行而拒不执行，情节严重的，处三年以下有期徒刑、拘役或者罚金；情节特别严重的，处 3 年以上 7 年以下有期徒刑，并处罚金。单位犯罪的，应对其直接负责的主管人员和其他直接责任人员依法处罚，同时对单位判处罚金。

综上所述，为保护公民、法人或其他组织的合法权益，本法对行政机关拒绝人民法院判决、裁定、调解书的行为规定了相对严厉的执行措施，以期行政机关切实主动履行义务，提升依法行政能力水平，并发挥遵法、守法、崇法的示范作用。

适用要点

人民法院受理针对行政机关不履行生效法律文书确定义务的强制执行申请后，可以从行政机关拒绝履行义务的动机、超期时间长短、行政相对人权利损害程度等方面多维度考量，依职权适用本

条规定的执行措施,以促使行政机关依法履职,维护司法公信力。通知银行划拨款项一般出现在行政处罚、行政给付、行政协议等案件中,人民法院在划拨时应当注意不得超出行政机关应当履行义务的范围;对行政机关负责人的罚款要注意本条规定的金额范围及起算时间点;提出司法建议,应当适用《最高人民法院关于加强司法建议工作的意见》明确的条件、要求和程序。

第九十七条　【行政强制执行】公民、法人或者其他组织对行政行为在法定期限内不提起诉讼又不履行的,行政机关可以申请人民法院强制执行,或者依法强制执行。

条文注释

本条是关于行政强制执行的规定。

行政强制执行包括两种模式:一是行政机关申请人民法院强制执行,即非诉行政执行;二是行政机关依法直接强制执行。

一、非诉行政执行

(一)非诉行政执行的内涵

非诉行政执行,是指公民、法人或其他组织对行政行为在法定期限内既不提起诉讼又不履行义务,行政机关依法申请人民法院强制执行的制度。

(二)行政机关申请非诉行政执行的条件和期限

行政机关提出非诉行政执行申请的前提条件是,公民、法人或其他组织在法定期限内未提起行政复议或诉讼,同时未履行行政行为确定的义务,且经行政机关催告后仍不履行。

根据《最高人民法院关于适用〈中华人民共和国行政诉讼法〉的解释》第156条的规定,行政机关申请人民法院强制执行,应当自被执行人的法定起诉期限届满之日起3个月内提出。逾期申请的,除有正当理由外,人民法院不予受理。

(三)人民法院的审查与执行

行政机关提出非诉行政执行申请且符合条件的,人民法院应当在5日内立案受理。经对行政机关是否符合申请的条件,是否在法定期限内提出,申请材料是否齐全等要素进行形式上的合法性审查后,人民法院认为没有问题的,自受理之日起7日内作出执行裁定。如果人民法院裁定不予执行的,应当说明理由,并在5日内将不予执行的裁定送达行政机关。行政机关有异议的,可以自收到裁定之日起15日内向上一级人民法院申请复议,上一级人民法院应当自收到复议申请之日起30日内作出是否执行的裁定。

二、行政机关依法强制执行

《行政强制法》第34条规定,"行政机关依法作出行政决定后,当事人在行政机关决定的期限内不履行义务的,具有行政强制执行权的行政机关依照本章规定强制执行"。

行政强制执行由法律设定。此处的法律应作狭义理解,仅限于由全国人民代表大会及其常务委员会制定和修改的法律。因此,我国目前具有行政强制执行权的行政机关主要是公安、税务、海关等主体。

值得关注的是,行政机关依法强制执行,不需要等到行政相对人申请行政复议或提起行政诉讼的法定起诉期限届满。行政决定确定的期限内行政相对人未履行义务,行政机关履行催告程序后仍未履行的,行政机关就可以直接采取强制执行措施。

适用要点

行政复议和行政诉讼是法律赋予行政相对人不服行政机关作出的具体行政行为的救济途径,在法定期限内不提起行政复议或诉讼可视为相对人对行政决定无异议。因此相对人不履行行政决定内容的,行政机关可以适用本条进行强制执行。公安、税务、海关等具有法律规定行政强制执行权的行政主体可以依法进行强制执行,其他行政机关则应当向人民法院提出申请,由人民法院根据《行政强制法》有关规定审查、受理和执行。行政机关申请非诉行政执行的,还需要满足以下三个条件:(1)行政决定生效;(2)履行催告程序后行政相对人仍未履行;(3)自被执行人的法定起诉期限届满之日起3个月内提出。

第九章　涉外行政诉讼

第九十八条　【涉外行政诉讼的法律适用】外国人、无国籍人、外国组织在中华人民共和国进行行政诉讼，适用本法。法律另有规定的除外。

条文注释

本条是关于涉外行政诉讼的法律适用的规定。

本法所称涉外行政诉讼，是指外国人、无国籍人、外国组织认为我国行政机关和行政机关工作人员的行政行为侵犯其合法权益，依法向人民法院提起行政诉讼，并由人民法院受理、审理和执行的活动。

涉外行政诉讼是解决涉外行政管理过程中产生的行政争议的重要途径。具有以下特殊性：(1)提起诉讼的原告是外国人、无国籍人、外国组织，具有涉外因素。(2)被告只能是我国行政机关或者法律、法规授权的组织。(3)诉讼标的是我国行政机关及其工作人员在行使职权过程中实施的具体行政行为，产生纠纷属于我国人民法院受理行政诉讼的受案范围，且该具体行政行为发生在我国领域内，由我国行政机关或法律、法规授权的组织依照我国法律进行处理。(4)涉外行政诉讼的制度和原则存在诸多不同，如本章规定的同等原则、对等原则、委托我国律师代理原则等。

适用要点

人民法院在审理涉外行政案件时，应当遵循本条关于涉外行政诉讼法律适用的原则。首先，除我国声明保留的条款外，优先适用涉外当事人所属国与我国共同参与或缔结的国际条约；其次，在适用国内法时，其他法律规范中对涉外行政诉讼作出的特殊规定应当优先适用,没有特别法的,再适用本法及司法解释有关规定,也可参照《民事诉讼法》中可适用于行政诉讼的条款内容。

案例指引

韩某与A国土资源局、罗某房屋行政登记案①

裁判要旨:人民法院在审理涉外行政案件时,原则上适用《行政诉讼法》,对其他法律中涉及涉外案件的规范应当优先适用,包含实体和程序两方面的规范。本案中B法院在处理涉外纠纷时,未准确适用涉外送达相关法律规范,存在错误,二审法院依法纠正。

第九十九条　【涉外行政诉讼同等原则和对等原则】外国人、无国籍人、外国组织在中华人民共和国进行行政诉讼,同中华人民共和国公民、组织有同等的诉讼权利和义务。

外国法院对中华人民共和国公民、组织的行政诉讼权利加以限制的,人民法院对该国公民、组织的行政诉讼权利,实行对等原则。

条文注释

本条是关于涉外行政诉讼同等原则和对等原则的规定。

一、同等原则

国民待遇原则,是指一国给予在本国境内的外国人、无国籍人及外国组织以本国国民依法享受的各种待遇。同等原则就是国民待遇在诉讼领域的体现。同时,我国《宪法》第32条规定:"中华人民共和国保护在中国境内的外国人的合法权利和利益。"其中也包括了外国人在我国诉讼活动中的合法权利和利益,同等原则符合我国根本大法的创设目的。

① 参见浙江省杭州市中级人民法院(2017)浙01行终422号行政裁定书。

二、对等原则

对等原则是处理国际关系的重要准则，在涉外行政诉讼中实行这一原则，可以促进国家之间相互尊重司法主权，平等交往，保护本国公民、组织的正当权益。

本条第 2 款规定的涉外行政诉讼对等原则主要是指，外国法院若对我国公民、组织的行政诉讼权利加以限制，我国人民法院应当对该国公民、组织的行政诉讼权利采取相应的限制措施，以使该国公民、组织在我国享有的行政诉讼权利与我国公民、组织在该国享有的行政诉讼权利相对等。限制主体是"外国法院"，限制内容是"行政诉讼权利"。

适用要点

人民法院在审理涉外行政案件时，应当适用同等原则和对等原则。根据我国法律判断外国当事人是否具备行政诉讼权利能力和诉讼行为能力，在起诉、审理、执行等诉讼程序中应当保障外国人、无国籍人、外国组织与中国公民、组织享有同等的诉讼权利，承担同等的诉讼义务。由于我国法律缺少关于涉外行政诉讼中外国法查明的程序、责任主体和对等标准的界定等相关规定，目前对等原则在实践中的适用还存在很大难度。

第一百条　【中国律师代理】外国人、无国籍人、外国组织在中华人民共和国进行行政诉讼，委托律师代理诉讼的，应当委托中华人民共和国律师机构的律师。

条文注释

本条是关于委托中国律师代理诉讼的规定。

律师制度是国家司法制度的组成部分，外国律师参加非本国法院的诉讼活动，关系到一个国家的司法主权的问题。司法主权是国家主权的重要组成部分，也是一个独立主权国家实现对国家利益和公民合法权益予以有效保护的重要途径。

每个国家的司法制度、法律规定都存在差异，一国律师的资格是依据本国的法律赋予的,一国律师只能在本国内才能以律师资格接受委托担任行政诉讼的代理人。外国律师未经我国相关程序(例如国家统一法律职业资格考试)认可,不具有从事我国法律职业的资格,不能在中国执行律师职务。另外,当事人委托律师代理诉讼的目的在于求得律师提供法律上的帮助,但一般来说,外国律师对法院地国的法律是不熟悉的,委托非法院地国的律师往往无助于案件的解决。中国的律师作为国家的法律工作者,对中国法律最熟识,完全可以胜任代理行政诉讼的任务。

适用要点

本条规定仅在需要委托律师代理诉讼的情况下,必须委托中国律师,不排斥外国当事人委托其本国公民或者其他国家的公民作为诉讼代理人,不排斥外国驻华使领馆官员,受本国公民的委托,以个人名义而非官方名义担任该国当事人的诉讼代理人,也不排斥外国当事人委托中国公民作为诉讼代理人。

第十章　附　　则

第一百零一条　【适用民事诉讼法规定】人民法院审理行政案件，关于期间、送达、财产保全、开庭审理、调解、中止诉讼、终结诉讼、简易程序、执行等，以及人民检察院对行政案件受理、审理、裁判、执行的监督，本法没有规定的，适用《中华人民共和国民事诉讼法》的相关规定。

条文注释

本条是关于适用民事诉讼法规定的规定。

理解本条应注意以下四个方面：一是本条列举规定的制度，《行政诉讼法》没有规定的，适用《民事诉讼法》相关规定。包括期间、送达、财产保全、开庭审理、调解、中止诉讼、终结诉讼、简易程序、执行等制度。当然，《民事诉讼法》中上述有关规定也不是完全适用《行政诉讼法》。二是本条中有个"等"字。《民事诉讼法》有规定，但本法没有规定，本条也未列举的诉讼制度，只要符合行政诉讼性质的，也适用于行政诉讼。三是《民事诉讼法》中有些诉讼程序制度，本法未规定的，如果不符合行政诉讼性质的，不适用于行政诉讼。四是行政诉讼中的检察监督程序，检察院对案件受理、审理、裁判、执行各环节的检察监督，本法没有规定的，都适用《民事诉讼法》相关规定。

适用要点

行政诉讼与民事诉讼是独立的两种诉讼制度，在性质与任务等方面存在诸多差异。因此，行政诉讼在适用民事诉讼法规定时，不能与本法立法目的相抵触，需经过法院仔细甄别、选择，再进行适用。

第一百零二条 【诉讼费用】人民法院审理行政案件，应当收取诉讼费用。诉讼费用由败诉方承担，双方都有责任的由双方分担。收取诉讼费用的具体办法另行规定。

条文注释

本条是关于诉讼费用的规定。

一、诉讼费用的内容及交纳标准

根据国务院2006年12月19日发布的《诉讼费用交纳办法》的规定，当事人应当向法院交纳的诉讼费用包括：

(1)案件受理费。再审案件中，依照《诉讼费用交纳办法》规定，需要交纳的案件受理费主要有两种情形，一是当事人有新的证据，足以推翻原判决、裁定，向人民法院申请再审，人民法院经审查决定再审的案件；二是当事人对人民法院第一审判决或者裁定未提出上诉，第一审判决、裁定或者调解书发生法律效力后又申请再审，人民法院经审查决定再审的案件。《诉讼费用交纳办法》第8条规定了四种不交纳案件受理费的情况。行政案件的受理费标准一般为每件50元，商标、专利、海事行政案件每件交纳100元。

(2)申请费。申请费，是指当事人适用行政诉讼特殊程序而向人民法院交纳的费用。一般来说，对于申请执行费用，如果没有执行金额的，按件交纳申请费，申请费数额不宜超过案件受理费用；如果涉及执行金额且金额巨大的，可以依照《诉讼费用交纳办法》中的规定适当增加申请费用。申请保全措施的，根据实际保全的财产数额按照规定标准交纳，但当事人申请保全措施交纳的费用最多不超过5000元。

(3)证人、鉴定人、翻译人员、理算人员在人民法院指定日期出庭发生的交通费、住宿费、生活费和误工补贴。上诉费用人民法院按照国家规定标准收取。

二、诉讼费用的负担

行政诉讼费用由败诉方当事人承担，双方当事人都有责任的由双方分担。败诉方承担诉讼费用有下列几种具体情形：(1)案件审理终结时,判定应由当事人某一方承担责任的,案件受理费由败诉的当事人承担。(2)共同诉讼当事人败诉,共同承担案件受理费,由人民法院根据他们各自对诉讼标的利害关系,决定各自应负担的金额。(3)行政案件的被告改变或者撤销具体行政行为,原告申请撤诉,人民法院裁定准许的,案件受理费由被告负担。另一种是双方承担。双方承担是指双方当事人都有责任,在诉讼中部分胜诉、部分败诉,由人民法院根据双方当事人各自的责任大小,确定各自分担的适当比例,双方各自分别承担相应的诉讼费用。

适用要点

《诉讼费用交纳办法》第 8 条规定了不用交纳案件受理费的四种情形,具体为"(一)依照民事诉讼法规定的特别程序审理的案件;(二)裁定不予受理、驳回起诉、驳回上诉的案件;(三)对不予受理、驳回起诉和管辖权异议裁定不服,提起上诉的案件;(四)行政赔偿案件"。

案例指引

李某某与普洱市思茅区南屏镇人民政府乡政府行政纠纷等①

裁判要旨:上诉人李某某因诉被上诉人普洱市思茅区南屏镇人民政府、被上诉人思茅农场管理局房屋征收补偿协议一案,不服云南省普洱市中级人民法院作出的(2019)云 08 行初 8 号行政判决,向云南省高级人民法院提起上诉。一审法院驳回了李某某的诉讼请求,并依据《行政诉讼法》第 102 条规定判决李某某承担案件受理费 50 元。云南省高院经审理查明,一审法院适用法律错误,最终判决撤销一审判决,并判决一审、二审案件受理费各人民币 50 元,由普洱市思茅区南屏镇人民政府负担。

---

① 参见云南省高级人民法院(2020)云行终 77 号案例。

第一百零三条 【施行时间】本法自1990年10月1日起施行。

条文注释

本条是关于本法施行日期的规定。

法律施行时间,也称法律的生效时间,是指法律从何时开始生效,这是所有法律都涉及的问题。《立法法》第61条规定:"法律应当明确规定施行日期。"第62条第1款规定:"签署公布法律的主席令载明该法律的制定机关、通过和施行日期。"

适用要点

法律的生效时间,涉及法律的溯及力问题。所谓法律的溯及力,是指法律溯及既往的效力。即一部法律生效后,对其生效以前发生的事件和行为,是否适用该法的问题。如果适用该法,就表明该法具有溯及力;如果不适用该法,就表明该法不具有溯及力。如果具有溯及力的,法律要明确规定适用原则。关于溯及力的原则一般采用"从旧兼从轻"原则,即新的法律施行以前的行为,该行为实施时的法律不认为是违法的,适用当时的法律;当时的法律认为是违法的,依照当时的法律给予处罚,但是新的法律不认为是违法,或者处罚较轻的,则适用新法。《立法法》第104条规定:"法律、行政法规、地方性法规、自治条例和单行条例、规章不溯及既往,但为了更好地保护公民、法人和其他组织的权利和利益而作的特别规定除外。"根据这一规定,我国法律原则上不溯及既往,即没有溯及力,不适用于法律生效以前发生的事件和行为。本法也是采用这一原则。

附　录

最高人民法院关于适用《中华人民共和国行政诉讼法》的解释

（2017 年 11 月 13 日最高人民法院审判委员会第 1726 次会议通过　2018 年 2 月 6 日公布　自 2018 年 2 月 8 日起施行　法释〔2018〕1 号）

为正确适用《中华人民共和国行政诉讼法》（以下简称行政诉讼法），结合人民法院行政审判工作实际，制定本解释。

一、受案范围

第一条　公民、法人或者其他组织对行政机关及其工作人员的行政行为不服，依法提起诉讼的，属于人民法院行政诉讼的受案范围。

下列行为不属于人民法院行政诉讼的受案范围：

（一）公安、国家安全等机关依照刑事诉讼法的明确授权实施的行为；

（二）调解行为以及法律规定的仲裁行为；

（三）行政指导行为；

（四）驳回当事人对行政行为提起申诉的重复处理行为；

（五）行政机关作出的不产生外部法律效力的行为；

（六）行政机关为作出行政行为而实施的准备、论证、研究、层报、咨询等过程性行为；

（七）行政机关根据人民法院的生效裁判、协助执行通知书作出的执行行为，但行政机关扩大执行范围或者采取违法方式实施的除外；

（八）上级行政机关基于内部层级监督关系对下级行政机关作出的听取报告、执法检查、督促履责等行为；

（九）行政机关针对信访事项作出的登记、受理、交办、转送、复查、复核意见等行为；

（十）对公民、法人或者其他组织权利义务不产生实际影响的行为。

第二条　行政诉讼法第十三条第一项规定的“国家行为”，是指国务院、中央军事委员会、国防部、外交部等根据宪法和法律的授权，以国家的名义实施的有关国防和外交事务的行为，以及经宪法和法律授权的国家机关宣布紧急状态等行为。

行政诉讼法第十三条第二项规定的“具有普遍约束力的决定、命令”，是指行政机关针对不特定对象发布的能反复适用的规范性文件。

行政诉讼法第十三条第三项规定的“对行政机关工作人员的奖惩、任免等决定”，是指行政机关作出的涉及行政机关工作人员公务员权利义务的决定。

行政诉讼法第十三条第四项规定的“法律规定由行政机关最终裁决的行政行为”中的“法律”，是指全国人民代表大会及其常务委员会制定、通过的规范性文件。

二、管　　辖

第三条　各级人民法院行政审判庭审理行政案件和审查行政机关申请执行其行政行为的案件。

专门人民法院、人民法庭不审理行政案件，也不审查和执行行政机关申请执行其行政行为的案件。铁路运输法院等专门人民法院审理行政案件，应当执行行政诉讼法第十八条第二款的规定。

第四条　立案后，受诉人民法院的管辖权不受当事人住所地改变、追加被告等事实和法律状态变更的影响。

第五条　有下列情形之一的，属于行政诉讼法第十五条第三项规定的“本辖区内重大、复杂的案件”：

（一）社会影响重大的共同诉讼案件；

（二）涉外或者涉及香港特别行政区、澳门特别行政区、台湾地区的案件；

（三）其他重大、复杂案件。

第六条　当事人以案件重大复杂为由，认为有管辖权的基层人民法院不宜行使管辖权或者根据行政诉讼法第五十二条的规定，向中级人民法院起诉，中级人民法院应当根据不同情况在七日内分别作出以下处理：

（一）决定自行审理；

（二）指定本辖区其他基层人民法院管辖；

（三）书面告知当事人向有管辖权的基层人民法院起诉。

第七条　基层人民法院对其管辖的第一审行政案件，认为需要由中级人民法院审理或者指定管辖的，可以报请中级人民法院决定。中级人民法院应当根据不同情况在七日内分别作出以下处理：

（一）决定自行审理；

（二）指定本辖区其他基层人民法院管辖；

（三）决定由报请的人民法院审理。

第八条　行政诉讼法第十九条规定的“原告所在地”，包括原告的户籍所在地、经常居住地和被限制人身自由地。

对行政机关基于同一事实，既采取限制公民人身自由的行政强制措施，又采取其他行政强制措施或者行政处罚不服的，由被告所在地或者原告所在地的人民法院管辖。

第九条　行政诉讼法第二十条规定的“因不动产提起的行政诉讼”是指因行政行为导致不动产物权变动而提起的诉讼。

不动产已登记的，以不动产登记簿记载的所在地为不动产所在地；不动产未登记的，以不动产实际所在地为不动产所在地。

第十条　人民法院受理案件后，被告提出管辖异议的，应当在收到起诉状副本之日起十五日内提出。

对当事人提出的管辖异议，人民法院应当进行审查。异议成立的，裁定将案件移送有管辖权的人民法院；异议不成立的，裁定驳回。

人民法院对管辖异议审查后确定有管辖权的，不因当事人增加或者变更诉讼请求等改变管辖，但违反级别管辖、专属管辖规定的除外。

第十一条　有下列情形之一的，人民法院不予审查：

（一）人民法院发回重审或者按第一审程序再审的案件，当事人提出管辖异议的；

（二）当事人在第一审程序中未按照法律规定的期限和形式提出管辖异议，在第二审程序中提出的。

三、诉讼参加人

第十二条　有下列情形之一的，属于行政诉讼法第二十五条第一款规定的“与行政行为有利害关系”：

（一）被诉的行政行为涉及其相邻权或者公平竞争权的；

（二）在行政复议等行政程序中被追加为第三人的；

（三）要求行政机关依法追究加害人法律责任的；

（四）撤销或者变更行政行为涉及其合法权益的；

（五）为维护自身合法权益向行政机关投诉，具有处理投诉职责的行政机关作出或者未作出处理的；

（六）其他与行政行为有利害关系的情形。

第十三条　债权人以行政机关对债务人所作的行政行为损害债权实现为由提起行政诉讼的，人民法院应当告知其就民事争议提起民事诉讼，但行政机关作出行政行为时依法应予保护或者应予考虑的除外。

第十四条　行政诉讼法第二十五条第二款规定的“近亲属”，包括配偶、父母、子女、兄弟姐妹、祖父母、外祖父母、孙子女、外孙子女和其他具有扶养、赡养关系的亲属。

公民因被限制人身自由而不能提起诉讼的，其近亲属可以依其口头或者书面委托以该公民的名义提起诉讼。近亲属起诉时无法与被限制人身自由的公民取得联系，近亲属可以先行起诉，并在诉讼中补充提交委托证明。

第十五条　合伙企业向人民法院提起诉讼的，应当以核准登记的字号为原告。未依法登记领取营业执照的个人合伙的全体合伙人为共同原告；全体合伙人可以推选代表人，被推选的代表人，应当由全体合伙人出具推选书。

个体工商户向人民法院提起诉讼的，以营业执照上登记的经营者为原告。有字号的,以营业执照上登记的字号为原告,并应当注明该字号经营者的基本信息。

第十六条　股份制企业的股东大会、股东会、董事会等认为行政机关作出的行政行为侵犯企业经营自主权的,可以企业名义提起诉讼。

联营企业、中外合资或者合作企业的联营、合资、合作各方,认为联营、合资、合作企业权益或者自己一方合法权益受行政行为侵害的,可以自己的名义提起诉讼。

非国有企业被行政机关注销、撤销、合并、强令兼并、出售、分立或者改变企业隶属关系的,该企业或者其法定代表人可以提起诉讼。

第十七条　事业单位、社会团体、基金会、社会服务机构等非营利法人的出资人、设立人认为行政行为损害法人合法权益的,可以自己的名义提起诉讼。

第十八条　业主委员会对于行政机关作出的涉及业主共有利益的行政行为,可以自己的名义提起诉讼。

业主委员会不起诉的,专有部分占建筑物总面积过半数或者占总户数过半数的业主可以提起诉讼。

第十九条　当事人不服经上级行政机关批准的行政行为,向人民法院提起诉讼的,以在对外发生法律效力的文书上署名的机关为被告。

第二十条　行政机关组建并赋予行政管理职能但不具有独立承担法律责任能力的机构,以自己的名义作出行政行为,当事人不服提起诉讼的,应当以组建该机构的行政机关为被告。

法律、法规或者规章授权行使行政职权的行政机关内设机构、派出机构或者其他组织,超出法定授权范围实施行政行为,当事人不服提起诉讼的,应当以实施该行为的机构或者组织为被告。

没有法律、法规或者规章规定,行政机关授权其内设机构、派出机构或者其他组织行使行政职权的,属于行政诉讼法第二十六条规定的委托。当事人不服提起诉讼的,应当以该行政机关为被告。

第二十一条　当事人对由国务院、省级人民政府批准设立的开发区管理机构作出的行政行为不服提起诉讼的,以该开发区管理机构为被告;对由国务院、省级人民政府批准设立的开发区管理机构所属职能部门作出的行政行为不服提起诉讼的,以其职能部门为被告;对其他开发区管理机构所属职能部门作出的行政行为不服提起诉讼的,以开发区管理机构为被告;开发区管理机构没有行政主体资格的,以设立该机构的地方人民政府为被告。

第二十二条 行政诉讼法第二十六条第二款规定的“复议机关改变原行政行为”,是指复议机关改变原行政行为的处理结果。复议机关改变原行政行为所认定的主要事实和证据、改变原行政行为所适用的规范依据,但未改变原行政行为处理结果的,视为复议机关维持原行政行为。

复议机关确认原行政行为无效,属于改变原行政行为。

复议机关确认原行政行为违法,属于改变原行政行为,但复议机关以违反法定程序为由确认原行政行为违法的除外。

第二十三条 行政机关被撤销或者职权变更,没有继续行使其职权的行政机关的,以其所属的人民政府为被告;实行垂直领导的,以垂直领导的上一级行政机关为被告。

第二十四条 当事人对村民委员会或者居民委员会依据法律、法规、规章的授权履行行政管理职责的行为不服提起诉讼的,以村民委员会或者居民委员会为被告。

当事人对村民委员会、居民委员会受行政机关委托作出的行为不服提起诉讼的,以委托的行政机关为被告。

当事人对高等学校等事业单位以及律师协会、注册会计师协会等行业协会依据法律、法规、规章的授权实施的行政行为不服提起诉讼的,以该事业单位、行业协会为被告。

当事人对高等学校等事业单位以及律师协会、注册会计师协会等行业协会受行政机关委托作出的行为不服提起诉讼的,以委托的行政机关为被告。

第二十五条 市、县级人民政府确定的房屋征收部门组织实施房屋征收与补偿工作过程中作出行政行为,被征收人不服提起诉讼的,以房屋征收部门为被告。

征收实施单位受房屋征收部门委托,在委托范围内从事的行为,被征收人不服提起诉讼的,应当以房屋征收部门为被告。

第二十六条　原告所起诉的被告不适格，人民法院应当告知原告变更被告；原告不同意变更的，裁定驳回起诉。

应当追加被告而原告不同意追加的，人民法院应当通知其以第三人的身份参加诉讼，但行政复议机关作共同被告的除外。

第二十七条　必须共同进行诉讼的当事人没有参加诉讼的，人民法院应当依法通知其参加；当事人也可以向人民法院申请参加。

人民法院应当对当事人提出的申请进行审查，申请理由不成立的，裁定驳回；申请理由成立的，书面通知其参加诉讼。

前款所称的必须共同进行诉讼，是指按照行政诉讼法第二十七条的规定，当事人一方或者双方为两人以上，因同一行政行为发生行政争议，人民法院必须合并审理的诉讼。

第二十八条　人民法院追加共同诉讼的当事人时，应当通知其他当事人。应当追加的原告，已明确表示放弃实体权利的，可不予追加；既不愿意参加诉讼，又不放弃实体权利的，应追加为第三人，其不参加诉讼，不能阻碍人民法院对案件的审理和裁判。

第二十九条　行政诉讼法第二十八条规定的“人数众多”，一般指十人以上。

根据行政诉讼法第二十八条的规定，当事人一方人数众多的，由当事人推选代表人。当事人推选不出的，可以由人民法院在起诉的当事人中指定代表人。

行政诉讼法第二十八条规定的代表人为二至五人。代表人可以委托一至二人作为诉讼代理人。

第三十条　行政机关的同一行政行为涉及两个以上利害关系人，其中一部分利害关系人对行政行为不服提起诉讼，人民法院应当通知没有起诉的其他利害关系人作为第三人参加诉讼。

与行政案件处理结果有利害关系的第三人，可以申请参加诉讼，或者由人民法院通知其参加诉讼。人民法院判决其承担义务或者减损其权益的第三人，有权提出上诉或者申请再审。

行政诉讼法第二十九条规定的第三人，因不能归责于本人的事由未参加诉讼，但有证据证明发生法律效力的判决、裁定、调解书损害其合法权益的，可以依照行政诉讼法第九十条的规定，自知道或者应当知道其合法权益受到损害之日起六个月内，向上一级人民法院申请再审。

第三十一条　当事人委托诉讼代理人，应当向人民法院提交由委托人签名或者盖章的授权委托书。委托书应当载明委托事项和具体权限。公民在特殊情况下无法书面委托的，也可以由他人代书，并由自己捺印等方式确认，人民法院应当核实并记录在卷；被诉行政机关或者其他有义务协助的机关拒绝人民法院向被限制人身自由的公民核实的，视为委托成立。当事人解除或者变更委托的，应当书面报告人民法院。

第三十二条　依照行政诉讼法第三十一条第二款第二项规定，与当事人有合法劳动人事关系的职工，可以当事人工作人员的名义作为诉讼代理人。以当事人的工作人员身份参加诉讼活动，应当提交以下证据之一加以证明：

（一）缴纳社会保险记录凭证；

（二）领取工资凭证；

（三）其他能够证明其为当事人工作人员身份的证据。

第三十三条　根据行政诉讼法第三十一条第二款第三项规定，有关社会团体推荐公民担任诉讼代理人的，应当符合下列条件：

（一）社会团体属于依法登记设立或者依法免予登记设立的非营利性法人组织；

（二）被代理人属于该社会团体的成员，或者当事人一方住所地位于该社会团体的活动地域；

（三）代理事务属于该社会团体章程载明的业务范围；

（四）被推荐的公民是该社会团体的负责人或者与该社会团体有合法劳动人事关系的工作人员。

专利代理人经中华全国专利代理人协会推荐，可以在专利行政案件中担任诉讼代理人。

四、证　据

第三十四条　根据行政诉讼法第三十六条第一款的规定，被告申请延期提供证据的，应当在收到起诉状副本之日起十五日内以书面方式向人民法院提出。人民法院准许延期提供的，被告应当在正当事由消除后十五日内提供证据。逾期提供的，视为被诉行政行为没有相应的证据。

第三十五条　原告或者第三人应当在开庭审理前或者人民法院指定的交换证据清单之日提供证据。因正当事由申请延期提供证据的，经人民法院准许，可以在法庭调查中提供。逾期提供证据的，人民法院应当责令其说明理由；拒不说明理由或者理由不成立的，视为放弃举证权利。

原告或者第三人在第一审程序中无正当事由未提供而在第二审程序中提供的证据，人民法院不予接纳。

第三十六条　当事人申请延长举证期限，应当在举证期限届满前向人民法院提出书面申请。

申请理由成立的，人民法院应当准许，适当延长举证期限，并通知其他当事人。申请理由不成立的，人民法院不予准许，并通知申请人。

第三十七条　根据行政诉讼法第三十九条的规定，对当事人无争议，但涉及国家利益、公共利益或者他人合法权益的事实，人民法院可以责令当事人提供或者补充有关证据。

第三十八条　对于案情比较复杂或者证据数量较多的案件，人民法院可以组织当事人在开庭前向对方出示或者交换证据，并将交换证据清单的情况记录在卷。

当事人在庭前证据交换过程中没有争议并记录在卷的证据，经审判人员在庭审中说明后，可以作为认定案件事实的依据。

第三十九条　当事人申请调查收集证据，但该证据与待证事实无关联、对证明待证事实无意义或者其他无调查收集必要的，人民法院不予准许。

第四十条　人民法院在证人出庭作证前应当告知其如实作证的义务以及作伪证的法律后果。

证人因履行出庭作证义务而支出的交通、住宿、就餐等必要费用以及误工损失，由败诉一方当事人承担。

第四十一条　有下列情形之一，原告或者第三人要求相关行政执法人员出庭说明的，人民法院可以准许：

（一）对现场笔录的合法性或者真实性有异议的；

（二）对扣押财产的品种或者数量有异议的；

（三）对检验的物品取样或者保管有异议的；

（四）对行政执法人员身份的合法性有异议的；

（五）需要出庭说明的其他情形。

第四十二条　能够反映案件真实情况、与待证事实相关联、来源和形式符合法律规定的证据，应当作为认定案件事实的根据。

第四十三条　有下列情形之一的，属于行政诉讼法第四十三条第三款规定的“以非法手段取得的证据”：

（一）严重违反法定程序收集的证据材料；

（二）以违反法律强制性规定的手段获取且侵害他人合法权益的证据材料；

（三）以利诱、欺诈、胁迫、暴力等手段获取的证据材料。

第四十四条　人民法院认为有必要的，可以要求当事人本人或者行政机关执法人员到庭，就案件有关事实接受询问。在询问之前，可以要求其签署保证书。

保证书应当载明据实陈述、如有虚假陈述愿意接受处罚等内容。当事人或者行政机关执法人员应当在保证书上签名或者捺印。

负有举证责任的当事人拒绝到庭、拒绝接受询问或者拒绝签署保证书，待证事实又欠缺其他证据加以佐证的，人民法院对其主张的事实不予认定。

第四十五条　被告有证据证明其在行政程序中依照法定程序要求原告或者第三人提供证据，原告或者第三人依法应当提供而没有提供，在诉讼程序中提供的证据，人民法院一般不予采纳。

第四十六条　原告或者第三人确有证据证明被告持有的证据对原告或者第三人有利的，可以在开庭审理前书面申请人民法院责令行政机关提交。

申请理由成立的，人民法院应当责令行政机关提交，因提交证据所产生的费用，由申请人预付。行政机关无正当理由拒不提交的，人民法院可以推定原告或者第三人基于该证据主张的事实成立。

持有证据的当事人以妨碍对方当事人使用为目的，毁灭有关证据或者实施其他致使证据不能使用行为的，人民法院可以推定对方当事人基于该证据主张的事实成立，并可依照行政诉讼法第五十九条规定处理。

第四十七条 根据行政诉讼法第三十八条第二款的规定，在行政赔偿、补偿案件中，因被告的原因导致原告无法就损害情况举证的，应当由被告就该损害情况承担举证责任。

对于各方主张损失的价值无法认定的，应当由负有举证责任的一方当事人申请鉴定，但法律、法规、规章规定行政机关在作出行政行为时依法应当评估或者鉴定的除外；负有举证责任的当事人拒绝申请鉴定的，由其承担不利的法律后果。

当事人的损失因客观原因无法鉴定的，人民法院应当结合当事人的主张和在案证据，遵循法官职业道德，运用逻辑推理和生活经验、生活常识等，酌情确定赔偿数额。

五、期间、送达

第四十八条 期间包括法定期间和人民法院指定的期间。

期间以时、日、月、年计算。期间开始的时和日，不计算在期间内。

期间届满的最后一日是节假日的，以节假日后的第一日为期间届满的日期。

期间不包括在途时间，诉讼文书在期满前交邮的，视为在期限内发送。

第四十九条 行政诉讼法第五十一条第二款规定的立案期限，因起诉状内容欠缺或者有其他错误通知原告限期补正的，从补正后递交人民法院的次日起算。由上级人民法院转交下级人民法院立案的案件，从受诉人民法院收到起诉状的次日起算。

第五十条 行政诉讼法第八十一条、第八十三条、第八十八条规定的审理期限，是指从立案之日起至裁判宣告、调解书送达之日止的期间，但公告期间、鉴定期间、调解期间、中止诉讼期间、审理当事人提出的管辖异议以及处理人民法院之间的管辖争议期间不应计算在内。

再审案件按照第一审程序或者第二审程序审理的，适用行政诉讼法第八十一条、第八十八条规定的审理期限。审理期限自再审立案的次日起算。

基层人民法院申请延长审理期限,应当直接报请高级人民法院批准,同时报中级人民法院备案。

第五十一条　人民法院可以要求当事人签署送达地址确认书,当事人确认的送达地址为人民法院法律文书的送达地址。

当事人同意电子送达的,应当提供并确认传真号、电子信箱等电子送达地址。

当事人送达地址发生变更的,应当及时书面告知受理案件的人民法院;未及时告知的,人民法院按原地址送达,视为依法送达。

人民法院可以通过国家邮政机构以法院专递方式进行送达。

第五十二条　人民法院可以在当事人住所地以外向当事人直接送达诉讼文书。当事人拒绝签署送达回证的,采用拍照、录像等方式记录送达过程即视为送达。审判人员、书记员应当在送达回证上注明送达情况并签名。

六、起诉与受理

第五十三条　人民法院对符合起诉条件的案件应当立案,依法保障当事人行使诉讼权利。

对当事人依法提起的诉讼,人民法院应当根据行政诉讼法第五十一条的规定接收起诉状。能够判断符合起诉条件的,应当当场登记立案;当场不能判断是否符合起诉条件的,应当在接收起诉状后七日内决定是否立案;七日内仍不能作出判断的,应当先予立案。

第五十四条　依照行政诉讼法第四十九条的规定,公民、法人或者其他组织提起诉讼时应当提交以下起诉材料:

(一)原告的身份证明材料以及有效联系方式;

(二)被诉行政行为或者不作为存在的材料;

(三)原告与被诉行政行为具有利害关系的材料;

(四)人民法院认为需要提交的其他材料。

由法定代理人或者委托代理人代为起诉的,还应当在起诉状中写明或者在口头起诉时向人民法院说明法定代理人或者委托代理人的基本情况，并提交法定代理人或者委托代理人的身份证明和代理权限证明等材料。

第五十五条　依照行政诉讼法第五十一条的规定，人民法院应当就起诉状内容和材料是否完备以及是否符合行政诉讼法规定的起诉条件进行审查。

起诉状内容或者材料欠缺的，人民法院应当给予指导和释明，并一次性全面告知当事人需要补正的内容、补充的材料及期限。在指定期限内补正并符合起诉条件的，应当登记立案。当事人拒绝补正或者经补正仍不符合起诉条件的，退回诉状并记录在册；坚持起诉的，裁定不予立案，并载明不予立案的理由。

第五十六条　法律、法规规定应当先申请复议，公民、法人或者其他组织未申请复议直接提起诉讼的，人民法院裁定不予立案。

依照行政诉讼法第四十五条的规定，复议机关不受理复议申请或者在法定期限内不作出复议决定，公民、法人或者其他组织不服，依法向人民法院提起诉讼的，人民法院应当依法立案。

第五十七条　法律、法规未规定行政复议为提起行政诉讼必经程序，公民、法人或者其他组织既提起诉讼又申请行政复议的，由先立案的机关管辖；同时立案的，由公民、法人或者其他组织选择。公民、法人或者其他组织已经申请行政复议，在法定复议期间内又向人民法院提起诉讼的，人民法院裁定不予立案。

第五十八条　法律、法规未规定行政复议为提起行政诉讼必经程序，公民、法人或者其他组织向复议机关申请行政复议后，又经复议机关同意撤回复议申请，在法定起诉期限内对原行政行为提起诉讼的，人民法院应当依法立案。

第五十九条　公民、法人或者其他组织向复议机关申请行政复议后，复议机关作出维持决定的，应当以复议机关和原行为机关为共同被告，并以复议决定送达时间确定起诉期限。

第六十条　人民法院裁定准许原告撤诉后，原告以同一事实和理由重新起诉的，人民法院不予立案。

准予撤诉的裁定确有错误，原告申请再审的，人民法院应当通过审判监督程序撤销原准予撤诉的裁定，重新对案件进行审理。

第六十一条　原告或者上诉人未按规定的期限预交案件受理费，又不提出缓交、减交、免交申请，或者提出申请未获批准的，按自动撤诉处理。在按撤诉处理后，原告或者上诉人在法定期限内再次起诉或者上诉，并依法解决诉讼费预交问题的，人民法院应予立案。

第六十二条　人民法院判决撤销行政机关的行政行为后，公民、法人或者其他组织对行政机关重新作出的行政行为不服向人民法院起诉的，人民法院应当依法立案。

第六十三条　行政机关作出行政行为时，没有制作或者没有送达法律文书，公民、法人或者其他组织只要能证明行政行为存在，并在法定期限内起诉的，人民法院应当依法立案。

第六十四条　行政机关作出行政行为时，未告知公民、法人或者其他组织起诉期限的，起诉期限从公民、法人或者其他组织知道或者应当知道起诉期限之日起计算，但从知道或者应当知道行政行为内容之日起最长不得超过一年。

复议决定未告知公民、法人或者其他组织起诉期限的，适用前款规定。

第六十五条　公民、法人或者其他组织不知道行政机关作出的行政行为内容的，其起诉期限从知道或者应当知道该行政行为内容之日起计算，但最长不得超过行政诉讼法第四十六条第二款规定的起诉期限。

第六十六条　公民、法人或者其他组织依照行政诉讼法第四十七条第一款的规定，对行政机关不履行法定职责提起诉讼的，应当在行政机关履行法定职责期限届满之日起六个月内提出。

第六十七条　原告提供被告的名称等信息足以使被告与其他行政机关相区别的，可以认定为行政诉讼法第四十九条第二项规定的“有明确的被告”。

起诉状列写被告信息不足以认定明确的被告的，人民法院可以告知原告补正；原告补正后仍不能确定明确的被告的，人民法院裁定不予立案。

第六十八条　行政诉讼法第四十九条第三项规定的“有具体的诉讼

请求”是指：

（一）请求判决撤销或者变更行政行为；

（二）请求判决行政机关履行特定法定职责或者给付义务；

（三）请求判决确认行政行为违法；

（四）请求判决确认行政行为无效；

（五）请求判决行政机关予以赔偿或者补偿；

（六）请求解决行政协议争议；

（七）请求一并审查规章以下规范性文件；

（八）请求一并解决相关民事争议；

（九）其他诉讼请求。

当事人单独或者一并提起行政赔偿、补偿诉讼的，应当有具体的赔偿、补偿事项以及数额；请求一并审查规章以下规范性文件的，应当提供明确的文件名称或者审查对象；请求一并解决相关民事争议的，应当有具体的民事诉讼请求。

当事人未能正确表达诉讼请求的，人民法院应当要求其明确诉讼请求。

第六十九条 有下列情形之一，已经立案的，应当裁定驳回起诉：

（一）不符合行政诉讼法第四十九条规定的；

（二）超过法定起诉期限且无行政诉讼法第四十八条规定情形的；

（三）错列被告且拒绝变更的；

（四）未按照法律规定由法定代理人、指定代理人、代表人为诉讼行为的；

（五）未按照法律、法规规定先向行政机关申请复议的；

（六）重复起诉的；

（七）撤回起诉后无正当理由再行起诉的；

（八）行政行为对其合法权益明显不产生实际影响的；

（九）诉讼标的已为生效裁判或者调解书所羁束的；

（十）其他不符合法定起诉条件的情形。

前款所列情形可以补正或者更正的，人民法院应当指定期间责令补正或者更正；在指定期间已经补正或者更正的，应当依法审理。

人民法院经过阅卷、调查或者询问当事人,认为不需要开庭审理的,可以迳行裁定驳回起诉。

第七十条　起诉状副本送达被告后,原告提出新的诉讼请求的,人民法院不予准许,但有正当理由的除外。

七、审理与判决

第七十一条　人民法院适用普通程序审理案件,应当在开庭三日前用传票传唤当事人。对证人、鉴定人、勘验人、翻译人员,应当用通知书通知其到庭。当事人或者其他诉讼参与人在外地的,应当留有必要的在途时间。

第七十二条　有下列情形之一的,可以延期开庭审理:

(一)应当到庭的当事人和其他诉讼参与人有正当理由没有到庭的;

(二)当事人临时提出回避申请且无法及时作出决定的;

(三)需要通知新的证人到庭,调取新的证据,重新鉴定、勘验,或者需要补充调查的;

(四)其他应当延期的情形。

第七十三条　根据行政诉讼法第二十七条的规定,有下列情形之一的,人民法院可以决定合并审理:

(一)两个以上行政机关分别对同一事实作出行政行为,公民、法人或者其他组织不服向同一人民法院起诉的;

(二)行政机关就同一事实对若干公民、法人或者其他组织分别作出行政行为,公民、法人或者其他组织不服分别向同一人民法院起诉的;

(三)在诉讼过程中,被告对原告作出新的行政行为,原告不服向同一人民法院起诉的;

(四)人民法院认为可以合并审理的其他情形。

第七十四条　当事人申请回避,应当说明理由,在案件开始审理时提出;回避事由在案件开始审理后知道的,应当在法庭辩论终结前提出。

被申请回避的人员,在人民法院作出是否回避的决定前,应当暂停参与本案的工作,但案件需要采取紧急措施的除外。

对当事人提出的回避申请,人民法院应当在三日内以口头或者书面形式作出决定。对当事人提出的明显不属于法定回避事由的申请,法庭可以依法当庭驳回。

申请人对驳回回避申请决定不服的,可以向作出决定的人民法院申请复议一次。复议期间,被申请回避的人员不停止参与本案的工作。对申请人的复议申请,人民法院应当在三日内作出复议决定,并通知复议申请人。

第七十五条　在一个审判程序中参与过本案审判工作的审判人员,不得再参与该案其他程序的审判。

发回重审的案件,在一审法院作出裁判后又进入第二审程序的,原第二审程序中合议庭组成人员不受前款规定的限制。

第七十六条　人民法院对于因一方当事人的行为或者其他原因,可能使行政行为或者人民法院生效裁判不能或者难以执行的案件,根据对方当事人的申请,可以裁定对其财产进行保全、责令其作出一定行为或者禁止其作出一定行为;当事人没有提出申请的,人民法院在必要时也可以裁定采取上述保全措施。

人民法院采取保全措施,可以责令申请人提供担保;申请人不提供担保的,裁定驳回申请。

人民法院接受申请后,对情况紧急的,必须在四十八小时内作出裁定;裁定采取保全措施的,应当立即开始执行。

当事人对保全的裁定不服的,可以申请复议;复议期间不停止裁定的执行。

第七十七条　利害关系人因情况紧急,不立即申请保全将会使其合法权益受到难以弥补的损害的,可以在提起诉讼前向被保全财产所在地、被申请人住所地或者对案件有管辖权的人民法院申请采取保全措施。申请人应当提供担保,不提供担保的,裁定驳回申请。

人民法院接受申请后,必须在四十八小时内作出裁定;裁定采取保全措施的,应当立即开始执行。

申请人在人民法院采取保全措施后三十日内不依法提起诉讼的,人民法院应当解除保全。

当事人对保全的裁定不服的,可以申请复议;复议期间不停止裁定的执行。

第七十八条 保全限于请求的范围,或者与本案有关的财物。

财产保全采取查封、扣押、冻结或者法律规定的其他方法。人民法院保全财产后,应当立即通知被保全人。

财产已被查封、冻结的,不得重复查封、冻结。

涉及财产的案件,被申请人提供担保的,人民法院应当裁定解除保全。

申请有错误的,申请人应当赔偿被申请人因保全所遭受的损失。

第七十九条 原告或者上诉人申请撤诉,人民法院裁定不予准许的,原告或者上诉人经传票传唤无正当理由拒不到庭,或者未经法庭许可中途退庭的,人民法院可以缺席判决。

第三人经传票传唤无正当理由拒不到庭,或者未经法庭许可中途退庭的,不发生阻止案件审理的效果。

根据行政诉讼法第五十八条的规定,被告经传票传唤无正当理由拒不到庭,或者未经法庭许可中途退庭的,人民法院可以按期开庭或者继续开庭审理,对到庭的当事人诉讼请求、双方的诉辩理由以及已经提交的证据及其他诉讼材料进行审理后,依法缺席判决。

第八十条 原告或者上诉人在庭审中明确拒绝陈述或者以其他方式拒绝陈述,导致庭审无法进行,经法庭释明法律后果后仍不陈述意见的,视为放弃陈述权利,由其承担不利的法律后果。

当事人申请撤诉或者依法可以按撤诉处理的案件,当事人有违反法律的行为需要依法处理的,人民法院可以不准许撤诉或者不按撤诉处理。

法庭辩论终结后原告申请撤诉,人民法院可以准许,但涉及到国家利益和社会公共利益的除外。

第八十一条 被告在一审期间改变被诉行政行为的,应当书面告知人民法院。

原告或者第三人对改变后的行政行为不服提起诉讼的,人民法院应当就改变后的行政行为进行审理。

被告改变原违法行政行为,原告仍要求确认原行政行为违法的,人民法院应当依法作出确认判决。

原告起诉被告不作为,在诉讼中被告作出行政行为,原告不撤诉的,人民法院应当就不作为依法作出确认判决。

第八十二条 当事人之间恶意串通,企图通过诉讼等方式侵害国家利益、社会公共利益或者他人合法权益的,人民法院应当裁定驳回起诉或者判决驳回其请求,并根据情节轻重予以罚款、拘留;构成犯罪的,依法追究刑事责任。

第八十三条 行政诉讼法第五十九条规定的罚款、拘留可以单独适用,也可以合并适用。

对同一妨害行政诉讼行为的罚款、拘留不得连续适用。发生新的妨害行政诉讼行为的,人民法院可以重新予以罚款、拘留。

第八十四条 人民法院审理行政诉讼法第六十条第一款规定的行政案件,认为法律关系明确、事实清楚,在征得当事人双方同意后,可以迳行调解。

第八十五条 调解达成协议,人民法院应当制作调解书。调解书应当写明诉讼请求、案件的事实和调解结果。

调解书由审判人员、书记员署名,加盖人民法院印章,送达双方当事人。

调解书经双方当事人签收后,即具有法律效力。调解书生效日期根据最后收到调解书的当事人签收的日期确定。

第八十六条 人民法院审理行政案件,调解过程不公开,但当事人同意公开的除外。

经人民法院准许,第三人可以参加调解。人民法院认为有必要的,可以通知第三人参加调解。

调解协议内容不公开,但为保护国家利益、社会公共利益、他人合法权益,人民法院认为确有必要公开的除外。

当事人一方或者双方不愿调解、调解未达成协议的,人民法院应当及时判决。

当事人自行和解或者调解达成协议后,请求人民法院按照和解协议或者调解协议的内容制作判决书的,人民法院不予准许。

第八十七条 在诉讼过程中,有下列情形之一的,中止诉讼:

（一）原告死亡，须等待其近亲属表明是否参加诉讼的；

（二）原告丧失诉讼行为能力，尚未确定法定代理人的；

（三）作为一方当事人的行政机关、法人或者其他组织终止，尚未确定权利义务承受人的；

（四）一方当事人因不可抗力的事由不能参加诉讼的；

（五）案件涉及法律适用问题，需要送请有权机关作出解释或者确认的；

（六）案件的审判须以相关民事、刑事或者其他行政案件的审理结果为依据，而相关案件尚未审结的；

（七）其他应当中止诉讼的情形。

中止诉讼的原因消除后，恢复诉讼。

第八十八条 在诉讼过程中，有下列情形之一的，终结诉讼：

（一）原告死亡，没有近亲属或者近亲属放弃诉讼权利的；

（二）作为原告的法人或者其他组织终止后，其权利义务的承受人放弃诉讼权利的。

因本解释第八十七条第一款第一、二、三项原因中止诉讼满九十日仍无人继续诉讼的，裁定终结诉讼，但有特殊情况的除外。

第八十九条 复议决定改变原行政行为错误，人民法院判决撤销复议决定时，可以一并责令复议机关重新作出复议决定或者判决恢复原行政行为的法律效力。

第九十条 人民法院判决被告重新作出行政行为，被告重新作出的行政行为与原行政行为的结果相同，但主要事实或者主要理由有改变的，不属于行政诉讼法第七十一条规定的情形。

人民法院以违反法定程序为由，判决撤销被诉行政行为的，行政机关重新作出行政行为不受行政诉讼法第七十一条规定的限制。

行政机关以同一事实和理由重新作出与原行政行为基本相同的行政行为，人民法院应当根据行政诉讼法第七十条、第七十一条的规定判决撤销或者部分撤销，并根据行政诉讼法第九十六条的规定处理。

第九十一条 原告请求被告履行法定职责的理由成立，被告违法拒绝履行或者无正当理由逾期不予答复的，人民法院可以根据行政诉讼法

第七十二条的规定，判决被告在一定期限内依法履行原告请求的法定职责；尚需被告调查或者裁量的，应当判决被告针对原告的请求重新作出处理。

第九十二条 原告申请被告依法履行支付抚恤金、最低生活保障待遇或者社会保险待遇等给付义务的理由成立，被告依法负有给付义务而拒绝或者拖延履行义务的，人民法院可以根据行政诉讼法第七十三条的规定，判决被告在一定期限内履行相应的给付义务。

第九十三条 原告请求被告履行法定职责或者依法履行支付抚恤金、最低生活保障待遇或者社会保险待遇等给付义务，原告未先向行政机关提出申请的，人民法院裁定驳回起诉。

人民法院经审理认为原告所请求履行的法定职责或者给付义务明显不属于行政机关权限范围的，可以裁定驳回起诉。

第九十四条 公民、法人或者其他组织起诉请求撤销行政行为，人民法院经审查认为行政行为无效的，应当作出确认无效的判决。

公民、法人或者其他组织起诉请求确认行政行为无效，人民法院审查认为行政行为不属于无效情形，经释明，原告请求撤销行政行为的，应当继续审理并依法作出相应判决；原告请求撤销行政行为但超过法定起诉期限的，裁定驳回起诉；原告拒绝变更诉讼请求的，判决驳回其诉讼请求。

第九十五条 人民法院经审理认为被诉行政行为违法或者无效，可能给原告造成损失，经释明，原告请求一并解决行政赔偿争议的，人民法院可以就赔偿事项进行调解；调解不成的，应当一并判决。人民法院也可以告知其就赔偿事项另行提起诉讼。

第九十六条 有下列情形之一，且对原告依法享有的听证、陈述、申辩等重要程序性权利不产生实质损害的，属于行政诉讼法第七十四条第一款第二项规定的“程序轻微违法”：

（一）处理期限轻微违法；

（二）通知、送达等程序轻微违法；

（三）其他程序轻微违法的情形。

第九十七条 原告或者第三人的损失系由其自身过错和行政机关的违法行政行为共同造成的，人民法院应当依据各方行为与损害结果之间有无因果关系以及在损害发生和结果中作用力的大小,确定行政机关相应的赔偿责任。

第九十八条　因行政机关不履行、拖延履行法定职责,致使公民、法人或者其他组织的合法权益遭受损害的,人民法院应当判决行政机关承担行政赔偿责任。在确定赔偿数额时,应当考虑该不履行、拖延履行法定职责的行为在损害发生过程和结果中所起的作用等因素。

第九十九条　有下列情形之一的,属于行政诉讼法第七十五条规定的"重大且明显违法":

(一)行政行为实施主体不具有行政主体资格;

(二)减损权利或者增加义务的行政行为没有法律规范依据;

(三)行政行为的内容客观上不可能实施;

(四)其他重大且明显违法的情形。

第一百条　人民法院审理行政案件,适用最高人民法院司法解释的,应当在裁判文书中援引。

人民法院审理行政案件,可以在裁判文书中引用合法有效的规章及其他规范性文件。

第一百零一条　裁定适用于下列范围:

(一)不予立案;

(二)驳回起诉;

(三)管辖异议;

(四)终结诉讼;

(五)中止诉讼;

(六)移送或者指定管辖;

(七)诉讼期间停止行政行为的执行或者驳回停止执行的申请;

(八)财产保全;

(九)先予执行;

(十)准许或者不准许撤诉;

(十一)补正裁判文书中的笔误;

(十二)中止或者终结执行;

(十三)提审、指令再审或者发回重审;

（十四）准许或者不准许执行行政机关的行政行为；

（十五）其他需要裁定的事项。

对第一、二、三项裁定，当事人可以上诉。

裁定书应当写明裁定结果和作出该裁定的理由。裁定书由审判人员、书记员署名，加盖人民法院印章。口头裁定的，记入笔录。

第一百零二条　行政诉讼法第八十二条规定的行政案件中的“事实清楚”，是指当事人对争议的事实陈述基本一致，并能提供相应的证据，无须人民法院调查收集证据即可查明事实；“权利义务关系明确”，是指行政法律关系中权利和义务能够明确区分；“争议不大”，是指当事人对行政行为的合法性、责任承担等没有实质分歧。

第一百零三条　适用简易程序审理的行政案件，人民法院可以用口头通知、电话、短信、传真、电子邮件等简便方式传唤当事人、通知证人、送达裁判文书以外的诉讼文书。

以简便方式送达的开庭通知，未经当事人确认或者没有其他证据证明当事人已经收到的，人民法院不得缺席判决。

第一百零四条　适用简易程序案件的举证期限由人民法院确定，也可以由当事人协商一致并经人民法院准许，但不得超过十五日。被告要求书面答辩的，人民法院可以确定合理的答辩期间。

人民法院应当将举证期限和开庭日期告知双方当事人，并向当事人说明逾期举证以及拒不到庭的法律后果，由双方当事人在笔录和开庭传票的送达回证上签名或者捺印。

当事人双方均表示同意立即开庭或者缩短举证期限、答辩期间的，人民法院可以立即开庭审理或者确定近期开庭。

第一百零五条　人民法院发现案情复杂，需要转为普通程序审理的，应当在审理期限届满前作出裁定并将合议庭组成人员及相关事项书面通知双方当事人。

案件转为普通程序审理的，审理期限自人民法院立案之日起计算。

第一百零六条　当事人就已经提起诉讼的事项在诉讼过程中或者裁判生效后再次起诉，同时具有下列情形的，构成重复起诉：

（一）后诉与前诉的当事人相同；

（二）后诉与前诉的诉讼标的相同；

（三）后诉与前诉的诉讼请求相同，或者后诉的诉讼请求被前诉裁判所包含。

第一百零七条　第一审人民法院作出判决和裁定后，当事人均提起上诉的，上诉各方均为上诉人。

诉讼当事人中的一部分人提出上诉，没有提出上诉的对方当事人为被上诉人，其他当事人依原审诉讼地位列明。

第一百零八条　当事人提出上诉，应当按照其他当事人或者诉讼代表人的人数提出上诉状副本。

原审人民法院收到上诉状，应当在五日内将上诉状副本发送其他当事人，对方当事人应当在收到上诉状副本之日起十五日内提出答辩状。

原审人民法院应当在收到答辩状之日起五日内将副本发送上诉人。对方当事人不提出答辩状的，不影响人民法院审理。

原审人民法院收到上诉状、答辩状，应当在五日内连同全部案卷和证据，报送第二审人民法院；已经预收的诉讼费用，一并报送。

第一百零九条　第二审人民法院经审理认为原审人民法院不予立案或者驳回起诉的裁定确有错误且当事人的起诉符合起诉条件的，应当裁定撤销原审人民法院的裁定，指令原审人民法院依法立案或者继续审理。

第二审人民法院裁定发回原审人民法院重新审理的行政案件，原审人民法院应当另行组成合议庭进行审理。

原审判决遗漏了必须参加诉讼的当事人或者诉讼请求的，第二审人民法院应当裁定撤销原审判决，发回重审。

原审判决遗漏行政赔偿请求，第二审人民法院经审查认为依法不应当予以赔偿的，应当判决驳回行政赔偿请求。

原审判决遗漏行政赔偿请求，第二审人民法院经审理认为依法应当予以赔偿的，在确认被诉行政行为违法的同时，可以就行政赔偿问题进行调解；调解不成的，应当就行政赔偿部分发回重审。

当事人在第二审期间提出行政赔偿请求的，第二审人民法院可以进行调解；调解不成的，应当告知当事人另行起诉。

第一百一十条　当事人向上一级人民法院申请再审，应当在判决、裁定或者调解书发生法律效力后六个月内提出。有下列情形之一的，自知道或者应当知道之日起六个月内提出：

（一）有新的证据，足以推翻原判决、裁定的；

（二）原判决、裁定认定事实的主要证据是伪造的；

（三）据以作出原判决、裁定的法律文书被撤销或者变更的；

（四）审判人员审理该案件时有贪污受贿、徇私舞弊、枉法裁判行为的。

第一百一十一条　当事人申请再审的，应当提交再审申请书等材料。人民法院认为有必要的，可以自收到再审申请书之日起五日内将再审申请书副本发送对方当事人。对方当事人应当自收到再审申请书副本之日起十五日内提交书面意见。人民法院可以要求申请人和对方当事人补充有关材料，询问有关事项。

第一百一十二条　人民法院应当自再审申请案件立案之日起六个月内审查，有特殊情况需要延长的，由本院院长批准。

第一百一十三条　人民法院根据审查再审申请案件的需要决定是否询问当事人；新的证据可能推翻原判决、裁定的，人民法院应当询问当事人。

第一百一十四条　审查再审申请期间，被申请人及原审其他当事人依法提出再审申请的，人民法院应当将其列为再审申请人，对其再审事由一并审查，审查期限重新计算。经审查，其中一方再审申请人主张的再审事由成立的，应当裁定再审。各方再审申请人主张的再审事由均不成立的，一并裁定驳回再审申请。

第一百一十五条　审查再审申请期间，再审申请人申请人民法院委托鉴定、勘验的，人民法院不予准许。

审查再审申请期间，再审申请人撤回再审申请的，是否准许，由人民法院裁定。

再审申请人经传票传唤，无正当理由拒不接受询问的，按撤回再审申请处理。

人民法院准许撤回再审申请或者按撤回再审申请处理后，再审申请人再次申请再审的，不予立案，但有行政诉讼法第九十一条第二项、第三项、第七项、第八项规定情形，自知道或者应当知道之日起六个月内提出的除外。

第一百一十六条　当事人主张的再审事由成立，且符合行政诉讼法和本解释规定的申请再审条件的，人民法院应当裁定再审。

当事人主张的再审事由不成立，或者当事人申请再审超过法定申请再审期限、超出法定再审事由范围等不符合行政诉讼法和本解释规定的申请再审条件的，人民法院应当裁定驳回再审申请。

第一百一十七条　有下列情形之一的，当事人可以向人民检察院申请抗诉或者检察建议：

（一）人民法院驳回再审申请的；

（二）人民法院逾期未对再审申请作出裁定的；

（三）再审判决、裁定有明显错误的。

人民法院基于抗诉或者检察建议作出再审判决、裁定后，当事人申请再审的，人民法院不予立案。

第一百一十八条　按照审判监督程序决定再审的案件，裁定中止原判决、裁定、调解书的执行，但支付抚恤金、最低生活保障费或者社会保险待遇的案件，可以不中止执行。

上级人民法院决定提审或者指令下级人民法院再审的，应当作出裁定，裁定应当写明中止原判决的执行；情况紧急的，可以将中止执行的裁定口头通知负责执行的人民法院或者作出生效判决、裁定的人民法院，但应当在口头通知后十日内发出裁定书。

第一百一十九条　人民法院按照审判监督程序再审的案件，发生法律效力的判决、裁定是由第一审法院作出的，按照第一审程序审理，所作的判决、裁定，当事人可以上诉；发生法律效力的判决、裁定是由第二审法院作出的，按照第二审程序审理，所作的判决、裁定，是发生法律效力的判决、裁定；上级人民法院按照审判监督程序提审的，按照第二审程序审理，所作的判决、裁定是发生法律效力的判决、裁定。

人民法院审理再审案件，应当另行组成合议庭。

第一百二十条　人民法院审理再审案件应当围绕再审请求和被诉行政行为合法性进行。当事人的再审请求超出原审诉讼请求，符合另案诉讼条件的，告知当事人可以另行起诉。

被申请人及原审其他当事人在庭审辩论结束前提出的再审请求，符合本解释规定的申请期限的，人民法院应当一并审理。

人民法院经再审，发现已经发生法律效力的判决、裁定损害国家利益、社会公共利益、他人合法权益的，应当一并审理。

第一百二十一条 再审审理期间，有下列情形之一的，裁定终结再审程序：

（一）再审申请人在再审期间撤回再审请求，人民法院准许的；

（二）再审申请人经传票传唤，无正当理由拒不到庭的，或者未经法庭许可中途退庭，按撤回再审请求处理的；

（三）人民检察院撤回抗诉的；

（四）其他应当终结再审程序的情形。

因人民检察院提出抗诉裁定再审的案件，申请抗诉的当事人有前款规定的情形，且不损害国家利益、社会公共利益或者他人合法权益的，人民法院裁定终结再审程序。

再审程序终结后，人民法院裁定中止执行的原生效判决自动恢复执行。

第一百二十二条 人民法院审理再审案件，认为原生效判决、裁定确有错误，在撤销原生效判决或者裁定的同时，可以对生效判决、裁定的内容作出相应裁判，也可以裁定撤销生效判决或者裁定，发回作出生效判决、裁定的人民法院重新审理。

第一百二十三条 人民法院审理二审案件和再审案件，对原审法院立案、不予立案或者驳回起诉错误的，应当分别情况作如下处理：

（一）第一审人民法院作出实体判决后，第二审人民法院认为不应当立案的，在撤销第一审人民法院判决的同时，可以迳行驳回起诉；

（二）第二审人民法院维持第一审人民法院不予立案裁定错误的，再审法院应当撤销第一审、第二审人民法院裁定，指令第一审人民法院受理；

（三）第二审人民法院维持第一审人民法院驳回起诉裁定错误的，再审法院应当撤销第一审、第二审人民法院裁定，指令第一审人民法院审理。

第一百二十四条　人民检察院提出抗诉的案件，接受抗诉的人民法院应当自收到抗诉书之日起三十日内作出再审的裁定；有行政诉讼法第九十一条第二、三项规定情形之一的，可以指令下一级人民法院再审，但经该下一级人民法院再审过的除外。

人民法院在审查抗诉材料期间，当事人之间已经达成和解协议的，人民法院可以建议人民检察院撤回抗诉。

第一百二十五条　人民检察院提出抗诉的案件，人民法院再审开庭时，应当在开庭三日前通知人民检察院派员出庭。

第一百二十六条　人民法院收到再审检察建议后，应当组成合议庭，在三个月内进行审查，发现原判决、裁定、调解书确有错误，需要再审的，依照行政诉讼法第九十二条规定裁定再审，并通知当事人；经审查，决定不予再审的，应当书面回复人民检察院。

第一百二十七条　人民法院审理因人民检察院抗诉或者检察建议裁定再审的案件，不受此前已经作出的驳回当事人再审申请裁定的限制。

八、行政机关负责人出庭应诉

第一百二十八条　行政诉讼法第三条第三款规定的行政机关负责人，包括行政机关的正职、副职负责人以及其他参与分管的负责人。

行政机关负责人出庭应诉的，可以另行委托一至二名诉讼代理人。行政机关负责人不能出庭的，应当委托行政机关相应的工作人员出庭，不得仅委托律师出庭。

第一百二十九条　涉及重大公共利益、社会高度关注或者可能引发群体性事件等案件以及人民法院书面建议行政机关负责人出庭的案件，被诉行政机关负责人应当出庭。

被诉行政机关负责人出庭应诉的，应当在当事人及其诉讼代理人基本情况、案件由来部分予以列明。

行政机关负责人有正当理由不能出庭应诉的，应当向人民法院提交情况说明，并加盖行政机关印章或者由该机关主要负责人签字认可。

行政机关拒绝说明理由的，不发生阻止案件审理的效果，人民法院可以向监察机关、上一级行政机关提出司法建议。

第一百三十条　行政诉讼法第三条第三款规定的“行政机关相应的工作人员”,包括该行政机关具有国家行政编制身份的工作人员以及其他依法履行公职的人员。

被诉行政行为是地方人民政府作出的,地方人民政府法制工作机构的工作人员,以及被诉行政行为具体承办机关工作人员,可以视为被诉人民政府相应的工作人员。

第一百三十一条　行政机关负责人出庭应诉的,应当向人民法院提交能够证明该行政机关负责人职务的材料。

行政机关委托相应的工作人员出庭应诉的,应当向人民法院提交加盖行政机关印章的授权委托书,并载明工作人员的姓名、职务和代理权限。

第一百三十二条　行政机关负责人和行政机关相应的工作人员均不出庭,仅委托律师出庭的或者人民法院书面建议行政机关负责人出庭应诉,行政机关负责人不出庭应诉的,人民法院应当记录在案和在裁判文书中载明,并可以建议有关机关依法作出处理。

九、复议机关作共同被告

第一百三十三条　行政诉讼法第二十六条第二款规定的“复议机关决定维持原行政行为”,包括复议机关驳回复议申请或者复议请求的情形,但以复议申请不符合受理条件为由驳回的除外。

第一百三十四条　复议机关决定维持原行政行为的,作出原行政行为的行政机关和复议机关是共同被告。原告只起诉作出原行政行为的行政机关或者复议机关的,人民法院应当告知原告追加被告。原告不同意追加的,人民法院应当将另一机关列为共同被告。

行政复议决定既有维持原行政行为内容,又有改变原行政行为内容或者不予受理申请内容的,作出原行政行为的行政机关和复议机关为共同被告。

复议机关作共同被告的案件,以作出原行政行为的行政机关确定案件的级别管辖。

第一百三十五条　复议机关决定维持原行政行为的，人民法院应当在审查原行政行为合法性的同时，一并审查复议决定的合法性。

作出原行政行为的行政机关和复议机关对原行政行为合法性共同承担举证责任，可以由其中一个机关实施举证行为。复议机关对复议决定的合法性承担举证责任。

复议机关作共同被告的案件，复议机关在复议程序中依法收集和补充的证据，可以作为人民法院认定复议决定和原行政行为合法的依据。

第一百三十六条　人民法院对原行政行为作出判决的同时，应当对复议决定一并作出相应判决。

人民法院依职权追加作出原行政行为的行政机关或者复议机关为共同被告的，对原行政行为或者复议决定可以作出相应判决。

人民法院判决撤销原行政行为和复议决定的，可以判决作出原行政行为的行政机关重新作出行政行为。

人民法院判决作出原行政行为的行政机关履行法定职责或者给付义务的，应当同时判决撤销复议决定。

原行政行为合法、复议决定违法的，人民法院可以判决撤销复议决定或者确认复议决定违法，同时判决驳回原告针对原行政行为的诉讼请求。

原行政行为被撤销、确认违法或者无效，给原告造成损失的，应当由作出原行政行为的行政机关承担赔偿责任；因复议决定加重损害的，由复议机关对加重部分承担赔偿责任。

原行政行为不符合复议或者诉讼受案范围等受理条件，复议机关作出维持决定的，人民法院应当裁定一并驳回对原行政行为和复议决定的起诉。

十、相关民事争议的一并审理

第一百三十七条　公民、法人或者其他组织请求一并审理行政诉讼法第六十一条规定的相关民事争议，应当在第一审开庭审理前提出；有正当理由的，也可以在法庭调查中提出。

第一百三十八条　人民法院决定在行政诉讼中一并审理相关民事争议，或者案件当事人一致同意相关民事争议在行政诉讼中一并解决，人民法院准许的，由受理行政案件的人民法院管辖。

公民、法人或者其他组织请求一并审理相关民事争议，人民法院经审查发现行政案件已经超过起诉期限，民事案件尚未立案的，告知当事人另行提起民事诉讼；民事案件已经立案的，由原审判组织继续审理。

人民法院在审理行政案件中发现民事争议为解决行政争议的基础，当事人没有请求人民法院一并审理相关民事争议的，人民法院应当告知当事人依法申请一并解决民事争议。当事人就民事争议另行提起民事诉讼并已立案的，人民法院应当中止行政诉讼的审理。民事争议处理期间不计算在行政诉讼审理期限内。

第一百三十九条 有下列情形之一的，人民法院应当作出不予准许一并审理民事争议的决定，并告知当事人可以依法通过其他渠道主张权利：

（一）法律规定应当由行政机关先行处理的；

（二）违反民事诉讼法专属管辖规定或者协议管辖约定的；

（三）约定仲裁或者已经提起民事诉讼的；

（四）其他不宜一并审理民事争议的情形。

对不予准许的决定可以申请复议一次。

第一百四十条 人民法院在行政诉讼中一并审理相关民事争议的，民事争议应当单独立案，由同一审判组织审理。

人民法院审理行政机关对民事争议所作裁决的案件，一并审理民事争议的，不另行立案。

第一百四十一条 人民法院一并审理相关民事争议，适用民事法律规范的相关规定，法律另有规定的除外。

当事人在调解中对民事权益的处分，不能作为审查被诉行政行为合法性的根据。

第一百四十二条 对行政争议和民事争议应当分别裁判。

当事人仅对行政裁判或者民事裁判提出上诉的，未上诉的裁判在上诉期满后即发生法律效力。第一审人民法院应当将全部案卷一并移送第二审人民法院，由行政审判庭审理。第二审人民法院发现未上诉的生效裁判确有错误的，应当按照审判监督程序再审。

第一百四十三条 行政诉讼原告在宣判前申请撤诉的,是否准许由人民法院裁定。人民法院裁定准许行政诉讼原告撤诉,但其对已经提起的一并审理相关民事争议不撤诉的,人民法院应当继续审理。

第一百四十四条 人民法院一并审理相关民事争议,应当按行政案件、民事案件的标准分别收取诉讼费用。

十一、规范性文件的一并审查

第一百四十五条 公民、法人或者其他组织在对行政行为提起诉讼时一并请求对所依据的规范性文件审查的,由行政行为案件管辖法院一并审查。

第一百四十六条 公民、法人或者其他组织请求人民法院一并审查行政诉讼法第五十三条规定的规范性文件,应当在第一审开庭审理前提出;有正当理由的,也可以在法庭调查中提出。

第一百四十七条 人民法院在对规范性文件审查过程中,发现规范性文件可能不合法的,应当听取规范性文件制定机关的意见。

制定机关申请出庭陈述意见的,人民法院应当准许。

行政机关未陈述意见或者未提供相关证明材料的,不能阻止人民法院对规范性文件进行审查。

第一百四十八条 人民法院对规范性文件进行一并审查时,可以从规范性文件制定机关是否超越权限或者违反法定程序、作出行政行为所依据的条款以及相关条款等方面进行。

有下列情形之一的,属于行政诉讼法第六十四条规定的“规范性文件不合法”:

(一)超越制定机关的法定职权或者超越法律、法规、规章的授权范围的;

(二)与法律、法规、规章等上位法的规定相抵触的;

(三)没有法律、法规、规章依据,违法增加公民、法人和其他组织义务或者减损公民、法人和其他组织合法权益的;

(四)未履行法定批准程序、公开发布程序,严重违反制定程序的;

（五）其他违反法律、法规以及规章规定的情形。

第一百四十九条 人民法院经审查认为行政行为所依据的规范性文件合法的，应当作为认定行政行为合法的依据；经审查认为规范性文件不合法的，不作为人民法院认定行政行为合法的依据，并在裁判理由中予以阐明。作出生效裁判的人民法院应当向规范性文件的制定机关提出处理建议，并可以抄送制定机关的同级人民政府、上一级行政机关、监察机关以及规范性文件的备案机关。

规范性文件不合法的，人民法院可以在裁判生效之日起三个月内，向规范性文件制定机关提出修改或者废止该规范性文件的司法建议。

规范性文件由多个部门联合制定的，人民法院可以向该规范性文件的主办机关或者共同上一级行政机关发送司法建议。

接收司法建议的行政机关应当在收到司法建议之日起六十日内予以书面答复。情况紧急的，人民法院可以建议制定机关或者其上一级行政机关立即停止执行该规范性文件。

第一百五十条 人民法院认为规范性文件不合法的，应当在裁判生效后报送上一级人民法院进行备案。涉及国务院部门、省级行政机关制定的规范性文件，司法建议还应当分别层报最高人民法院、高级人民法院备案。

第一百五十一条 各级人民法院院长对本院已经发生法律效力的判决、裁定，发现规范性文件合法性认定错误，认为需要再审的，应当提交审判委员会讨论。

最高人民法院对地方各级人民法院已经发生法律效力的判决、裁定，上级人民法院对下级人民法院已经发生法律效力的判决、裁定，发现规范性文件合法性认定错误的，有权提审或者指令下级人民法院再审。

十二、执　　行

第一百五十二条 对发生法律效力的行政判决书、行政裁定书、行政赔偿判决书和行政调解书，负有义务的一方当事人拒绝履行的，对方当事人可以依法申请人民法院强制执行。

人民法院判决行政机关履行行政赔偿、行政补偿或者其他行政给付义务，行政机关拒不履行的，对方当事人可以依法向法院申请强制执行。

第一百五十三条　申请执行的期限为二年。申请执行时效的中止、中断，适用法律有关规定。

申请执行的期限从法律文书规定的履行期间最后一日起计算；法律文书规定分期履行的，从规定的每次履行期间的最后一日起计算；法律文书中没有规定履行期限的，从该法律文书送达当事人之日起计算。

逾期申请的，除有正当理由外，人民法院不予受理。

第一百五十四条　发生法律效力的行政判决书、行政裁定书、行政赔偿判决书和行政调解书，由第一审人民法院执行。

第一审人民法院认为情况特殊，需要由第二审人民法院执行的，可以报请第二审人民法院执行；第二审人民法院可以决定由其执行，也可以决定由第一审人民法院执行。

第一百五十五条　行政机关根据行政诉讼法第九十七条的规定申请执行其行政行为，应当具备以下条件：

（一）行政行为依法可以由人民法院执行；

（二）行政行为已经生效并具有可执行内容；

（三）申请人是作出该行政行为的行政机关或者法律、法规、规章授权的组织；

（四）被申请人是该行政行为所确定的义务人；

（五）被申请人在行政行为确定的期限内或者行政机关催告期限内未履行义务；

（六）申请人在法定期限内提出申请；

（七）被申请执行的行政案件属于受理执行申请的人民法院管辖。

行政机关申请人民法院执行，应当提交行政强制法第五十五条规定的相关材料。

人民法院对符合条件的申请，应当在五日内立案受理，并通知申请人；对不符合条件的申请，应当裁定不予受理。行政机关对不予受理裁定有异议，在十五日内向上一级人民法院申请复议的，上一级人民法院应当在收到复议申请之日起十五日内作出裁定。

第一百五十六条　没有强制执行权的行政机关申请人民法院强制执行其行政行为，应当自被执行人的法定起诉期限届满之日起三个月内提出。逾期申请的，除有正当理由外，人民法院不予受理。

第一百五十七条　行政机关申请人民法院强制执行其行政行为的，由申请人所在地的基层人民法院受理；执行对象为不动产的，由不动产所在地的基层人民法院受理。

基层人民法院认为执行确有困难的，可以报请上级人民法院执行；上级人民法院可以决定由其执行，也可以决定由下级人民法院执行。

第一百五十八条　行政机关根据法律的授权对平等主体之间民事争议作出裁决后，当事人在法定期限内不起诉又不履行，作出裁决的行政机关在申请执行的期限内未申请人民法院强制执行的，生效行政裁决确定的权利人或者其继承人、权利承受人在六个月内可以申请人民法院强制执行。

享有权利的公民、法人或者其他组织申请人民法院强制执行生效行政裁决，参照行政机关申请人民法院强制执行行政行为的规定。

第一百五十九条　行政机关或者行政行为确定的权利人申请人民法院强制执行前，有充分理由认为被执行人可能逃避执行的，可以申请人民法院采取财产保全措施。后者申请强制执行的，应当提供相应的财产担保。

第一百六十条　人民法院受理行政机关申请执行其行政行为的案件后，应当在七日内由行政审判庭对行政行为的合法性进行审查，并作出是否准予执行的裁定。

人民法院在作出裁定前发现行政行为明显违法并损害被执行人合法权益的，应当听取被执行人和行政机关的意见，并自受理之日起三十日内作出是否准予执行的裁定。

需要采取强制执行措施的，由本院负责强制执行非诉行政行为的机构执行。

第一百六十一条　被申请执行的行政行为有下列情形之一的，人民法院应当裁定不准予执行：

（一）实施主体不具有行政主体资格的；

（二）明显缺乏事实根据的；

（三）明显缺乏法律、法规依据的；

（四）其他明显违法并损害被执行人合法权益的情形。

行政机关对不准予执行的裁定有异议，在十五日内向上一级人民法院申请复议的，上一级人民法院应当在收到复议申请之日起三十日内作出裁定。

十三、附 则

第一百六十二条 公民、法人或者其他组织对 2015 年 5 月 1 日之前作出的行政行为提起诉讼，请求确认行政行为无效的，人民法院不予立案。

第一百六十三条 本解释自 2018 年 2 月 8 日起施行。

本解释施行后，《最高人民法院关于执行〈中华人民共和国行政诉讼法〉若干问题的解释》（法释〔2000〕8 号）、《最高人民法院关于适用〈中华人民共和国行政诉讼法〉若干问题的解释》（法释〔2015〕9 号）同时废止。最高人民法院以前发布的司法解释与本解释不一致的，不再适用。

最高人民法院关于行政诉讼应诉若干问题的通知

（2016 年 7 月 28 日 法〔2016〕260 号）

各省、自治区、直辖市高级人民法院，解放军军事法院，新疆维吾尔自治区高级人民法院生产建设兵团分院：

中央全面深化改革领导小组于2015年10月13日讨论通过了《关于加强和改进行政应诉工作的意见》(以下简称《意见》),明确提出行政机关要支持人民法院受理和审理行政案件,保障公民、法人和其他组织的起诉权利,认真做好答辩举证工作,依法履行出庭应诉职责,配合人民法院做好开庭审理工作。2016年6月27日,国务院办公厅以国办发〔2016〕54号文形式正式发布了《意见》。《意见》的出台,对于人民法院进一步做好行政案件的受理、审理和执行工作,全面发挥行政审判职能,有效监督行政机关依法行政,提高领导干部学法用法的能力,具有重大意义。根据行政诉讼法的相关规定,为进一步规范和促进行政应诉工作,现就有关问题通知如下:

一、充分认识规范行政诉讼应诉的重大意义

推动行政机关负责人出庭应诉,是贯彻落实修改后的行政诉讼法的重要举措;规范行政诉讼应诉,是保障行政诉讼法有效实施,全面推进依法行政,加快建设法治政府的重要举措。为贯彻落实《中共中央关于全面推进依法治国若干重大问题的决定》关于"健全行政机关依法出庭应诉、支持法院受理行政案件、尊重并执行法院生效裁判的制度"的要求,《意见》从"高度重视行政应诉工作""支持人民法院依法受理和审理行政案件""认真做好答辩举证工作""依法履行出庭应诉职责""积极履行人民法院生效裁判"等十个方面对加强和改进行政应诉工作提出明确要求,作出具体部署。《意见》是我国首个全面规范行政应诉工作的专门性文件,各级人民法院要结合行政诉讼法的规定精神,全面把握《意见》内容,深刻领会精神实质,充分认识《意见》出台的重大意义,确保《意见》在人民法院行政审判领域落地生根。要及时向当地党委、人大汇报《意见》贯彻落实情况,加强与政府的沟通联系,支持地方党委政府出台本地区的具体实施办法,细化完善相关工作制度,促进行政机关做好出庭应诉工作。

二、依法做好行政案件受理和审理工作

严格执行行政诉讼法和《最高人民法院关于人民法院登记立案若干问题的规定》,进一步强化行政诉讼中的诉权保护,不得违法限缩受案范围、违法增设起诉条件,严禁以反复要求起诉人补正起诉材料的方式变相拖延、拒绝立案。对于不接收起诉状、接收起诉状后不出具书面凭证，以及不一次性告知当事人需要补正的起诉状内容的，要依照《人民法院审判人员违法审判责任追究办法(试行)》《人民法院工作人员处分条例》等相关规定，对直接负责的主管人员和其他直接责任人员依法依纪作出处理。坚决抵制干扰、阻碍人民法院依法受理和审理行政案件的各种违法行为，对领导干部或者行政机关以开协调会、发文件或者口头要求等任何形式明示或者暗示人民法院不受理案件、不判决行政机关败诉、不履行人民法院生效裁判的，要严格贯彻落实《领导干部干预司法活动、插手具体案件处理的记录、通报和责任追究规定》《司法机关内部人员过问案件的记录和责任追究规定》，全面、如实做好记录工作，做到全程留痕，有据可查。

三、依法推进行政机关负责人出庭应诉

准确理解行政诉讼法和相关司法解释的有关规定，正确把握行政机关负责人出庭应诉的基本要求，依法推进行政机关负责人出庭应诉工作。一是出庭应诉的行政机关负责人，既包括正职负责人，也包括副职负责人以及其他参与分管的负责人。二是行政机关负责人不能出庭的，应当委托行政机关相应的工作人员出庭，不得仅委托律师出庭。三是涉及重大公共利益、社会高度关注或者可能引发群体性事件等案件以及人民法院书面建议行政机关负责人出庭的案件，被诉行政机关负责人应当出庭。四是行政诉讼法第三条第三款规定的“行政机关相应的工作人员”，包括该行政机关具有国家行政编制身份的工作人员以及其他依法履行公职的人员。被诉行政行为是人民政府作出的，人民政府所属法制工作机构的工作人员，以及被诉行政行为具体承办机关的工作人员，也可以视为被诉人民政府相应的工作人员。

行政机关负责人和行政机关相应的工作人员均不出庭，仅委托律师出庭的；或者人民法院书面建议行政机关负责人出庭应诉，行政机关负责人不出庭应诉的，人民法院应当记录在案并在裁判文书中载明，可以依照行政诉讼法第六十六条第二款的规定予以公告，建议任免机关、监察机关或者上一级行政机关对相关责任人员严肃处理。

四、为行政机关依法履行出庭应诉职责提供必要条件

各级人民法院要在坚持依法独立公正行使审判权、平等保护各方当事人诉讼权利的前提下,加强与政府法制部门和行政执法机关的联系,探索建立行政审判和行政应诉联络工作机制,及时沟通、协调行政机关负责人出庭建议书发送和庭审时间等具体事宜,切实贯彻行政诉讼法和《意见》规定的精神,稳步推进行政机关出庭应诉工作。要为行政机关负责人、工作人员、政府法律顾问和公职律师依法履行出庭应诉职责提供必要的保障和相应的便利。要正确理解行政行为合法性审查原则,行政复议机关和作出原行政行为的行政机关为共同被告的,可以根据具体情况确定由一个机关实施举证行为,确保庭审的针对性,提高庭审效率。改革案件审理模式,推广繁简分流,实现简案快审、繁案精审,减轻当事人的诉讼负担。对符合《最高人民法院关于适用〈中华人民共和国行政诉讼法〉若干问题的解释》第三条第二款规定的案件,人民法院认为不需要开庭审理的,可以径行裁定驳回起诉。要及时就行政机关出庭应诉和行政执法工作中的问题和不足提出司法建议,及时向政府法制部门通报司法建议落实和反馈情况,从源头上预防和化解争议。要积极参与行政应诉教育培训工作,提高行政机关负责人、行政执法人员等相关人员的行政应诉能力。

五、支持行政机关建立健全依法行政考核体系

人民法院要支持当地党委政府建立和完善依法行政考核体系,结合行政审判工作实际提出加强和改进行政应诉工作的意见和建议。对本地区行政机关出庭应诉工作和依法行政考核指标的实施情况、运行成效等,人民法院可以通过司法建议、白皮书等适当形式,及时向行政机关作出反馈、评价,并可以适当方式将本地区行政机关出庭应诉情况向社会公布,促进发挥考核指标的倒逼作用。

地方各级人民法院要及时总结本通知贯彻实施过程中形成的好经验好做法;对贯彻实施中遇到的困难和问题,要及时层报最高人民法院。

人民检察院行政诉讼监督规则

（2021年4月8日最高人民检察院第十三届检察委员会第六十五次会议通过　2021年7月27日公布　自2021年9月1日起施行　高检发释字〔2021〕3号）

目　　录

第一章　总　　则

第一条　为了保障和规范人民检察院依法履行行政诉讼监督职责，根据《中华人民共和国行政诉讼法》《中华人民共和国民事诉讼法》《中华人民共和国人民检察院组织法》和其他有关规定，结合人民检察院工作实际，制定本规则。

第二条　人民检察院依法独立行使检察权，通过办理行政诉讼监督案件，监督人民法院依法审判和执行，促进行政机关依法行使职权，维护司法公正和司法权威，维护国家利益和社会公共利益，保护公民、法人和其他组织的合法权益，推动行政争议实质性化解，保障国家法律的统一正确实施。

第三条　人民检察院通过提出抗诉、检察建议等方式，对行政诉讼实行法律监督。

第四条　人民检察院对行政诉讼实行法律监督，应当以事实为根据，以法律为准绳，坚持公开、公平、公正，依法全面审查，监督和支持人民法院、行政机关依法行使职权。

第五条　人民检察院办理行政诉讼监督案件，应当实行繁简分流，繁案精办、简案快办。

人民检察院办理行政诉讼监督案件，应当加强智慧借助，对于重大、疑难、复杂问题，可以向专家咨询或者组织专家论证，听取专家意见建议。

第六条　人民检察院办理行政诉讼监督案件，应当查清案件事实、辨明是非，综合运用监督纠正、公开听证、释法说理、司法救助等手段，开展行政争议实质性化解工作。

第七条　负责控告申诉检察、行政检察、案件管理的部门分别承担行政诉讼监督案件的受理、办理、管理工作，各部门互相配合，互相制约。

当事人不服人民法院生效行政赔偿判决、裁定、调解书的案件，由负责行政检察的部门办理，适用本规则规定。

第八条　人民检察院办理行政诉讼监督案件，由检察官、检察长、检察委员会在各自职权范围内对办案事项作出决定，并依照规定承担相应司法责任。

检察官在检察长领导下开展工作。重大办案事项,由检察长决定。检察长可以根据案件情况,提交检察委员会讨论决定。其他办案事项,检察长可以自行决定,也可以委托检察官决定。

本规则对应当由检察长或者检察委员会决定的重大办案事项有明确规定的,依照本规则的规定;本规则没有明确规定的,省级人民检察院可以制定有关规定,报最高人民检察院批准。

以人民检察院名义制发的法律文书,由检察长签发;属于检察官职权范围内决定事项的,检察长可以授权检察官签发。

重大、疑难、复杂或者有社会影响的案件,应当向检察长报告。

第九条 人民检察院办理行政诉讼监督案件,根据案件情况,可以由一名检察官独任办理,也可以由两名以上检察官组成办案组办理。由检察官办案组办理的,检察长应当指定一名检察官担任主办检察官,组织、指挥办案组办理案件。

检察官办理行政诉讼监督案件,可以根据需要配备检察官助理、书记员、司法警察、检察技术人员等检察辅助人员。检察辅助人员依照有关规定承担相应的检察辅助事务。

第十条 最高人民检察院领导地方各级人民检察院和专门人民检察院的行政诉讼监督工作,上级人民检察院领导下级人民检察院的行政诉讼监督工作。

上级人民检察院认为下级人民检察院的决定错误的,有权指令下级人民检察院纠正,或者依法撤销、变更。上级人民检察院的决定,应当以书面形式作出,下级人民检察院应当执行。下级人民检察院对上级人民检察院的决定有不同意见的,可以在执行的同时向上级人民检察院报告。

上级人民检察院可以依法统一调用辖区的检察人员办理行政诉讼监督案件,调用的决定应当以书面形式作出。被调用的检察官可以代表办理案件的人民检察院履行相关检察职责。

第十一条 人民检察院检察长或者检察长委托的副检察长在同级人民法院审判委员会讨论行政诉讼监督案件或者其他与行政诉讼监督工作有关的议题时,可以依照有关规定列席会议。

第十二条 检察人员办理行政诉讼监督案件，应当秉持客观公正的立场，自觉接受监督。

检察人员不得违反规定与当事人、律师、特殊关系人、中介组织接触、交往。

检察人员有收受贿赂、徇私枉法等行为的，应当追究纪律责任和法律责任。

检察人员对过问或者干预、插手行政诉讼监督案件办理等重大事项的行为，应当依照有关规定全面、如实、及时记录、报告。

第二章 回 避

第十三条 检察人员办理行政诉讼监督案件，有下列情形之一的，应当自行回避，当事人有权申请他们回避：

（一）是本案当事人或者当事人、委托代理人近亲属的；

（二）担任过本案的证人、委托代理人、审判人员、行政执法人员的；

（三）与本案有利害关系的；

（四）与本案当事人、委托代理人有其他关系，可能影响对案件公正办理的。

检察人员接受当事人、委托代理人请客送礼及其他利益，或者违反规定会见当事人、委托代理人，当事人有权申请他们回避。

上述规定，适用于书记员、翻译人员、鉴定人、勘验人等。

第十四条 检察人员自行回避的，可以口头或者书面方式提出，并说明理由。口头提出申请的，应当记录在卷。

第十五条 当事人申请回避，应当在人民检察院作出提出抗诉或者检察建议等决定前以口头或者书面方式提出，并说明理由。口头提出申请的，应当记录在卷。依照本规则第十三条第二款规定提出回避申请的，应当提供相关证据。

被申请回避的人员在人民检察院作出是否回避的决定前，应当暂停参与本案工作，但案件需要采取紧急措施的除外。

第十六条 检察长的回避，由检察委员会讨论决定；检察人员和其他人员的回避，由检察长决定。检察委员会讨论检察长回避问题时，由副检察长主持,检察长不得参加。

第十七条　人民检察院对当事人提出的回避申请,应当在三日内作出决定,并通知申请人。对明显不属于法定回避事由的申请,可以当场驳回,并记录在卷。

申请人对驳回回避申请的决定不服的,可以在接到决定时向原决定机关申请复议一次。人民检察院应当在三日内作出复议决定,并通知复议申请人。复议期间,被申请回避的人员不停止参与本案工作。

第三章　受　　理

第十八条　人民检察院受理行政诉讼监督案件的途径包括:

(一)当事人向人民检察院申请监督;

(二)当事人以外的公民、法人或者其他组织向人民检察院控告;

(三)人民检察院依职权发现。

第十九条　有下列情形之一的,当事人可以向人民检察院申请监督:

(一)人民法院驳回再审申请或者逾期未对再审申请作出裁定,当事人对已经发生法律效力的行政判决、裁定、调解书,认为确有错误的;

(二)认为再审行政判决、裁定确有错误的;

(三)认为行政审判程序中审判人员存在违法行为的;

(四)认为人民法院行政案件执行活动存在违法情形的。

当事人死亡或者终止的,其权利义务承继者可以依照前款规定向人民检察院申请监督。

第二十条　当事人依照本规则第十九条第一款第一项、第二项规定向人民检察院申请监督,应当在人民法院送达驳回再审申请裁定之日或者再审判决、裁定发生法律效力之日起六个月内提出;对人民法院逾期未对再审申请作出裁定的,应当在再审申请审查期限届满之日起六个月内提出。

当事人依照本规则第十九条第一款第一项、第二项规定向人民检察院申请监督,具有下列情形之一的,应当在知道或者应当知道之日起六个月内提出:

(一)有新的证据,足以推翻原生效判决、裁定的;

（二）原生效判决、裁定认定事实的主要证据系伪造的；

（三）据以作出原生效判决、裁定的法律文书被撤销或者变更的；

（四）审判人员在审理该案件时有贪污受贿、徇私舞弊、枉法裁判行为的。

当事人依照本规则第十九条第一款第三项、第四项向人民检察院申请监督，应当在知道或者应当知道审判人员违法行为或者执行活动违法情形发生之日起六个月内提出。

本条规定的期间为不变期间，不适用中止、中断、延长的规定。

第二十一条　当事人向人民检察院申请监督，应当提交监督申请书、身份证明、相关法律文书及证据材料。提交证据材料的，应当附证据清单。

申请监督材料不齐备的，人民检察院应当要求申请人限期补齐，并一次性明确告知应当补齐的全部材料以及逾期未按要求补齐视为撤回监督申请的法律后果。申请人逾期未补齐主要材料的，视为撤回监督申请。

第二十二条　本规则第二十一条规定的监督申请书应当记明下列事项：

（一）申请人的姓名、性别、年龄、民族、职业、工作单位、住址、有效联系方式，法人或者其他组织的名称、住所和法定代表人或者主要负责人的姓名、职务、有效联系方式；

（二）其他当事人的姓名、性别、工作单位、住址、有效联系方式等信息，法人或者其他组织的名称、住所、法定代表人或者主要负责人的姓名、职务、有效联系方式等信息；

（三）申请监督请求；

（四）申请监督的具体法定情形及事实、理由。

申请人应当按照其他当事人的人数提交监督申请书副本。

第二十三条　本规则第二十一条规定的身份证明包括：

（一）公民的居民身份证、军官证、士兵证、护照等能够证明本人身份的有效证件；

（二）法人或者其他组织的统一社会信用代码证书或者营业执照、法定代表人或者主要负责人的身份证明等有效证照。

对当事人提交的身份证明，人民检察院经核对无误留存复印件。

第二十四条　本规则第二十一条规定的相关法律文书是指人民法院在该案件诉讼过程中作出的全部判决书、裁定书、决定书、调解书等法律文书。

第二十五条　当事人申请监督，可以依照《中华人民共和国行政诉讼法》的规定委托代理人。

第二十六条　当事人申请监督同时符合下列条件的，人民检察院应当受理：

（一）符合本规则第十九条的规定；

（二）符合本规则第二十条的规定；

（三）申请人提供的材料符合本规则第二十一条至第二十四条的规定；

（四）属于本院受理案件范围；

（五）不具有本规则规定的不予受理情形。

第二十七条　当事人向人民检察院申请监督，有下列情形之一的，人民检察院不予受理：

（一）当事人对生效行政判决、裁定、调解书未向人民法院申请再审的；

（二）当事人申请再审超过法律规定的期限的；

（三）人民法院在法定期限内正在对再审申请进行审查的；

（四）人民法院已经裁定再审且尚未审结的；

（五）人民检察院已经审查终结作出决定的；

（六）行政判决、裁定、调解书是人民法院根据人民检察院的抗诉或者再审检察建议再审后作出的；

（七）申请监督超过本规则第二十条规定的期限的；

（八）根据法律规定可以对人民法院的执行活动提出异议、申请复议或者提起诉讼，当事人、利害关系人、案外人没有提出异议、申请复议或者提起诉讼的，但有正当理由或者人民检察院依职权监督的除外；

（九）当事人提出有关执行的异议、申请复议、申诉或者提起诉讼后，人民法院已经受理并正在审查处理的，但超过法定期限未作出处理的除外；

（十）其他不应当受理的情形。

第二十八条　当事人对已经发生法律效力的行政判决、裁定、调解书向人民检察院申请监督的，由作出生效判决、裁定、调解书的人民法院所在地同级人民检察院负责控告申诉检察的部门受理。

第二十九条　当事人认为行政审判程序中审判人员存在违法行为或者执行活动存在违法情形，向人民检察院申请监督的，由审理、执行案件的人民法院所在地同级人民检察院负责控告申诉检察的部门受理。

当事人不服审理、执行案件人民法院的上级人民法院作出的复议裁定、决定等，向人民检察院申请监督的，由作出复议裁定、决定等的人民法院所在地同级人民检察院负责控告申诉检察的部门受理。

第三十条　人民检察院不依法受理当事人监督申请的，当事人可以向上一级人民检察院申请监督。上一级人民检察院认为当事人监督申请符合受理条件的，应当指令下一级人民检察院受理，必要时也可以直接受理。

第三十一条　人民检察院负责控告申诉检察的部门对监督申请，应当在七日内根据以下情形作出处理，并答复申请人：

（一）符合受理条件的，应当依照本规则规定作出受理决定；

（二）不属于本院受理案件范围的，应当告知申请人向有关人民检察院申请监督；

（三）不属于人民检察院主管范围的，告知申请人向有关机关反映；

（四）不符合受理条件，且申请人不撤回监督申请的，可以决定不予受理。

第三十二条　负责控告申诉检察的部门应当在决定受理之日起三日内制作《受理通知书》，发送申请人，并告知其权利义务。

需要通知其他当事人的，应当将《受理通知书》和监督申请书副本发送其他当事人，并告知其权利义务。其他当事人可以在收到监督申请书副本之日起十五日内提出书面意见；不提出意见的，不影响人民检察院对案件的审查。

第三十三条　负责控告申诉检察的部门应当在决定受理之日起三日

内将案件材料移送本院负责行政检察的部门,同时将《受理通知书》抄送本院负责案件管理的部门。负责控告申诉检察的部门收到其他当事人提交的书面意见等材料,应当及时移送负责行政检察的部门。

第三十四条　当事人以外的公民、法人或者其他组织认为人民法院行政审判程序中审判人员存在违法行为或者执行活动存在违法情形的,可以向同级人民检察院控告。控告由人民检察院负责控告申诉检察的部门受理。

负责控告申诉检察的部门对收到的控告,应当依照《人民检察院信访工作规定》等办理。

第三十五条　负责控告申诉检察的部门可以依照《人民检察院信访工作规定》,向下级人民检察院交办涉及行政诉讼监督的信访案件。

第三十六条　人民检察院在履行职责中发现行政案件有下列情形之一的,应当依职权监督:

(一)损害国家利益或者社会公共利益的;

(二)审判人员、执行人员审理和执行行政案件时有贪污受贿、徇私舞弊、枉法裁判等行为的;

(三)依照有关规定需要人民检察院跟进监督的;

(四)人民检察院作出的不支持监督申请决定确有错误的;

(五)其他确有必要进行监督的。

人民检察院对行政案件依职权监督,不受当事人是否申请再审的限制。

第三十七条　下级人民检察院提请抗诉、提请其他监督等案件,由上一级人民检察院负责案件管理的部门受理。

依职权监督的案件,负责行政检察的部门应当到负责案件管理的部门登记受理。

第三十八条　负责案件管理的部门接收案件材料后,应当在三日内登记并将案件材料和案件登记表移送负责行政检察的部门;案件材料不符合规定的,应当要求补齐。

负责案件管理的部门登记受理后,需要通知当事人的,负责行政检察的部门应当制作《受理通知书》,并在三日内发送当事人。

第四章　审　　查

第一节　一般规定

第三十九条　人民检察院负责行政检察的部门负责对受理后的行政诉讼监督案件进行审查。

第四十条　负责行政检察的部门收到负责控告申诉检察、案件管理的部门移送的行政诉讼监督案件后,应当按照随机分案为主、指定分案为辅的原则,确定承办案件的独任检察官或者检察官办案组。

第四十一条　上级人民检察院可以将受理的行政诉讼监督案件交由下级人民检察院办理,并限定办理期限。交办的案件应当制作《交办通知书》,并将有关材料移送下级人民检察院。下级人民检察院应当依法办理,在规定期限内提出处理意见并报送上级人民检察院,上级人民检察院应当在法定期限内作出决定。

上级人民检察院交办案件需要通知当事人的,应当制作通知文书,并发送当事人。

第四十二条　上级人民检察院认为确有必要的,可以办理下级人民检察院受理的行政诉讼监督案件。

下级人民检察院受理的行政诉讼监督案件,认为需要由上级人民检察院办理的,可以报请上级人民检察院办理。

最高人民检察院、省级人民检察院根据实质性化解行政争议等需要,可以指定下级人民检察院办理案件。

第四十三条　人民检察院审查行政诉讼监督案件,应当围绕申请人的申请监督请求、争议焦点、本规则第三十六条规定的情形以及发现的其他违法情形,对行政诉讼活动进行全面审查。其他当事人在人民检察院作出决定前也申请监督的,应当将其列为申请人,对其申请监督请求一并审查。

第四十四条　人民检察院在审查行政诉讼监督案件期间收到申请人或者其他当事人提交的证据材料的,应当出具收据。

第四十五条　被诉行政机关以外的当事人对不能自行收集的证据,

在原审中向人民法院申请调取,人民法院应当调取而未予以调取,在诉讼监督阶段向人民检察院申请调取,符合下列情形之一的,人民检察院可以调取:

(一)由国家机关保存只能由国家机关调取的证据;

(二)涉及国家秘密、商业秘密和个人隐私的证据;

(三)确因客观原因不能自行收集的其他证据。

当事人依照前款规定申请调取证据,人民检察院认为与案件事实无关联、对证明案件事实无意义或者其他无调取收集必要的,不予调取。

第四十六条 人民检察院应当告知当事人有申请回避的权利,并告知办理行政诉讼监督案件的检察人员、书记员等的姓名、法律职务。

第四十七条 人民检察院审查案件,应当听取当事人意见,调查核实有关情况,必要时可以举行听证,也可以听取专家意见。

对于当事人委托律师担任代理人的,人民检察院应当听取代理律师意见,尊重和支持代理律师依法履行职责,依法为代理律师履职提供相关协助和便利,保障代理律师执业权利。

第四十八条 人民检察院可以采取当面、视频、电话、传真、电子邮件、由当事人提交书面意见等方式听取当事人意见。

听取意见的内容包括:

(一)申请人认为生效行政判决、裁定、调解书符合再审情形的主要事实和理由;

(二)申请人认为人民法院行政审判程序中审判人员违法的事实和理由;

(三)申请人认为人民法院行政案件执行活动违法的事实和理由;

(四)其他当事人针对申请人申请监督请求所提出的意见及理由;

(五)行政机关作出行政行为的事实和理由;

(六)申请人与其他当事人有无和解意愿;

(七)其他需要听取的意见。

第四十九条 人民检察院审查案件,可以依照有关规定调阅人民法院的诉讼卷宗、执行卷宗。

通过拷贝电子卷、查阅、复制、摘录等方式能够满足办案需要的,可以不调阅卷宗。

对于人民法院已经结案尚未归档的行政案件，正在办理或者已经结案尚未归档的执行案件，人民检察院可以直接到办理部门查阅、复制、拷贝、摘录案件材料，不调阅卷宗。

在对生效行政判决、裁定或者调解书的监督案件进行审查过程中，需要调取人民法院正在办理的其他案件材料的，人民检察院可以商办理案件的人民法院调取。

第五十条　人民检察院审查案件，对于事实认定、法律适用的重大、疑难、复杂问题，可以采用以下方式听取专家意见：

（一）召开专家论证会；

（二）口头或者书面咨询；

（三）其他咨询或者论证方式。

第五十一条　人民检察院办理行政诉讼监督案件，应当全面检索相关指导性案例、典型案例和关联案例，并在审查终结报告中作出说明。

第五十二条　承办检察官对审查认定的事实负责。审查终结后，应当制作审查终结报告。审查终结报告应当全面、客观、公正地叙述案件事实，依照法律提出明确的处理意见。

第五十三条　承办检察官办理案件过程中，可以提请负责行政检察的部门负责人召集检察官联席会议讨论。

负责行政检察的部门负责人对本部门的办案活动进行监督管理。需要报请检察长决定的事项和需要向检察长报告的案件，应当先由部门负责人审核。部门负责人可以主持召开检察官联席会议进行讨论，也可以直接报请检察长决定或者向检察长报告。

检察官联席会议讨论情况和意见应当如实记录，由参加会议的检察官签名后附卷保存。讨论结果供办案参考。

第五十四条　检察长不同意检察官意见的，可以要求检察官复核，也可以直接作出决定，或者提请检察委员会讨论决定。

检察官执行检察长决定时，认为决定错误的，应当书面提出意见。检察长不改变原决定的，检察官应当执行。

第五十五条　人民检察院对审查终结的案件，应当区分情况依法作出下列决定：

（一）提出再审检察建议；

（二）提请抗诉或者提请其他监督；

（三）提出抗诉；

（四）提出检察建议；

（五）不支持监督申请；

（六）终结审查。

对于负责控告申诉检察的部门受理的当事人申请监督案件，负责行政检察的部门应当将案件办理结果告知负责控告申诉检察的部门。

第五十六条　人民检察院受理当事人申请对人民法院已经发生法律效力的行政判决、裁定、调解书监督的案件，应当在三个月内审查终结并作出决定，但调卷、鉴定、评估、审计、专家咨询等期间不计入审查期限。

有需要调查核实、实质性化解行政争议及其他特殊情况需要延长审查期限的，由本院检察长批准。

人民检察院受理当事人申请对行政审判程序中审判人员违法行为监督的案件和申请对行政案件执行活动监督的案件的审查期限，参照第一款、第二款规定执行。

第五十七条　人民检察院办理行政诉讼监督案件，在当面听取当事人意见、调查核实、举行听证、出席法庭时，可以依照有关规定指派司法警察执行职务。

第二节　调查核实

第五十八条　人民检察院因履行法律监督职责的需要，有下列情形之一的，可以向当事人或者案外人调查核实有关情况：

（一）行政判决、裁定、调解书可能存在法律规定需要监督的情形，仅通过阅卷及审查现有材料难以认定的；

（二）行政审判程序中审判人员可能存在违法行为的；

（三）人民法院行政案件执行活动可能存在违法情形的；

（四）被诉行政行为及相关行政行为可能违法的；

（五）行政相对人、权利人合法权益未得到依法实现的；

(六)其他需要调查核实的情形。

人民检察院不得为证明行政行为的合法性调取行政机关作出行政行为时未收集的证据。

第五十九条　人民检察院通过阅卷以及调查核实难以认定有关事实的,可以听取人民法院相关审判、执行人员的意见,全面了解案件审判、执行的相关事实和理由。

第六十条　人民检察院可以采取以下调查核实措施:

(一)查询、调取、复制相关证据材料;

(二)询问当事人、有关知情人员或者其他相关人员;

(三)咨询专业人员、相关部门或者行业协会等对专门问题的意见;

(四)委托鉴定、评估、审计;

(五)勘验物证、现场;

(六)查明案件事实所需要采取的其他措施。

检察人员应当保守国家秘密和工作秘密,对调查核实中知悉的商业秘密和个人隐私予以保密。

人民检察院调查核实,不得采取限制人身自由和查封、扣押、冻结财产等强制性措施。

第六十一条　有下列情形之一的,人民检察院可以向银行业金融机构查询、调取、复制相关证据材料:

(一)可能损害国家利益、社会公共利益的;

(二)审判、执行人员可能存在违法行为的;

(三)当事人有伪造证据、恶意串通损害他人合法权益可能的。

人民检察院可以依照有关规定指派具备相应资格的检察技术人员对行政诉讼监督案件中的鉴定意见等技术性证据进行专门审查,并出具审查意见。

第六十二条　人民检察院可以就专门性问题书面或者口头咨询有关专业人员、相关部门或者行业协会的意见。口头咨询的,应当制作笔录,由接受咨询的专业人员签名或者盖章。拒绝签名盖章的,应当记明情况。

人民检察院对专门性问题认为需要鉴定、评估、审计的,可以委托具备资格的机构进行鉴定、评估、审计。在诉讼过程中已经进行过鉴定、评估、审计的,除确有必要外,一般不再委托鉴定、评估、审计。

第六十三条 人民检察院认为确有必要的,可以勘验物证或者现场。勘验人应当出示人民检察院的证件,并邀请当地基层组织或者当事人所在单位派人参加。当事人或者当事人的成年家属应当到场,拒不到场的,不影响勘验的进行。

勘验人应当将勘验情况和结果制作笔录,由勘验人、当事人和被邀参加人签名或者盖章。

第六十四条 需要调查核实的,由承办检察官在职权范围内决定,或者报检察长决定。

第六十五条 人民检察院调查核实,应当由二人以上共同进行。

调查笔录经被调查人校阅后,由调查人、被调查人签名或者盖章。被调查人拒绝签名盖章的,应当记明情况。

第六十六条 人民检察院可以指令下级人民检察院或者委托外地人民检察院调查核实。

人民检察院指令调查或者委托调查的,应当发送《指令调查通知书》或者《委托调查函》,载明调查核实事项、证据线索及要求。受指令或者受委托人民检察院收到《指令调查通知书》或者《委托调查函》后,应当在十五日内完成调查核实工作并书面回复。因客观原因不能完成调查的,应当在上述期限内书面回复指令或者委托的人民检察院。

人民检察院到外地调查的,当地人民检察院应当配合。

第六十七条 人民检察院调查核实,有关单位和个人应当配合。拒绝或者妨碍人民检察院调查核实的,人民检察院可以向有关单位或者其上级主管机关提出检察建议,责令纠正,必要时可以通报同级政府、监察机关;涉嫌违纪违法犯罪的,依照规定移送有关机关处理。

第三节 听 证

第六十八条 人民检察院审查行政诉讼监督案件,在事实认定、法律适用、案件处理等方面存在较大争议,或者有重大社会影响,需要当面听取当事人和其他相关人员意见的,可以召开听证会。

第六十九条 人民检察院召开听证会,可以邀请与案件没有利害关系的人大代表、政协委员、人民监督员、特约检察员、专家咨询委员、人民调解员或者当事人所在单位、居住地的居民委员会、村民委员会成员以及专家、学者、律师等其他社会人士担任听证员。

人民检察院应当邀请人民监督员参加听证会,依照有关规定接受人民监督员监督。

第七十条 人民检察院决定召开听证会的,应当做好以下准备工作:

(一)制定听证方案,确定听证会参加人;

(二)在听证三日前告知听证会参加人案由、听证时间和地点;

(三)告知当事人主持听证会的检察官及听证员的姓名、身份。

第七十一条 当事人和其他相关人员应当按时参加听证会。当事人无正当理由缺席或者未经许可中途退席的,听证程序是否继续进行,由主持人决定。

第七十二条 听证会由检察官主持,书记员负责记录,司法警察负责维持秩序。

听证过程应当全程录音录像。经检察长批准,人民检察院可以通过中国检察听证网和其他公共媒体,对听证会进行图文、音频、视频直播或者录播。

第七十三条 听证会应当围绕行政诉讼监督案件中的事实认定和法律适用等问题进行。

对当事人提交的有争议的或者新的证据材料和人民检察院调查取得的证据,应当充分听取各方当事人的意见。

第七十四条 听证会一般按照下列步骤进行:

(一)承办案件的检察官介绍案件情况和需要听证的问题;

(二)申请人陈述申请监督请求、事实和理由;

(三)其他当事人发表意见;

(四)申请人和其他当事人提交新证据的,应当出示并予以说明;

(五)出示人民检察院调查取得的证据;

(六)案件各方当事人陈述对听证中所出示证据的意见;

(七)听证员、检察官向申请人和其他当事人提问;

(八)当事人发表最后陈述意见;

（九）主持人对听证会进行总结。

第七十五条　听证应当制作笔录，经参加听证的人员校阅后，由参加听证的人员签名。拒绝签名的，应当记明情况。

听证会结束后，主持人可以组织听证员对事实认定、法律适用和案件处理等进行评议，并制作评议笔录，由主持人、听证员签名。

听证员的意见是人民检察院依法处理案件的重要参考。

第七十六条　参加听证的人员应当服从听证主持人指挥。

对违反听证秩序的，人民检察院可以予以批评教育，责令退出听证场所；对哄闹、冲击听证场所，侮辱、诽谤、威胁、殴打他人等严重扰乱听证秩序的，依法追究相应法律责任。

第四节　简易案件办理

第七十七条　行政诉讼监督案件具有下列情形之一的，可以确定为简易案件：

（一）原一审人民法院适用简易程序审理的；

（二）案件事实清楚，法律关系简单的。

地方各级人民检察院可以结合本地实际确定简易案件具体情形。

第七十八条　审查简易案件，承办检察官通过审查监督申请书等材料即可以认定案件事实的，可以直接制作审查终结报告，提出处理建议。

审查过程中发现案情复杂或者需要调查核实，不宜适用简易程序的，转为普通案件办理程序。

第七十九条　办理简易案件，不适用延长审查期限的规定。

简易案件的审查终结报告、审批程序应当简化。

第五节　中止审查和终结审查

第八十条　有下列情形之一的，人民检察院可以中止审查：

（一）申请监督的公民死亡，需要等待继承人表明是否继续申请监督的；

（二）申请监督的法人或者其他组织终止，尚未确定权利义务承受人的；

（三）本案必须以另一案的处理结果为依据，而另一案尚未审结的；

（四）其他可以中止审查的情形。

中止审查的，应当制作《中止审查决定书》，并发送当事人。中止审查的原因消除后，应当及时恢复审查。

第八十一条　有下列情形之一的，人民检察院应当终结审查：

（一）人民法院已经裁定再审或者已经纠正违法行为的；

（二）申请人撤回监督申请，且不损害国家利益、社会公共利益或者他人合法权益的；

（三）申请人在与其他当事人达成的和解协议中声明放弃申请监督权利，且不损害国家利益、社会公共利益或者他人合法权益的；

（四）申请监督的公民死亡，没有继承人或者继承人放弃申请，且没有发现其他应当监督的违法情形的；

（五）申请监督的法人或者其他组织终止，没有权利义务承受人或者权利义务承受人放弃申请，且没有发现其他应当监督的违法情形的；

（六）发现已经受理的案件不符合受理条件的；

（七）人民检察院依职权发现的案件，经审查不需要监督的；

（八）其他应当终结审查的情形。

终结审查的，应当制作《终结审查决定书》，需要通知当事人的，发送当事人。

第五章　对生效行政判决、裁定、调解书的监督

第一节　一般规定

第八十二条　申请人提供的新证据以及人民检察院调查取得的证据，能够证明原判决、裁定确有错误的，应当认定为《中华人民共和国行政诉讼法》第九十一条第二项规定的情形，但原审被诉行政机关无正当理由逾期提供证据的除外。

第八十三条　有下列情形之一的，应当认定为《中华人民共和国行政诉讼法》第九十一条第三项规定的“认定事实的主要证据不足”：

（一）认定的事实没有证据支持，或者认定的事实所依据的证据虚

假的；

（二）认定的事实所依据的主要证据不合法的；

（三）对认定事实的主要证据有无证明力、证明力大小或者证明对象的判断违反证据规则、逻辑推理或者经验法则的；

（四）认定事实的主要证据不足的其他情形。

第八十四条 有下列情形之一，导致原判决、裁定结果确有错误的，应当认定为《中华人民共和国行政诉讼法》第九十一条第四项规定的“适用法律、法规确有错误”：

（一）适用的法律、法规与案件性质明显不符的；

（二）适用的法律、法规已经失效或者尚未施行的；

（三）违反《中华人民共和国立法法》规定的法律适用规则的；

（四）违背法律、法规的立法目的和基本原则的；

（五）应当适用的法律、法规未适用的；

（六）适用法律、法规错误的其他情形。

第八十五条 有下列情形之一的，应当认定为《中华人民共和国行政诉讼法》第九十一条第五项规定的“违反法律规定的诉讼程序，可能影响公正审判”：

（一）审判组织的组成不合法的；

（二）依法应当回避的审判人员没有回避的；

（三）未经合法传唤缺席判决的；

（四）无诉讼行为能力人未经法定代理人代为诉讼的；

（五）遗漏应当参加诉讼的当事人的；

（六）违反法律规定，剥夺当事人辩论权、上诉权等重大诉讼权利的；

（七）其他严重违反法定程序的情形。

第八十六条 有下列情形之一的，应当认定为本规则第八十五条第一项规定的“审判组织的组成不合法”：

（一）应当组成合议庭审理的案件独任审判的；

（二）再审、发回重审的案件没有另行组成合议庭的；

（三）审理案件的人员不具有审判资格的；

（四）审判组织或者人员不合法的其他情形。

第八十七条　有下列情形之一的，应当认定为本规则第八十五条第六项规定的“违反法律规定，剥夺当事人辩论权”：

（一）不允许或者严重限制当事人行使辩论权利的；

（二）应当开庭审理而未开庭审理的；

（三）违反法律规定送达起诉状副本或者上诉状副本，致使当事人无法行使辩论权利的；

（四）违法剥夺当事人辩论权利的其他情形。

第二节　提出再审检察建议和提请抗诉、提出抗诉

第八十八条　地方各级人民检察院发现同级人民法院已经发生法律效力的行政判决、裁定有下列情形之一的，可以向同级人民法院提出再审检察建议：

（一）不予立案或者驳回起诉确有错误的；

（二）有新的证据，足以推翻原判决、裁定的；

（三）原判决、裁定认定事实的主要证据不足、未经质证或者系伪造的；

（四）违反法律规定的诉讼程序，可能影响公正审判的；

（五）原判决、裁定遗漏诉讼请求的；

（六）据以作出原判决、裁定的法律文书被撤销或者变更的。

第八十九条　符合本规则第八十八条规定的案件有下列情形之一的，地方各级人民检察院应当提请上一级人民检察院抗诉：

（一）判决、裁定是经同级人民法院再审后作出的；

（二）判决、裁定是经同级人民法院审判委员会讨论作出的；

（三）其他不适宜由同级人民法院再审纠正的。

第九十条　地方各级人民检察院发现同级人民法院已经发生法律效力的行政判决、裁定具有下列情形之一的，应当提请上一级人民检察院抗诉：

（一）原判决、裁定适用法律、法规确有错误的；

（二）审判人员在审理该案件时有贪污受贿、徇私舞弊、枉法裁判行为的。

审判人员在审理该案件时有贪污受贿、徇私舞弊、枉法裁判行为,是指已经由生效刑事法律文书或者纪律处分决定所确认的行为。

第九十一条 地方各级人民检察院发现同级人民法院已经发生法律效力的行政调解书损害国家利益或者社会公共利益的,可以向同级人民法院提出再审检察建议,也可以提请上一级人民检察院抗诉。

第九十二条 人民检察院提出再审检察建议,应当制作《再审检察建议书》,在决定之日起十五日内将《再审检察建议书》连同案件卷宗移送同级人民法院,并制作通知文书,发送当事人。

人民检察院提出再审检察建议,应当经本院检察委员会决定,并在提出再审检察建议之日起五日内将《再审检察建议书》及审查终结报告等案件材料报上一级人民检察院备案。上一级人民检察院认为下级人民检察院发出的《再审检察建议书》错误或者不当的,应当指令下级人民检察院撤回或者变更。

第九十三条 人民检察院提请抗诉,应当制作《提请抗诉报告书》,在决定之日起十五日内将《提请抗诉报告书》连同案件卷宗等材料报送上一级人民检察院,并制作通知文书,发送当事人。

第九十四条 最高人民检察院对各级人民法院已经发生法律效力的行政判决、裁定、调解书,上级人民检察院对下级人民法院已经发生法律效力的行政判决、裁定、调解书,发现有《中华人民共和国行政诉讼法》第九十一条、第九十三条规定情形的,应当向同级人民法院提出抗诉。

人民检察院提出抗诉后,接受抗诉的人民法院未在法定期限内作出审判监督的相关裁定的,人民检察院可以采取询问、走访等方式进行督促,并制作工作记录。人民法院对抗诉案件裁定再审后,对于人民法院在审判活动中存在违反法定审理期限等违法情形的,依照本规则第六章规定办理。

人民检察院提出抗诉的案件,接受抗诉的人民法院将案件交下一级人民法院再审,下一级人民法院审理后作出的再审判决、裁定仍符合抗诉条件且存在明显错误的,原提出抗诉的人民检察院可以再次提出抗诉。

第九十五条 人民检察院提出抗诉,应当制作《抗诉书》,在决定之日起十五日内将《抗诉书》连同案件卷宗移送同级人民法院,并由接受抗诉的人民法院向当事人送达再审裁定时一并送达《抗诉书》。

人民检察院应当制作决定抗诉的通知文书，发送当事人。上级人民检察院可以委托提请抗诉的人民检察院将通知文书发送当事人。

第九十六条　人民检察院认为当事人不服人民法院生效行政判决、裁定、调解书的监督申请不符合监督条件，应当制作《不支持监督申请决定书》，在决定之日起十五日内发送当事人。

下级人民检察院提请抗诉的案件，上级人民检察院可以委托提请抗诉的人民检察院将《不支持监督申请决定书》发送当事人。

第九十七条　人民检察院办理行政诉讼监督案件，发现地方性法规同行政法规相抵触的，或者认为规章以及国务院各部门、省、自治区、直辖市和设区的市、自治州的人民政府发布的其他具有普遍约束力的行政决定、命令同法律、行政法规相抵触的，可以层报最高人民检察院，由最高人民检察院向国务院书面提出审查建议。

第三节　出席法庭

第九十八条　人民检察院提出抗诉的案件，人民法院再审时，人民检察院应当派员出席法庭，并全程参加庭审活动。

接受抗诉的人民法院将抗诉案件交下级人民法院再审的，提出抗诉的人民检察院可以指令再审人民法院的同级人民检察院派员出庭。

第九十九条　检察人员在出庭前，应当做好以下准备工作：

（一）进一步熟悉案情，掌握证据情况；

（二）深入研究与本案有关的法律问题；

（三）拟定出示和说明证据的计划；

（四）对可能出现证据真实性、合法性和关联性争议的，拟定应对方案并准备相关材料；

（五）做好其他出庭准备工作。

第一百条　检察人员出席再审法庭的任务是：

（一）宣读抗诉书；

（二）对人民检察院调查取得的证据予以出示和说明；

（三）经审判长许可，对证据采信、法律适用和案件情况予以说明，针对争议焦点，客观、公正、全面地阐述法律监督意见；

（四）对法庭审理中违反诉讼程序的情况予以记录；

（五）依法从事其他诉讼活动。

出席法庭的检察人员发现庭审活动违反诉讼程序的，应当待休庭或者庭审结束之后，及时向检察长报告。人民检察院对违反诉讼程序的庭审活动提出检察建议，应当由人民检察院在庭审后提出。

第一百零一条　当事人或者其他参加庭审人员在庭审中有哄闹法庭，对检察机关或者出庭检察人员有侮辱、诽谤、威胁等不当言论或者行为，法庭未予制止的，出庭检察人员应当建议法庭即时制止；情节严重的，应当建议法庭依照规定予以处理，并在庭审结束后向检察长报告。

第一百零二条　人民法院开庭审理人民检察院提出再审检察建议的案件，人民检察院派员出席再审法庭的，参照适用本节规定。

人民检察院派员出席法庭的再审案件公开审理的，可以协调人民法院安排人民监督员旁听。

第六章　对行政审判程序中审判人员违法行为的监督

第一百零三条　人民检察院依法对人民法院下列行政审判程序中审判人员违法行为进行监督：

（一）第一审普通程序；

（二）简易程序；

（三）第二审程序；

（四）审判监督程序。

《中华人民共和国行政诉讼法》第九十三条第三款的规定适用于法官、人民陪审员、法官助理、书记员。

第一百零四条　人民检察院发现人民法院行政审判活动有下列情形之一的，应当向同级人民法院提出检察建议：

（一）判决、裁定确有错误，但不适用再审程序纠正的；

（二）调解违反自愿原则或者调解协议内容违反法律的；

（三）对公民、法人或者其他组织提起的诉讼未在法定期限内决定是否立案的；

（四）当事人依照《中华人民共和国行政诉讼法》第五十二条规定向上一级人民法院起诉，上一级人民法院未按该规定处理的；

（五）审理案件适用审判程序错误的；

（六）保全、先予执行、停止执行或者不停止执行行政行为裁定违反法律规定的；

（七）诉讼中止或者诉讼终结违反法律规定的；

（八）违反法定审理期限的；

（九）对当事人采取罚款、拘留等妨害行政诉讼的强制措施违反法律规定的；

（十）违反法律规定送达的；

（十一）其他违反法律规定的情形。

第一百零五条 人民检察院发现同级人民法院行政审判程序中审判人员有《中华人民共和国法官法》第四十六条等规定的违法行为且可能影响案件公正审判、执行的，应当向同级人民法院提出检察建议。

第一百零六条 人民检察院依照本章规定提出检察建议，应当经检察长批准或者检察委员会决定，制作《检察建议书》，在决定之日起十五日内将《检察建议书》连同案件卷宗移送同级人民法院。当事人申请监督的案件，人民检察院应当制作通知文书，发送申请人。

第一百零七条 人民检察院认为当事人申请监督的行政审判程序中审判人员违法行为认定依据不足的，应当作出不支持监督申请的决定，并在决定之日起十五日内制作《不支持监督申请决定书》，发送申请人。

第七章 对行政案件执行活动的监督

第一百零八条 人民检察院对人民法院行政案件执行活动实行法律监督。

第一百零九条 人民检察院发现人民法院执行裁定、决定等有下列情形之一的，应当向同级人民法院提出检察建议：

（一）提级管辖、指定管辖或者对管辖异议的裁定违反法律规定的；

（二）裁定受理、不予受理、中止执行、终结执行、终结本次执行程序、恢复执行、执行回转等违反法律规定的；

（三）变更、追加执行主体错误的；

（四）裁定采取财产调查、控制、处置等措施违反法律规定的；

（五）审查执行异议、复议以及案外人异议作出的裁定违反法律规定的；

（六）决定罚款、拘留、暂缓执行等事项违反法律规定的；

（七）执行裁定、决定等违反法定程序的；

（八）对行政机关申请强制执行的行政行为作出准予执行或者不准予执行的裁定违反法律规定的；

（九）执行裁定、决定等有其他违法情形的。

第一百一十条　人民检察院发现人民法院在执行活动中违反规定采取调查、查封、扣押、冻结、评估、拍卖、变卖、保管、发还财产，以及信用惩戒等执行实施措施的，应当向同级人民法院提出检察建议。

第一百一十一条　人民检察院发现人民法院有下列不履行或者怠于履行执行职责情形之一的，应当向同级人民法院提出检察建议：

（一）对依法应当受理的执行申请不予受理又不依法作出不予受理裁定的；

（二）对已经受理的执行案件不依法作出执行裁定、无正当理由未在法定期限内采取执行措施或者执行结案的；

（三）违法不受理执行异议、复议或者受理后逾期未作出裁定、决定的；

（四）暂缓执行、停止执行、中止执行的原因消失后，不按规定恢复执行的；

（五）依法应当变更或者解除执行措施而不变更、解除的；

（六）对拒绝履行行政判决、裁定、调解书的行政机关未依照《中华人民共和国行政诉讼法》第九十六条规定采取执行措施的；

（七）其他不履行或者怠于履行执行职责行为的。

第一百一十二条　人民检察院认为人民法院在行政案件执行活动中可能存在怠于履行职责情形的，可以向人民法院发出《说明案件执行情况通知书》，要求说明案件的执行情况及理由，并在十五日内书面回复人民检察院。

第一百一十三条　人民检察院依照本章规定提出检察建议，适用本规则第一百零六条的规定。

第一百一十四条　对于当事人申请的执行监督案件，人民检察院认为人民法院执行活动不存在违法情形的，应当作出不支持监督申请的决定，并在决定之日起十五日内制作《不支持监督申请决定书》，发送申请人。

第一百一十五条　人民检察院发现同级人民法院行政案件执行活动中执行人员存在违法行为的，参照本规则第六章有关规定执行。

第八章　案件管理

第一百一十六条　人民检察院负责案件管理的部门对行政诉讼监督案件的受理、期限、程序、质量等进行管理、监督、预警。

第一百一十七条　负责案件管理的部门对以本院名义制发行政诉讼监督法律文书实施监督管理。

第一百一十八条　负责案件管理的部门发现本院办案活动有下列情形之一的，应当及时提出纠正意见：

（一）法律文书制作、使用不符合法律和有关规定的；

（二）违反办案期限有关规定的；

（三）侵害当事人、委托代理人诉讼权利的；

（四）未依法对行政诉讼活动中的违法行为履行法律监督职责的；

（五）其他应当提出纠正意见的情形。

情节轻微的，可以口头提示；情节较重的，应当发送《案件流程监控通知书》，提示办案部门及时查明情况并予以纠正；情节严重的，应当同时向检察长报告。

负责行政检察的部门收到《案件流程监控通知书》后，应当在十日内将核查情况书面回复负责案件管理的部门。

第九章　其他规定

第一百一十九条　人民检察院发现人民法院在多起同一类行政案件中有下列情形之一的，可以提出检察建议：

（一）同类问题适用法律不一致的；

（二）适用法律存在同类错误的；

（三）其他同类违法行为。

人民检察院发现有关单位的工作制度、管理方法、工作程序违法或者不当，需要改正、改进的，可以提出检察建议。

第一百二十条 人民检察院依照有关规定提出改进工作、完善治理的检察建议，对同类违法情形，应当制发一份检察建议。

第一百二十一条 人民检察院办理行政诉讼监督案件，可以对行政诉讼监督情况进行年度或者专题分析，向人民法院、行政机关通报，向党委、人大报告。通报、报告包括以下内容：

（一）审判机关、行政机关存在的普遍性问题和突出问题；

（二）审判机关、行政机关存在的苗头性、倾向性问题或者某方面问题的特点和趋势；

（三）促进依法行政、公正司法的意见和建议；

（四）认为需要通报、报告的其他情形。

第一百二十二条 人民检察院可以针对行政诉讼监督中的普遍性问题或者突出问题，组织开展专项监督活动。

第一百二十三条 人民检察院负责行政检察的部门在履行职责过程中，发现涉嫌违纪违法犯罪以及需要追究司法责任的行为，经检察长批准，应当及时将相关线索及材料移送有管辖权的机关或者部门。

人民检察院其他职能部门在履行职责中发现符合本规则规定的应当依职权监督的行政诉讼监督案件线索，应当及时向负责行政检察的部门通报。

第一百二十四条 人民法院对行政诉讼监督案件作出再审判决、裁定或者其他处理决定后，提出监督意见的人民检察院应当对处理结果进行审查，并填写《行政诉讼监督案件处理结果审查登记表》。

第一百二十五条 有下列情形之一的，人民检察院可以依照有关规定跟进监督或者提请上级人民检察院监督：

（一）人民法院审理行政抗诉案件作出的判决、裁定、调解书仍符合抗诉条件且存在明显错误的；

（二）人民法院、行政机关对人民检察院提出的检察建议未在规定的期限内作出处理并书面回复的；

（三）人民法院、行政机关对检察建议的处理错误的。

第一百二十六条　地方各级人民检察院对适用法律确属疑难、复杂，本院难以决断的重大行政诉讼监督案件，可以向上一级人民检察院请示。

请示案件依照最高人民检察院关于办理下级人民检察院请示件、下级人民检察院向最高人民检察院报送公文的相关规定办理。

第一百二十七条　人民检察院发现作出的相关决定确有错误或者有其他情形需要撤回、变更的，应当经检察长批准或者检察委员会决定。

第一百二十八条　人民法院对人民检察院监督行为提出书面异议的，人民检察院应当在规定期限内将处理结果书面回复人民法院。人民法院对回复意见仍有异议，并通过上一级人民法院向上一级人民检察院提出的，上一级人民检察院认为人民法院异议正确，应当要求下级人民检察院及时纠正。

第一百二十九条　制作行政诉讼监督法律文书，应当符合规定的格式。

行政诉讼监督法律文书的格式另行制定。

第一百三十条　人民检察院可以参照《中华人民共和国行政诉讼法》《中华人民共和国民事诉讼法》有关规定发送法律文书。

第一百三十一条　人民检察院发现制作的法律文书存在笔误的，应当作出《补正决定书》予以补正。

第一百三十二条　人民检察院办理行政诉讼监督案件，应当依照规定立卷归档。

第一百三十三条　人民检察院办理行政诉讼监督案件，不收取案件受理费。申请复印、鉴定、审计、勘验等产生的费用由申请人直接支付给有关机构或者单位，人民检察院不得代收代付。

第一百三十四条　人民检察院办理行政诉讼监督案件，对于申请人诉求具有一定合理性，但通过法律途径难以解决，且生活困难的，可以依法给予司法救助。

对于未纳入国家司法救助范围或者实施国家司法救助后仍然面临生

活困难的申请人,可以引导其依照相关规定申请社会救助。

第十章　附　　则

第一百三十五条　人民检察院办理行政诉讼监督案件,本规则没有规定的,适用《人民检察院民事诉讼监督规则》的相关规定。

第一百三十六条　人民检察院办理行政诉讼监督案件,向有关单位和部门提出检察建议,本规则没有规定的,适用《人民检察院检察建议工作规定》的相关规定。

第一百三十七条　本规则自2021年9月1日起施行,《人民检察院行政诉讼监督规则(试行)》同时废止。本院之前公布的其他规定与本规则内容不一致的,以本规则为准。

最高人民法院关于人民法院登记立案若干问题的规定

(2015年4月13日最高人民法院审判委员会第1647次会议通过　2015年4月15日公布　法释〔2015〕8号　自2015年5月1日起施行)

为保护公民、法人和其他组织依法行使诉权,实现人民法院依法、及时受理案件,根据《中华人民共和国民事诉讼法》《中华人民共和国行政诉讼法》《中华人民共和国刑事诉讼法》等法律规定,制定本规定。

第一条　人民法院对依法应该受理的一审民事起诉、行政起诉和刑事自诉,实行立案登记制。

第二条　对起诉、自诉,人民法院应当一律接收诉状,出具书面凭证并注明收到日期。

对符合法律规定的起诉、自诉,人民法院应当当场予以登记立案。

对不符合法律规定的起诉、自诉,人民法院应当予以释明。

第三条　人民法院应当提供诉状样本,为当事人书写诉状提供示范和指引。

当事人书写诉状确有困难的,可以口头提出,由人民法院记入笔录。符合法律规定的,予以登记立案。

第四条　民事起诉状应当记明以下事项:

(一)原告的姓名、性别、年龄、民族、职业、工作单位、住所、联系方式,法人或者其他组织的名称、住所和法定代表人或者主要负责人的姓名、职务、联系方式;

(二)被告的姓名、性别、工作单位、住所等信息,法人或者其他组织的名称、住所等信息;

(三)诉讼请求和所根据的事实与理由;

(四)证据和证据来源;

(五)有证人的,载明证人姓名和住所。

行政起诉状参照民事起诉状书写。

第五条　刑事自诉状应当记明以下事项:

(一)自诉人或者代为告诉人、被告人的姓名、性别、年龄、民族、文化程度、职业、工作单位、住址、联系方式;

(二)被告人实施犯罪的时间、地点、手段、情节和危害后果等;

(三)具体的诉讼请求;

(四)致送的人民法院和具状时间;

(五)证据的名称、来源等;

(六)有证人的,载明证人的姓名、住所、联系方式等。

第六条　当事人提出起诉、自诉的,应当提交以下材料:

(一)起诉人、自诉人是自然人的,提交身份证明复印件;起诉人、自诉人是法人或者其他组织的,提交营业执照或者组织机构代码证复印件、法定代表人或者主要负责人身份证明书;法人或者其他组织不能提供组织机构代码的,应当提供组织机构被注销的情况说明;

(二)委托起诉或者代为告诉的,应当提交授权委托书、代理人身份证明、代为告诉人身份证明等相关材料；

（三）具体明确的足以使被告或者被告人与他人相区别的姓名或者名称、住所等信息；

（四）起诉状原本和与被告或者被告人及其他当事人人数相符的副本；

（五）与诉请相关的证据或者证明材料。

第七条　当事人提交的诉状和材料不符合要求的，人民法院应当一次性书面告知在指定期限内补正。

当事人在指定期限内补正的，人民法院决定是否立案的期间，自收到补正材料之日起计算。

当事人在指定期限内没有补正的，退回诉状并记录在册；坚持起诉、自诉的，裁定或者决定不予受理、不予立案。

经补正仍不符合要求的，裁定或者决定不予受理、不予立案。

第八条　对当事人提出的起诉、自诉，人民法院当场不能判定是否符合法律规定的，应当作出以下处理：

（一）对民事、行政起诉，应当在收到起诉状之日起七日内决定是否立案；

（二）对刑事自诉，应当在收到自诉状次日起十五日内决定是否立案；

（三）对第三人撤销之诉，应当在收到起诉状之日起三十日内决定是否立案；

（四）对执行异议之诉，应当在收到起诉状之日起十五日内决定是否立案。

人民法院在法定期间内不能判定起诉、自诉是否符合法律规定的，应当先行立案。

第九条　人民法院对起诉、自诉不予受理或者不予立案的，应当出具书面裁定或者决定，并载明理由。

第十条　人民法院对下列起诉、自诉不予登记立案：

（一）违法起诉或者不符合法律规定的；

（二）涉及危害国家主权和领土完整的；

（三）危害国家安全的；

(四)破坏国家统一和民族团结的;

(五)破坏国家宗教政策的;

(六)所诉事项不属于人民法院主管的。

第十一条 登记立案后,当事人未在法定期限内交纳诉讼费的,按撤诉处理,但符合法律规定的缓、减、免交诉讼费条件的除外。

第十二条 登记立案后,人民法院立案庭应当及时将案件移送审判庭审理。

第十三条 对立案工作中存在的不接收诉状、接收诉状后不出具书面凭证,不一次性告知当事人补正诉状内容,以及有案不立、拖延立案、干扰立案、既不立案又不作出裁定或者决定等违法违纪情形,当事人可以向受诉人民法院或者上级人民法院投诉。

人民法院应当在受理投诉之日起十五日内,查明事实,并将情况反馈当事人。发现违法违纪行为的,依法依纪追究相关人员责任;构成犯罪的,依法追究刑事责任。

第十四条 为方便当事人行使诉权,人民法院提供网上立案、预约立案、巡回立案等诉讼服务。

第十五条 人民法院推动多元化纠纷解决机制建设,尊重当事人选择人民调解、行政调解、行业调解、仲裁等多种方式维护权益,化解纠纷。

第十六条 人民法院依法维护登记立案秩序,推进诉讼诚信建设。对干扰立案秩序、虚假诉讼的,根据民事诉讼法、行政诉讼法有关规定予以罚款、拘留;构成犯罪的,依法追究刑事责任。

第十七条 本规定的"起诉",是指当事人提起民事、行政诉讼;"自诉",是指当事人提起刑事自诉。

第十八条 强制执行和国家赔偿申请登记立案工作,按照本规定执行。

上诉、申请再审、刑事申诉、执行复议和国家赔偿申诉案件立案工作,不适用本规定。

第十九条 人民法庭登记立案工作,按照本规定执行。

第二十条 本规定自 2015 年 5 月 1 日起施行。以前有关立案的规定与本规定不一致的,按照本规定执行。

最高人民法院关于行政诉讼证据若干问题的规定

（2002 年 6 月 4 日最高人民法院审判委员会第 1224 次会议通过 2002 年 7 月 24 日公布 法释〔2002〕21 号 自 2002 年 10 月 1 日起施行）

为准确认定案件事实，公正、及时地审理行政案件，根据《中华人民共和国行政诉讼法》（以下简称行政诉讼法）等有关法律规定，结合行政审判实际，制定本规定。

一、举证责任分配和举证期限

第一条 根据行政诉讼法第三十二条和第四十三条的规定，被告对作出的具体行政行为负有举证责任，应当在收到起诉状副本之日起十日内，提供据以作出被诉具体行政行为的全部证据和所依据的规范性文件。被告不提供或者无正当理由逾期提供证据的，视为被诉具体行政行为没有相应的证据。

被告因不可抗力或者客观上不能控制的其他正当事由，不能在前款规定的期限内提供证据的，应当在收到起诉状副本之日起十日内向人民法院提出延期提供证据的书面申请。人民法院准许延期提供的，被告应当在正当事由消除后十日内提供证据。逾期提供的，视为被诉具体行政行为没有相应的证据。

第二条 原告或者第三人提出其在行政程序中没有提出的反驳理由或者证据的，经人民法院准许，被告可以在第一审程序中补充相应的证据。

第三条　根据行政诉讼法第三十三条的规定，在诉讼过程中，被告及其诉讼代理人不得自行向原告和证人收集证据。

第四条　公民、法人或者其他组织向人民法院起诉时，应当提供其符合起诉条件的相应的证据材料。

在起诉被告不作为的案件中，原告应当提供其在行政程序中曾经提出申请的证据材料。但有下列情形的除外：

（一）被告应当依职权主动履行法定职责的；

（二）原告因被告受理申请的登记制度不完备等正当事由不能提供相关证据材料并能够作出合理说明的。

被告认为原告起诉超过法定期限的，由被告承担举证责任。

第五条　在行政赔偿诉讼中，原告应当对被诉具体行政行为造成损害的事实提供证据。

第六条　原告可以提供证明被诉具体行政行为违法的证据。原告提供的证据不成立的，不免除被告对被诉具体行政行为合法性的举证责任。

第七条　原告或者第三人应当在开庭审理前或者人民法院指定的交换证据之日提供证据。因正当事由申请延期提供证据的，经人民法院准许，可以在法庭调查中提供。逾期提供证据的，视为放弃举证权利。

原告或者第三人在第一审程序中无正当事由未提供而在第二审程序中提供的证据，人民法院不予接纳。

第八条　人民法院向当事人送达受理案件通知书或者应诉通知书时，应当告知其举证范围、举证期限和逾期提供证据的法律后果，并告知因正当事由不能按期提供证据时应当提出延期提供证据的申请。

第九条　根据行政诉讼法第三十四条第一款的规定，人民法院有权要求当事人提供或者补充证据。

对当事人无争议，但涉及国家利益、公共利益或者他人合法权益的事实，人民法院可以责令当事人提供或者补充有关证据。

二、提供证据的要求

第十条　根据行政诉讼法第三十一条第一款第（一）项的规定，当事人向人民法院提供书证的，应当符合下列要求：

（一）提供书证的原件，原本、正本和副本均属于书证的原件。提供原件确有困难的，可以提供与原件核对无误的复印件、照本、节录本；

（二）提供由有关部门保管的书证原件的复制件、影印件或者抄录件的，应当注明出处，经该部门核对无异后加盖其印章；

（三）提供报表、图纸、会计账册、专业技术资料、科技文献等书证的，应当附有说明材料；

（四）被告提供的被诉具体行政行为所依据的询问、陈述、谈话类笔录，应当有行政执法人员、被询问人、陈述人、谈话人签名或者盖章。

法律、法规、司法解释和规章对书证的制作形式另有规定的，从其规定。

第十一条　根据行政诉讼法第三十一条第一款第（二）项的规定，当事人向人民法院提供物证的，应当符合下列要求：

（一）提供原物。提供原物确有困难的，可以提供与原物核对无误的复制件或者证明该物证的照片、录像等其他证据；

（二）原物为数量较多的种类物的，提供其中的一部分。

第十二条　根据行政诉讼法第三十一条第一款第（三）项的规定，当事人向人民法院提供计算机数据或者录音、录像等视听资料的，应当符合下列要求：

（一）提供有关资料的原始载体。提供原始载体确有困难的，可以提供复制件；

（二）注明制作方法、制作时间、制作人和证明对象等；

（三）声音资料应当附有该声音内容的文字记录。

第十三条　根据行政诉讼法第三十一条第一款第（四）项的规定，当事人向人民法院提供证人证言的，应当符合下列要求：

（一）写明证人的姓名、年龄、性别、职业、住址等基本情况；

（二）有证人的签名，不能签名的，应当以盖章等方式证明；

（三）注明出具日期；

（四）附有居民身份证复印件等证明证人身份的文件。

第十四条　根据行政诉讼法第三十一条第一款第（六）项的规定，被告向人民法院提供的在行政程序中采用的鉴定结论，应当载明委托人和委托鉴定的事项、向鉴定部门提交的相关材料、鉴定的依据和使用的科学技术手段、鉴定部门和鉴定人鉴定资格的说明,并应有鉴定人的签名和鉴定部门的盖章。通过分析获得的鉴定结论,应当说明分析过程。

第十五条 根据行政诉讼法第三十一条第一款第(七)项的规定,被告向人民法院提供的现场笔录,应当载明时间、地点和事件等内容,并由执法人员和当事人签名。当事人拒绝签名或者不能签名的,应当注明原因。有其他人在现场的,可由其他人签名。

法律、法规和规章对现场笔录的制作形式另有规定的,从其规定。

第十六条 当事人向人民法院提供的在中华人民共和国领域外形成的证据,应当说明来源,经所在国公证机关证明,并经中华人民共和国驻该国使领馆认证,或者履行中华人民共和国与证据所在国订立的有关条约中规定的证明手续。

当事人提供的在中华人民共和国香港特别行政区、澳门特别行政区和台湾地区内形成的证据,应当具有按照有关规定办理的证明手续。

第十七条 当事人向人民法院提供外文书证或者外国语视听资料的,应当附有由具有翻译资质的机构翻译的或者其他翻译准确的中文译本,由翻译机构盖章或者翻译人员签名。

第十八条 证据涉及国家秘密、商业秘密或者个人隐私的,提供人应当作出明确标注,并向法庭说明,法庭予以审查确认。

第十九条 当事人应当对其提交的证据材料分类编号,对证据材料的来源、证明对象和内容作简要说明,签名或者盖章,注明提交日期。

第二十条 人民法院收到当事人提交的证据材料,应当出具收据,注明证据的名称、份数、页数、件数、种类等以及收到的时间,由经办人员签名或者盖章。

第二十一条 对于案情比较复杂或者证据数量较多的案件,人民法院可以组织当事人在开庭前向对方出示或者交换证据,并将交换证据的情况记录在卷。

三、调取和保全证据

第二十二条 根据行政诉讼法第三十四条第二款的规定,有下列情形之一的，人民法院有权向有关行政机关以及其他组织、公民调取证据：

（一）涉及国家利益、公共利益或者他人合法权益的事实认定的；

（二）涉及依职权追加当事人、中止诉讼、终结诉讼、回避等程序性事项的。

第二十三条　原告或者第三人不能自行收集，但能够提供确切线索的，可以申请人民法院调取下列证据材料：

（一）由国家有关部门保存而须由人民法院调取的证据材料；

（二）涉及国家秘密、商业秘密、个人隐私的证据材料；

（三）确因客观原因不能自行收集的其他证据材料。

人民法院不得为证明被诉具体行政行为的合法性，调取被告在作出具体行政行为时未收集的证据。

第二十四条　当事人申请人民法院调取证据的，应当在举证期限内提交调取证据申请书。

调取证据申请书应当写明下列内容：

（一）证据持有人的姓名或者名称、住址等基本情况；

（二）拟调取证据的内容；

（三）申请调取证据的原因及其要证明的案件事实。

第二十五条　人民法院对当事人调取证据的申请，经审查符合调取证据条件的，应当及时决定调取；不符合调取证据条件的，应当向当事人或者其诉讼代理人送达通知书，说明不准许调取的理由。当事人及其诉讼代理人可以在收到通知书之日起三日内向受理申请的人民法院书面申请复议一次。人民法院应当在收到复议申请之日起五日内作出答复。

人民法院根据当事人申请，经调取未能取得相应证据的，应当告知申请人并说明原因。

第二十六条　人民法院需要调取的证据在异地的，可以书面委托证据所在地人民法院调取。受托人民法院应当在收到委托书后，按照委托要求及时完成调取证据工作，送交委托人民法院。受托人民法院不能完成委托内容的，应当告知委托的人民法院并说明原因。

第二十七条　当事人根据行政诉讼法第三十六条的规定向人民法院申请保全证据的，应当在举证期限届满前以书面形式提出，并说明证据的名称和地点、保全的内容和范围、申请保全的理由等事项。

当事人申请保全证据的，人民法院可以要求其提供相应的担保。

法律、司法解释规定诉前保全证据的，依照其规定办理。

第二十八条 人民法院依照行政诉讼法第三十六条规定保全证据的，可以根据具体情况，采取查封、扣押、拍照、录音、录像、复制、鉴定、勘验、制作询问笔录等保全措施。

人民法院保全证据时，可以要求当事人或者其诉讼代理人到场。

第二十九条 原告或者第三人有证据或者有正当理由表明被告据以认定案件事实的鉴定结论可能有错误，在举证期限内书面申请重新鉴定的，人民法院应予准许。

第三十条 当事人对人民法院委托的鉴定部门作出的鉴定结论有异议申请重新鉴定，提出证据证明存在下列情形之一的，人民法院应予准许：

（一）鉴定部门或者鉴定人不具有相应的鉴定资格的；

（二）鉴定程序严重违法的；

（三）鉴定结论明显依据不足的；

（四）经过质证不能作为证据使用的其他情形。

对有缺陷的鉴定结论，可以通过补充鉴定、重新质证或者补充质证等方式解决。

第三十一条 对需要鉴定的事项负有举证责任的当事人，在举证期限内无正当理由不提出鉴定申请、不预交鉴定费用或者拒不提供相关材料，致使对案件争议的事实无法通过定结论予以认定的，应当对该事实承担举证不能的法律后果。

第三十二条 人民法院对委托或者指定的鉴定部门出具的鉴定书，应当审查是否具有下列内容：

（一）鉴定的内容；

（二）鉴定时提交的相关材料；

（三）鉴定的依据和使用的科学技术手段；

（四）鉴定的过程；

（五）明确的鉴定结论；

（六）鉴定部门和鉴定人鉴定资格的说明；

（七）鉴定人及鉴定部门签名盖章。

前款内容欠缺或者鉴定结论不明确的，人民法院可以要求鉴定部门予以说明、补充鉴定或者重新鉴定。

第三十三条 人民法院可以依当事人申请或者依职权勘验现场。

勘验现场时，勘验人必须出示人民法院的证件，并邀请当地基层组织或者当事人所在单位派人参加。当事人或其成年亲属应当到场，拒不到场的，不影响勘验的进行，但应当在勘验笔录中说明情况。

第三十四条 审判人员应当制作勘验笔录，记载勘验的时间、地点、勘验人、在场人、勘验的经过和结果，由勘验人、当事人、在场人签名。

勘验现场时绘制的现场图，应当注明绘制的时间、方位、绘制人姓名和身份等内容。

当事人对勘验结论有异议的，可以在举证期限内申请重新勘验，是否准许由人民法院决定。

四、证据的对质辨认和核实

第三十五条 证据应当在法庭上出示，并经庭审质证。未经庭审质证的证据，不能作为定案的依据。

当事人在庭前证据交换过程中没有争议并记录在卷的证据，经审判人员在庭审中说明后，可以作为认定案件事实的依据。

第三十六条 经合法传唤，因被告无正当理由拒不到庭而需要依法缺席判决的，被告提供的证据不能作为定案的依据，但当事人在庭前交换证据中没有争议的证据除外。

第三十七条 涉及国家秘密、商业秘密和个人隐私或者法律规定的其他应当保密的证据，不得在开庭时公开质证。

第三十八条 当事人申请人民法院调取的证据，由申请调取证据的当事人在庭审中出示，并由当事人质证。

人民法院依职权调取的证据，由法庭出示，并可就调取该证据的情况进行说明，听取当事人意见。

第三十九条 当事人应当围绕证据的关联性、合法性和真实性，针对证据有无证明效力以及证明效力大小，进行质证。

经法庭准许，当事人及其代理人可以就证据问题相互发问，也可以向证人、鉴定人或者勘验人发问。

当事人及其代理人相互发问，或者向证人、鉴定人、勘验人发问时，发问的内容应当与案件事实有关联，不得采用引诱、威胁、侮辱等语言或者方式。

第四十条　对书证、物证和视听资料进行质证时，当事人应当出示证据的原件或者原物。但有下列情况之一的除外：

（一）出示原件或者原物确有困难并经法庭准许可以出示复制件或者复制品；

（二）原件或者原物已不存在，可以出示证明复制件、复制品与原件、原物一致的其他证据。

视听资料应当当庭播放或者显示，并由当事人进行质证。

第四十一条　凡是知道案件事实的人，都有出庭作证的义务。有下列情形之一的，经人民法院准许，当事人可以提交书面证言：

（一）当事人在行政程序或者庭前证据交换中对证人证言无异议的；

（二）证人因年迈体弱或者行动不便无法出庭的；

（三）证人因路途遥远、交通不便无法出庭的；

（四）证人因自然灾害等不可抗力或者其他意外事件无法出庭的；

（五）证人因其他特殊原因确实无法出庭的。

第四十二条　不能正确表达意志的人不能作证。

根据当事人申请，人民法院可以就证人能否正确表达意志进行审查或者交由有关部门鉴定。必要时，人民法院也可以依职权交由有关部门鉴定。

第四十三条　当事人申请证人出庭作证的，应当在举证期限届满前提出，并经人民法院许可。人民法院准许证人出庭作证的，应当在开庭审理前通知证人出庭作证。

当事人在庭审过程中要求证人出庭作证的，法庭可以根据审理案件的具体情况，决定是否准许以及是否延期审理。

第四十四条　有下列情形之一，原告或者第三人可以要求相关行政执法人员作为证人出庭作证：

（一）对现场笔录的合法性或者真实性有异议的；

（二）对扣押财产的品种或者数量有异议的；

（三）对检验的物品取样或者保管有异议的；

（四）对行政执法人员的身份的合法性有异议的；

（五）需要出庭作证的其他情形。

第四十五条 证人出庭作证时，应当出示证明其身份的证件。法庭应当告知其诚实作证的法律义务和作伪证的法律责任。

出庭作证的证人不得旁听案件的审理。法庭询问证人时，其他证人不得在场，但组织证人对质的除外。

第四十六条 证人应当陈述其亲历的具体事实。证人根据其经历所作的判断、推测或者评论，不能作为定案的依据。

第四十七条 当事人要求鉴定人出庭接受询问的，鉴定人应当出庭。鉴定人因正当事由不能出庭的，经法庭准许，可以不出庭，由当事人对其书面鉴定结论进行质证。

鉴定人不能出庭的正当事由，参照本规定第四十一条的规定。

对于出庭接受询问的鉴定人，法庭应当核实其身份、与当事人及案件的关系，并告知鉴定人如实说明鉴定情况的法律义务和故意作虚假说明的法律责任。

第四十八条 对被诉具体行政行为涉及的专门性问题，当事人可以向法庭申请由专业人员出庭进行说明，法庭也可以通知专业人员出庭说明。必要时，法庭可以组织专业人员进行对质。

当事人对出庭的专业人员是否具备相应专业知识、学历、资历等专业资格等有异议的，可以进行询问。由法庭决定其是否可以作为专业人员出庭。

专业人员可以对鉴定人进行询问。

第四十九条 法庭在质证过程中，对与案件没有关联的证据材料，应予排除并说明理由。

法庭在质证过程中，准许当事人补充证据的，对补充的证据仍应进行质证。

法庭对经过庭审质证的证据,除确有必要外,一般不再进行质证。

第五十条 在第二审程序中,对当事人依法提供的新的证据,法庭应当进行质证;当事人对第一审认定的证据仍有争议的,法庭也应当进行质证。

第五十一条 按照审判监督程序审理的案件,对当事人依法提供的新的证据,法庭应当进行质证;因原判决、裁定认定事实的证据不足而提起再审所涉及的主要证据,法庭也应当进行质证。

第五十二条 本规定第五十条和第五十一条中的"新的证据"是指以下证据:

(一)在一审程序中应当准予延期提供而未获准许的证据;

(二)当事人在一审程序中依法申请调取而未获准许或者未取得,人民法院在第二审程序中调取的证据;

(三)原告或者第三人提供的在举证期限届满后发现的证据。

五、证据的审核认定

第五十三条 人民法院裁判行政案件,应当以证据证明的案件事实为依据。

第五十四条 法庭应当对经过庭审质证的证据和无需质证的证据进行逐一审查和对全部证据综合审查,遵循法官职业道德,运用逻辑推理和生活经验,进行全面、客观和公正地分析判断,确定证据材料与案件事实之间的证明关系,排除不具有关联性的证据材料,准确认定案件事实。

第五十五条 法庭应当根据案件的具体情况,从以下方面审查证据的合法性:

(一)证据是否符合法定形式;

(二)证据的取得是否符合法律、法规、司法解释和规章的要求;

(三)是否有影响证据效力的其他违法情形。

第五十六条 法庭应当根据案件的具体情况,从以下方面审查证据的真实性:

(一)证据形成的原因;

(二)发现证据时的客观环境;

（三）证据是否为原件、原物，复制件、复制品与原件、原物是否相符；

（四）提供证据的人或者证人与当事人是否具有利害关系；

（五）影响证据真实性的其他因素。

第五十七条 下列证据材料不能作为定案依据：

（一）严重违反法定程序收集的证据材料；

（二）以偷拍、偷录、窃听等手段获取侵害他人合法权益的证据材料；

（三）以利诱、欺诈、胁迫、暴力等不正当手段获取的证据材料；

（四）当事人无正当事由超出举证期限提供的证据材料；

（五）在中华人民共和国领域以外或者在中华人民共和国香港特别行政区、澳门特别行政区和台湾地区形成的未办理法定证明手续的证据材料；

（六）当事人无正当理由拒不提供原件、原物，又无其他证据印证，且对方当事人不予认可的证据的复制件或者复制品；

（七）被当事人或者他人进行技术处理而无法辨明真伪的证据材料；

（八）不能正确表达意志的证人提供的证言；

（九）不具备合法性和真实性的其他证据材料。

第五十八条 以违反法律禁止性规定或者侵犯他人合法权益的方法取得的证据，不能作为认定案件事实的依据。

第五十九条 被告在行政程序中依照法定程序要求原告提供证据，原告依法应当提供而拒不提供，在诉讼程序中提供的证据，人民法院一般不予采纳。

第六十条 下列证据不能作为认定被诉具体行政行为合法的依据：

（一）被告及其诉讼代理人在作出具体行政行为后或者在诉讼程序中自行收集的证据；

（二）被告在行政程序中非法剥夺公民、法人或者其他组织依法享有的陈述、申辩或者听证权利所采用的证据；

（三）原告或者第三人在诉讼程序中提供的、被告在行政程序中未作为具体行政行为依据的证据。

第六十一条 复议机关在复议程序中收集和补充的证据，或者作出原具体行政行为的行政机关在复议程序中未向复议机关提交的证据，不能作为人民法院认定原具体行政行为合法的依据。

第六十二条　对被告在行政程序中采纳的鉴定结论，原告或者第三人提出证据证明有下列情形之一的，人民法院不予采纳：

（一）鉴定人不具备鉴定资格；

（二）鉴定程序严重违法；

（三）鉴定结论错误、不明确或者内容不完整。

第六十三条　证明同一事实的数个证据，其证明效力一般可以按照下列情形分别认定：

（一）国家机关以及其他职能部门依职权制作的公文文书优于其他书证；

（二）鉴定结论、现场笔录、勘验笔录、档案材料以及经过公证或者登记的书证优于其他书证、视听资料和证人证言；

（三）原件、原物优于复制件、复制品；

（四）法定鉴定部门的鉴定结论优于其他鉴定部门的鉴定结论；

（五）法庭主持勘验所制作的勘验笔录优于其他部门主持勘验所制作的勘验笔录；

（六）原始证据优于传来证据；

（七）其他证人证言优于与当事人有亲属关系或者其他密切关系的证人提供的对该当事人有利的证言；

（八）出庭作证的证人证言优于未出庭作证的证人证言；

（九）数个种类不同、内容一致的证据优于一个孤立的证据。

第六十四条　以有形载体固定或者显示的电子数据交换、电子邮件以及其他数据资料，其制作情况和真实性经对方当事人确认，或者以公证等其他有效方式予以证明的，与原件具有同等的证明效力。

第六十五条　在庭审中一方当事人或者其代理人在代理权限范围内对另一方当事人陈述的案件事实明确表示认可的，人民法院可以对该事实予以认定。但有相反证据足以推翻的除外。

第六十六条　在行政赔偿诉讼中，人民法院主持调解时当事人为达成调解协议而对案件事实的认可，不得在其后的诉讼中作为对其不利的证据。

第六十七条 在不受外力影响的情况下,一方当事人提供的证据,对方当事人明确表示认可的,可以认定该证据的证明效力;对方当事人予以否认,但不能提供充分的证据进行反驳的,可以综合全案情况审查认定该证据的证明效力。

第六十八条 下列事实法庭可以直接认定:

(一)众所周知的事实;

(二)自然规律及定理;

(三)按照法律规定推定的事实;

(四)已经依法证明的事实;

(五)根据日常生活经验法则推定的事实。

前款(一)、(三)、(四)、(五)项,当事人有相反证据足以推翻的除外。

第六十九条 原告确有证据证明被告持有的证据对原告有利,被告无正当事由拒不提供的,可以推定原告的主张成立。

第七十条 生效的人民法院裁判文书或者仲裁机构裁决文书确认的事实,可以作为定案依据。但是如果发现裁判文书或者裁决文书认定的事实有重大问题的,应当中止诉讼,通过法定程序予以纠正后恢复诉讼。

第七十一条 下列证据不能单独作为定案依据:

(一)未成年人所作的与其年龄和智力状况不相适应的证言;

(二)与一方当事人有亲属关系或者其他密切关系的证人所作的对该当事人有利的证言,或者与一方当事人有不利关系的证人所作的对该当事人不利的证言;

(三)应当出庭作证而无正当理由不出庭作证的证人证言;

(四)难以识别是否经过修改的视听资料;

(五)无法与原件、原物核对的复制件或者复制品;

(六)经一方当事人或者他人改动,对方当事人不予认可的证据材料;

(七)其他不能单独作为定案依据的证据材料。

第七十二条 庭审中经过质证的证据,能够当庭认定的,应当当庭认定;不能当庭认定的,应当在合议庭合议时认定。

人民法院应当在裁判文书中阐明证据是否采纳的理由。

第七十三条 法庭发现当庭认定的证据有误,可以按照下列方式纠正：

（一）庭审结束前发现错误的，应当重新进行认定；

（二）庭审结束后宣判前发现错误的，在裁判文书中予以更正并说明理由，也可以再次开庭予以认定；

（三）有新的证据材料可能推翻已认定的证据的，应当再次开庭予以认定。

六、附　　则

第七十四条　证人、鉴定人及其近亲属的人身和财产安全受法律保护。

人民法院应当对证人、鉴定人的住址和联系方式予以保密。

第七十五条　证人、鉴定人因出庭作证或者接受询问而支出的合理费用，由提供证人、鉴定人的一方当事人先行支付，由败诉一方当事人承担。

第七十六条　证人、鉴定人作伪证的，依照行政诉讼法第四十九条第一款第（二）项的规定追究其法律责任。

第七十七条　诉讼参与人或者其他人有对审判人员或者证人、鉴定人、勘验人及其近亲属实施威胁、侮辱、殴打、骚扰或者打击报复等妨碍行政诉讼行为的，依照行政诉讼法第四十九条第一款第（三）项、第（五）项或者第（六）项的规定追究其法律责任。

第七十八条　对应当协助调取证据的单位和个人，无正当理由拒不履行协助义务的，依照行政诉讼法第四十九条第一款第（五）项的规定追究其法律责任。

第七十九条　本院以前有关行政诉讼的司法解释与本规定不一致的，以本规定为准。

第八十条　本规定自 2002 年 10 月 1 日起施行。2002 年 10 月 1 日尚未审结的一审、二审和再审行政案件不适用本规定。

本规定施行前已经审结的行政案件，当事人以违反本规定为由申请再审的，人民法院不予支持。

本规定施行后按照审判监督程序决定再审的行政案件，适用本规定。